공동체 없는 공동체

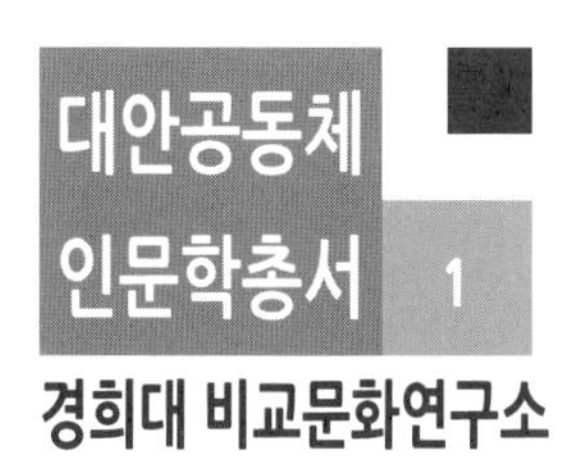

경희대 비교문화연구소

공동체 없는 공동체

21세기 대안사회의 재논의를 위하여

박정원 외 7인 지음

알렙

머리말

오늘의 한국 사회,
공동체 논의의 재구성을 위하여

언제부터인가 우리는 희망이나 '다른 삶'의 가능성을 말하는 것 자체가 불편해진 시대를 살아가고 있다. 그런 의미에서 '희망 고문'이란 말은 '헬조선', '흙수저', '이태백', 'N포세대' 등 우리 시대가 낳은 수많은 절망의 어휘사전에 등재된 단어 중에서도 가장 암울하고 냉소적인 신조어일지도 모른다. 변화를 향한 도전과 더 나은 삶에 대한 기대, 서로를 향한 격려를 그 근본에서부터 무장해제시키는 이 짧은 단어 속에는 청년 세대의 비관적 정서가 응축되어 있다. 광화문으로 쏟아져 나와, 전 세계가 주목했던 촛불집회를 통해 평화적 정권교체를 이루는 데 동참했던 젊은이들이 실제적인 자신의 삶과 현실 앞에서 느끼는 이 출구 없는 냉소와 절망, 비관주의를 우리는 어떻게 설명해야 할까? 신문과 인터넷을 가득 채운 수많은 사건 속에 드러나는 우리 사회의 과도한 스트레스와 분노지수, 불행과 소외, 차별과 혐오, 폭력과 극단적 이기주의 앞에서 우리는 무엇을 할 수 있을까?

어떤 이들은 이러한 상황을 갈등을 봉합하고 우리 사회를 연결해 주는 공동체가 붕괴했기 때문이라고 진단한다. 또 다른 이들은 공동체는 해체되었으며 21세기에는 어울리지 않는 단어가 되었다고 말하기도 한다. 우리는 공동체라는 친숙하고 낯익으면서도 막상 정의하기 힘든 이 용어를 어떻게 받아들이고 사고해야 할까? 사실 공동체의 위기에 대한 논의는 이미 20세기 말부터 시작되었다. 지난 세기 인간 해방과 평등한 세계의 건설을 기치로 내걸고 등장한 사회주의 체제가 무너지면서 더 나은 사회를 만들기 위한 시도 자체를 의심하게 된 것이다. 즉, 공동체 혹은 공동체주의라는 이름으로 진행된 시도와 운동들이 전체주의로 변하고, 자유와 진보의 기획이 억압과 폭력이라는 악몽이 되어버린 사실을 고통스럽게 받아들여야 했다. 또한, 사회주의권 붕괴 이후 억눌렸던 민족주의가 분출하였고 인종이나 종교 등을 앞세운 새로운 방식의 민족국가가 등장하였다. 그러나 이러한 경향 역시 극단적인 혐오와 갈등을 낳으면서 인종청소와 전쟁과 같은 비극적인 상황을 맞이하게 되었다. 그 결과 공동체의 기획 일체에 관한 비관적이고 부정적인 사고를 갖게 하였다.

이에 대한 반성과 함께 다른 시각과 방식으로 공동체에 접근하려는 흐름도 존재하였다. 공동체를 국가적 차원에서 디자인하는 방식에서 벗어나 국지적 차원에서 작고 소통 가능한 수준의 대안을 고민하는 흐름이 나타났다. 지역별, 계층별, 성별, 세대별로 다양한 형태와 내용을 가진 공동체가 등장하게 되었다. 이들은 기본적으로 동질적인 성원들로 구성된다는 가정에서 출발하는 것으로 인해 자기 완결적인 측면이 강하게 드러나기도 한다. 또한, 내부적인 친밀감이 큰 것에 반하여, 종종 공동체 외부와의 관계와 소통 면에서 고립을 낳기도 한다는 평가를 받는다. 다른 한편으로는 지구화 현상이 가속화되고 세계가 서로에게서 분리될 수 없는 초연결 사회로 진입하면서 과연 외부로부터 독립되어 완벽한 자기 완결성을 가진 공동체가 존재할 수 있는가, 혹은 그것이 지속가능한 것인가에 대한 의문이 제기된다.

하지만 보다 근본적인 문제는 공동체에 대한 이론적 성찰과 실천적 고민이 멈춰 선 데에 있을 것이다. 이제 더 이상 공동체에 관해 이야기하지 않는다. 물론 마을 공동체, 청년 공동체, 학습 공동체, 신앙 공동체, 디지털 공동체 등에서 여전히 여러 방면에서 사용되고는 있지만, 일반적으로 '집단', '단체' 혹은 '연합'을 지칭하는 것을 넘어서지는 않는다. 이러한 관성적인 사용 외에 우리 시대의 공동체가 의미하는 바와 가치를 논하는 목소리를 듣기가 쉽지 않은 것이 현실이다. 결과적으로 공동체는 우리에게 일종의 '비어 있는 기표(記標)'이자 공허한 단어가 되어버린 것이다.

이런 측면에서 많은 이들에게는 상실감과 향수를 자아내는 단어로 들리기도 한다. 우리가 과거에 속해 있었던 공동체는 사라졌고, 이제 그것을 복원하거나 되찾는 것이 가능하지 않다고 생각하기 때문이다. 과거에는 실재했거나 혹은 그럴 가능성이 존재했지만, 이제는 돌아갈 수 없는 잃어버린 이상향과 같은 정서를 자아내는 것으로 기능하고 있다. 비판과 회의적 태도를 넘어 불가능한 공동체, 즉, 공동체의 불가능성을 이야기하는 시점에 이르게 된 것이다.

그렇다면 우리는 공동체의 막다른 골목에 다다른 것인가? 이제 공동체에 대해 말하는 것은 정말 시대착오적인가? 우리는 이와 같은 질문에서 이야기를 다시 시작하고자 한다. 장-뤽 낭시(Jean-Luc Nancy)는 현재 우리가 당면한 공동체의 운명에 관한 논의에 시사점을 제공해 준다. 그는 사회주의권 붕괴 이후 진행된 공동체론(論)의 몰락을 목도하는 가운데 이를 폐기하는 것이 아닌 보다 근본적인 이론적 고찰을 시도한다. 낭시는 공동체 안에는 구성원들 사이의 내밀한 소통을 가능하게 하는 동질성이 존재한다는 오래된 전제는 하나의 신화에 불과하다고 주장한다. 따라서 친밀성과 우애에 기반하여 무언가를 함께한다는 선행 조건은 존재하지 않는다는 것이다. 공동체에 '공동(共同)'을 가정하지 않는 상황이라면 그것을 과연 공동체라고 부를 수 있을까?

그러나 아이러니하게도 낭시는 전통적 틀에서는 공동체라 부를 수 없는 상황에서 공동체에 관한 논의를 출발해야 한다고 밝힌다. 공동체의 불가능성이 바로 가능성으로 작동한다는 것이다. 그에게 공동체는 동일성을 전제로 한 주체들이 공통된 목표를 위해 결합한 집단이 아니다. 오히려 낭시는 "자아들의 연합이 아니라 타인들의 공동체"라고 말하면서 공동체가 지닌 타자성을 강조한다.[1] 마찬가지로 이들은 상위 집단으로의 결합이라는 계획도, 과제를 수행하려는 어떤 목적도 갖지 않는다. 낭시가 말하는 공동체는 지금까지의 공동체론에서는 실패한 공동체의 전형이다. 하지만 그는 이 '실패'를 공동체의 새로운 조건으로 받아들여야 한다고 말한다. 균일한 구성원들에 의해 통일된 목소리를 가진 집단에 대한 가정은 환상에 불과하며, 공동체는 타자들로 구성되고 타자로 열려 있는 공간이다. 마찬가지로 공동의 목표는 선험적으로 결정되지 않는다. 혹은 어떤 목표가 되든 그것은 불가능한 과제가 된다. 즉, 공동체는 단일성과 목적성으로 설명될 수 없다는 명제에서 출

1 장-뤽 낭시, 『무위의 공동체』(인간사랑, 2010), 47쪽.

발할 때만이 과거의 공동체론이 빠지게 된 함정에서 벗어날 수가 있다는 것이다. 차이가 인정되는 실패한 공동체가 바로 공동체의 모습이라 할 수 있고, 낭시는 이런 측면을 부각하기 위해 공동체에 '무위(無爲)'라는 수식어를 붙인다. 타자들의 만남과 교섭을 통해 실패를 경험하는 공동체. 결국, 이러한 조건은 내부의 갈등과 대립에 대해 역동적 성찰이 펼쳐지는 공간으로의 가능성을 내포하게 된다.

현재 우리가 목도하는 한국 사회의 갈등과 분열의 양상은 우리가 상상하던 공동체의 개념에서 상당히 멀리 떨어져 있다. 그리고 그것에 가까이 다가갈 새로운 해결책이나 대안도 보이지 않는다. 하지만 이러한 현실은 역설적으로 다시 공동체를 논의해야 할 담론의 공간을 제공한다. 이 책은 이러한 문제의식에서 시작되었다. 공동체에 대한 회의와 비판이 관성이 되어가는 상황 속에서 공동체 논의를 이론적, 실천적 측면에서 이어나가고자 한다. 이를 위해서는 무엇보다 현재의 공동체 없는 공동체적 상황을 응시하는 작업이 요구된다. 즉, 혐오와 분노, 갈등과 분열, 소외와 무관심의 구체적인 정체를 파악하고 그 원인을 탐구하는 것이 필요하다. 이는 타자들로 구성된 공동체가 대화와 소통으로 나아가기 위한 기본 전제이자 선행 조건이 될 것이다.

3부로 구성되는 이 책은 공동체 부재 시대의 공동체라는 프리즘을 통해 다시 공동체에 주목하고, 이와 함께 오늘날 한국 사회의 공동체를 이야기한다. 공동체가 개인 및 세계와의 관계 속에서 어떤 위치를 차지하고 있는가에 대한 역사적 탐색으로 시작하는 이 책은 뒤이어 한국 사회가 직면하고 있는 젠더, 세대, 지역이라는 갈등과 대립의 양상을 성찰하고 분석하는 작업을 진행한다. 그리고 지구화 시대와 초연결 사회로 진입하면서 나타나는 다층적이고 역동적 방식의 만남과 소통, 그리고 환대의 사회로 향하는 길목에서 벌어지는 인종과 민족, 세계시민의 문제를 짚어나갈 것이다.

1부는 공동체의 개념과 역사를 탐구하기 위해 동서양의 중심에서 진행된 논의와 우리 사회로의 수용 과정 및 의의를 구체적으로 분석한다. 「우리 사회에 '사회'가 있는가?—서구 '사회' 관념의 국내 수용 과정 분석」에서 김재인은 한국 사회의 갈등과 분열 양상을 파악하기 위한 첫 단계로 서구의 '사회'와 '개인' 관념의 수용 과정을 역사적으로 분석함으로써 '우리 사회'의 의미를 재탐구한다. 19세기 중엽의 중국, 일본, 한국을 비롯한 동아시아 국가는 제국주의 열강에 의한 강제 개항의 여파로 서구의 학문 기술, 제도의 우위를 인정해야만 했다. 이후 일본을 선두로 동아시아 국가에서는 서구 문물을 수용하기 시작했다. 하지만 동아시아 사회에는 서구 문물을 수용하는 과정에서 서구의 주요 개념을 번역할 수 있는 상응 개념과 현실이 존재하지 않았다. 그래서 동아시아 국가에서는 유사한 의미를 담을 수 있는 새로운 용어들을 발명하려고 노력했다.

현재 한국 사회를 둘러싼 중요한 문제들은 '사회'라는 개념에 대한 상이한 이해에서 출발한다. 이에 대해 김재인은 오늘날 한국 사회에 나타난 문제를 어떻게 극복할지에 대한 논의가 '사회'에 대한 기본적인 합의에서 시작되어야 한다고 말한다. 우리 사회가 비록 서구의 '사회'라는 관념을 온전히 담아내는 데에는 실패했지만, 서구가 담아내는 '사회' 역시 부르주아 자본가의 헤게모니를 담아낸 근대적인 산물이라고 설명하고 있다. 따라서 서구 근대에서 유래했다는 역설을 넘어서려면 대안적 방향성을 제시하는 '새로운' 의미를 먼저 만들고 그것을 담은 개념을 창조해야 할 것이다. 이 글은 서구 '사회'에 대한 동아시아 국가의 수용 과정을 고찰함으로써 현대 사회의 다양한 '사회'의 의미를 드러내고자 하며, 이를 통해 사람 간 관계 속에서 현대 사회의 의미를 파악하고 대안 공동체의 가능성을 제시하고 있다.

문석윤의 「동아시아 전통에서의 공동체론—맹자(孟子)의 양묵(楊墨) 비판과 인륜공동체론(人倫共同體論)」은 맹자가 제시한 인간의 공동체적 성격, 각 인간이 가진 생명의 성장과 공동체의 상호 관계, 그리고 거기에서 제시된 규범적 내용을 오늘날의 맥락에서 새롭게 재고하고 해석한다. 이 작업을 통해 대안 공동체의 한 모델로서의 '새로운 인륜공동체'의 이념적 기초를 제안하고 있다. 동아시아 전통 사회에서 개인은 공동체 내에서 안정적인 삶을 유지할 수 있었다. 그러나 국가 억압에 노출되어 자유와 평등을 보장받지는 못했으며, 동시에 '혈연적 가족애'에 의해 혈연주의, 지역주의 및 정실주의의 한계를 보인다는 비판을 받아왔다. 과거 동아시아 사회의 경험에 비추어 볼 때, 오늘날 대안적 공동체는 근대적 개인주의의 요구를 수렴할 수 있어야 하고 자유주의에 따른 문제점들을 해결할 수 있어야 한다. 다른 한편으로 전통적인 공동체의 유익한 요소를 수렴하되 동시에 그것이 지닌 문제점은 배제해야 한다. 이를 위해서는 개인과 공동체의 관계에 대한 논의와 유교의 전통적 공동체론에 대한 성찰을 심화시킬 필요가 있다.

맹자는 양주가 중국 고대의 개인주의적 입장을, 그리고 묵자의 경우 국가주의적 태도를 대변하고 있다고 이해한다. 즉, 가족과 국가 공동체를 인간 존재에 본질적인 것으로 보는 유가 사상의 입장에서 두 사상가의 문제점을 비판하였다. 맹자는 두 극단의 사상에 대해 인간 존재 혹은 개인 생명의 인륜적 특성이 그 사회적 지향성과 다양한 사회적 관계 속에서 성장하고 완성되어 간다는 점에서 인륜공동체적 성격을 포착해 낸다. 이렇게 문석윤의 글은 맹자가 개인의 육체, 정서, 정신의 성장이 가족 및 사회적 관계에 이르기까지 확장될 수 있다는 점을 강조한다는 점에서 관계와 성장의 중요성에 주목하고 있다.

이어 2부에서는 갈등과 분열의 드라마가 가로지르는 젠더, 세대 그리고 도시 개발의 이슈를 짚어본다. 김보명의 「젠더 갈등과 반페미니즘의 문법」은 페미니즘 리부트 이후의 젠더 갈등과 반페미니즘 담론의 사례들을 살펴본다. 미투 운동과 불법촬영 편파수사에 관한 반대시위, 그리고 낙태죄 헌법 불합치 결정 등 페미니즘이 만들어내는 변동이 심화되는 가운데 나타나는 젠더 갈등과 반페미니즘의 새로운 문법은 한국 사회의 젠더 질서가 거시적 맥락에서 경제적, 정치적, 문화적 변화와 만나고 있다는 증거이다. 청년 세대의 젠더 갈등은 오랫동안 누적되어 온 계층, 세대, 성별 간 불평등과 차별의 산물이다. 20대와 30대가 경험하는 삶의 문제들, 즉, 젠더화된 개인과 노동자와 시민으로서 자신의 삶을 기획하고 만들어가는 과정의 어려움과 불확실성, 그리고 그것이 초래하는 긴장과 불안은 젠더 갈등의 배경과 원인인 동시에 젠더 갈등의 내용과 양식을 구성하는 요소들이다.

정치적 민주화, 경제적 위기와 더불어 시작된 젠더 질서의 변화는 전통적인 가부장제의 위기와 여성의 사회경제적 지위의 변화를 가져오면서 남성들의 불안과 분노를 낳았다. 그러나 신자유주의적 재편의 과정이 초래하는 사회 재생산의 위기는 여성들과 남성들 모두에게 새로운 젠더 역할과 생애 기획을 요구하고 있다. 이런 측면에서 김보명의 글은 지금 우리가 마주하는 '젠더 갈등'을 청년 세대 여성들과 남성들 사이에서 일어나는 일시적이거나 과잉된 현상으로 취급하기보다, 역사적으로 누적되고 작동하는 다양한 차별과 불평등의 기제들이 가시화되고 도전받으며 수정되는 실천의 현장이자 과정으로 독해해야 한다고 제안한다.

한편, 김종수의 「세대 갈등에서 세대 게임으로—21세기 한국 세대 논쟁의 특징」은 '88만원 세대' 담론에서 논의를 시작한다. 청년 세대의 일방적 착취 구조로 이해되는 88만원 세대론이 제기한 문제가 12년이 지난 현재에는 어떻게 변화되었는지 검토하고 있다. 또한, 21세기 세대 갈등의 정점을 알리는 '헬조선' 담론의 등장 배경을 따지고, 기성 세대에 대한 적대감이 노년 세대에 대한 혐오로 진행된 과정을 추적하여 청년 세대가 봉착한 세대적 불안 의식을 파악한다. 그리고 2016년 대통령 탄핵 사건을 계기로 정치 세대화를 형성한 노년 세대의 사회적 조건을 들여다본다. 이와 함께 정치적 효용에 조종되는 세대 갈등의 메카니즘을 '세대 게임'이라는 개념으로 해석하는 논의를 통해 사회 분열과 혐오의 악순환을 끊을 가능성을 묻고 있다. 마지막으로 이 글은 21세기 한국 사회의 세대 갈등을 완화하기 위한 모색의 시도로 최근 대중들에게 주목을 받은 영화를 바탕으로 청년 세대와 노년 세대의 삶과 내면을 들여다봄으로써 각 세대에 대한 성찰적 이해를 도모한다.

21세기 한국 사회의 중심 갈등 중 하나인 세대 갈등은 세대 간의 극심한 분열과 혐오의 악순환으로 치닫고 있다. 이는 저출산과 고령화라는 인구학적 구조에서 비롯된 사회경제적 문제에서 기인한 것이기도 하지만, 혼란스러운 세대 갈등 상황을 냉정하게 바라보면 우리 사회가 당면한 문제의 해결점을 근본적이고 이성적으로 모색하기보다는 누군가에 의해 조장되고 부추겨지는 세대 프레임 속에서 대중들이 허우적대는 것임을 알 수 있다. 이에 대해 이 글은 세대 갈등 상황에 대해 '주저하고 의심하면서' 정치적 효용에 조종되는 세대 게임의 논리를 이해해야 한다고 주장한다. 21세기 한국 사회에서 극단적인 세대 갈등이 야기하는 분열과 혐오의 악순환을 끊을 수 있는 가능성은 이성적인 냉정함을 되찾는 것에서부터 시작된다는 것이다.

「도시쇠퇴 이데올로기와 도시재생: 재생을 넘어 전환으로」에서 김동완은 쇠퇴와 재생이라는 언어로 국가가 생산한 공간의 특성에 대한 징후적 독해를 시도한다. 산업 혹은 경제지리의 구조는 권력에 의해 전국가적, 국가적, 지역적, 국지적으로 늘 변화한다. 이 과정에서 쇠퇴 진단이라는 이데올로기 특징을 공간 차원에서 해석하면서 도시재생 사업의 현재를 설명하고 있다. 도시쇠퇴 진단에서부터 작동한 분절화, 개별화의 논리는 쇠퇴 도시를 자본주의 국가공간에서 떼어내 고립시키는 효과를 낳았고, 이는 쇠퇴에 대응하는 처방에서도 문제를 노정한다. 쇠퇴 도시 진단이 낳는 결과는 쇠퇴하는 공간에 대한 비정상성을 강조하고 도시 자체의 문제를 강조한다. 이로 인해 도시재생은 '도시의 덫'에 빠지는 오류를 범했으며, 도시 외부를 상상하지 못하는 인식의 한계를 보이게 되었다.

또한, 이 글은 쇠퇴 도시의 이데올로기적 효과가 만들어내는 도시재생의 논리를 비판적으로 검토함으로써 재생을 대체할 대안적 언어의 필요성을 주장한다. 이는 이제 도시재생을 넘어 도시전환이라는 차원에서 고민해야 할 시점에 도달하였음을 강조한다. 마지막으로 한국 사회가 고안해 온 도시의 여러 장치가 작동하지 않는 상황임을 인식할 필요가 있으며, 이를 통해 재생이 아닌 전환이라는 틀에서 미래의 도시를 고민하자고 제안하고 있다.

3부에서는 세계화의 물결이 심화되는 가운데 다양한 주체의 만남과 교섭이 만들어내는 역동성의 빛과 그림자를 이론과 현실의 양쪽 측면에서 다룬다. 서윤호는 「이주사회에서의 환대의 권리」를 통해 이주사회 속에서 환대의 문제를 이론적으로 접근한다. 최근 우리 사회는 급속하게 '이주사회'로 바뀌고 있지만, 환대의 문제를 주로 주인의 관점에서 손님(이주자)을 받아들이는 것으로 보는 경향이 강하다. 하지만 이러한 흐름은 우리 사회에 타자로서 새롭게 나타난 이들을 우리는 어떻게 대해야 하는지, 그리고 우리 앞에 닥친 새로운 이주사회에서 요구되는 환대의 규범은 어떠해야 하는가라는 인식의 지평에서 벗어나지 못하고 있다. 즉, 지금까지는 경계를 잘 유지해 오던 정주자(定住者)의 관점에서 이주자를 환대하는 문제를 논의한 것이다.

이에 대해 이 글은 탈경계 이주사회의 관점에서 이와 다른 방식의 물음을 제기한다. '타자의 권리'로서 이주자의 관점에서 당당하게 주장하는 '환대의 권리'는 불가능한가? 상대방의 호의와 윤리에 기초를 둔 불완전한 권리가 아니라, 강한 주장이자 온전히 자신을 보호할 수 있는 완전한 권리로서 환대를 다룰 수 있는가? 이 물음을 바탕으로 환대의 문제와 밀접하게 관련된 '성원권' 문제를 다룬다. 이어 칸트의 조건적 환대와 데리다의 무조건적 환대에 대한 논의를 통해 권리로서의 '환대'의 문제를 탐색하며, 인정 이론과의 관계 속에서 환대권의 재구성 가능성을 전망한다.

정혜실은 「우리 안의 인종주의: 혼혈, 잡종, 튀기, 다문화」에서 2019년 6월 25일 전북 익산시장에서 벌어졌던 다문화가정 자녀들에 대한 혐오발언을 규탄하기 위해 모인 기자회견에 주목한다. 현장에서 이주여성들은 '혼혈, 잡종, 튀기, 다문화'라는 호명과 그 호명에 달라붙은 인식의 프레임이 어떻게 인종주의적으로 국제결혼 가정의 자녀들을 규정해 왔고 차별해 왔는가에 대해 분노했다. 한국 사회에 뿌리 깊게 내린 순혈주의에 대한 고집은 순혈주의에 소속되지 못한 아이들과 여성들을 타자로 삼는 방식으로 재생산되어 차별로 이어지고 있다. 즉, 오늘날 '혼혈'은 비록 사회적 배제나 추방의 직접적인 원인은 되지 않지만, 민족이라는 테두리에 포섭되지 못한 채 또 다른 배제의 구조를 만들어낸다.

오랫동안 이주민 관련 활동을 해온 경험을 바탕으로 정혜실은 우리 사회에서 함께 살아가는 다양한 구성원들을 소개하고 현장의 생생한 이야기를 들려준다. 과거 집장촌 여성에서부터 결혼한 이주여성, 국제결혼 한국여성, 배제된 이주 배경 아동 청소년을 아우르며 이들이 젠더, 계급, 인종적으로 연결되고 분리되는 양상을 구체적으로 탐구한다. 이를 통해 한국 사회에서 인종차별은 사라지지 않았으며 현재 진행형으로 복합적이고 중층적으로 작동하고 있다고 진단한다. 이에 대해 사회 내부의 반성과 성찰이 필요한 동시에 시민사회의 책임과 역할을 강조하고 있다.

마지막으로 「해외여행의 시대, 세계시민 되기의 딜레마: 「어서 와, 한국은 처음이지?」를 중심으로」에서 박정원은 미디어와 대중문화 속에 드러난 세계시민의 이상과 딜레마를 보여준다. 해외여행이 보편화되면서 국가적 경계를 넘어선 상호이해와 소통 가능성이 증대하고 있다. 최근 유행하고 있는 해외여행 프로그램들은 이러한 세계화의 경향을 반영하는 한편, 세계시민의 이상이 실현되는 방식을 예능 형식을 통해 드러낸다. 2017년에 시작된 「어서 와, 한국은 처음이지?」는 외국인의 눈에 비친 한국의 다양한 모습을 보여주면서 전 세계인들과의 교류를 장려하고, 세계화 시대에 필요한 환대의 정신을 강조한다. 이 글은 그중에서도 유럽이나 미국 등 중심부 국가가 아닌 멕시코 방문객들의 이야기를 다룬다. 멕시코 친구들은 지리적으로는 멀리 떨어져 있지만, 우리에게는 결핍된 여유 있는 삶의 태도로 영감을 주는 친근한 이웃으로 재현된다. 이를 통해 지금까지 주로 서구 혹은 아시아 지역에 편중되었던 문화적 교류를 한국과 라틴아메리카, '남(南)-남(南)'으로 확대하며 인식과 경험의 폭을 확장시키고 있다.

반면, 이 프로그램에서는 과거와 달라진 한국의 국제적 위상과 민족적 긍지를 확인하는 방향으로 전개되면서 민족적 측면이 강조된다. 이 과정에서 비록 주변부 사이의 만남임에도 불구하고 서구라는 잣대가 무의식적으로 작동한다. 그 결과로 서구화, 근대화, 산업화의 정도에 따라 한국과 멕시코 사이에는 위계가 재설정된다. 즉, 이 프로그램은 한국과 멕시코가 서로에 대해 갖고 있었던 선입견을 깨기도 하지만 편견을 재생산하고 강화하기도 한다. 이렇게 이 글은 세계시민의 이상에 균열 지점을 드러내면서, 세계화 시대의 민족과 세계시민의 복잡한 관계와 갈등 양상을 드러낸다.

이 책은 경희대학교 비교문화연구소가 펴내는 〈대안공동체 인문학 시리즈〉의 첫 번째 결실이다. 이 시리즈는 우리 시대가 직면한 이론적, 실천적 곤궁을 반성하고 성찰하는 동시에, 한국 사회에서 대안공동체에 관한 인문학적 논의를 활성화하기 위해 기획되었다. 이를 위해 이 책은 우선 한국 사회를 가로지르는 여러 이슈에 주목하고 이를 구체적으로 담아낸다. 물론 이 시도가 대안적 사회와 미래의 공동체에 대한 직접적이고 즉각적인 해답은 되지 못할 것이다. 그러나 지금까지의 화석화된 공동체 담론에 문제를 제기하며, 다양한 시각과 사유로 공동체에 새롭게 접근하는 논의의 단초가 되고자 한다. 공동체의 부재는 갈등과 분열의 상태가 아니라, 대화가 단절되고 침묵이 지배하는 상황을 의미한다. 이 책을 통해 우리는 우리 사회의 타자를 드러내고, 혐오와 분노의 실체를 탐구하며, 갈등과 분열을 이해하고 넘어서기 위한 소통을 시작하고자 한다.

2020년 5월 30일

박정원

차례

3부 지구화 시대, 환대사회의 딜레마

1부 공동체의 계보학

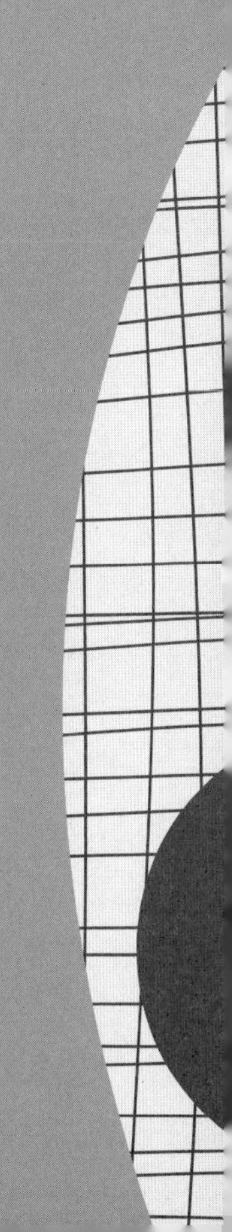

우리 사회에서 보이는 갈등의 양상은 유례없을 정도이다. 갈등이 없는 사회도 바람직하지 않지만, 사안별로 심각한 대립과 분열의 양상을 보이는 것 역시 바람직하지 않다.

이런 갈등을 들여다보면, 진영마다 서로 생각하는 '사회'의 모습이 너무나도 다르다는 점을 발견하게 된다. 서구인이 생각하는 society, 즉 사회의 상과 비교했을 때 그 차이가 더 두드러진다. 요컨대 서구에는 어느 정도 합의된 '사회'의 상이 있는 반면 우리에겐 그런 게 없어 보인다.

왜 이런 일이 벌어졌을까? 핵심 원인은 우리가 '사회'라는 말을 서구에서 수입했지만 그 내용을 확보하지 못했기 때문 아닐까? 이 글은 일본을 통해 수입된 개념이 어떻게 우리에게 수용되었는지를 역사적 과정을 따라가며 검토함으로써, 이런 의문에 답해 보려 했다. 나아가 이를 통해 현재의 문제를 어떻게 극복할 수 있을지, 논의의 출발선을 마련해 보려 했다.

우리 사회에 '사회'가 있는가?

— 서구 '사회' 관념의 국내 수용 과정 분석

김재인

그 누구도 섬이 아니다,

그 자체로는 온전하지 않다.

각자는 대륙의 한 조각이고,

본토의 일부이다.

— 존 던(John Donne)

사회는 개인들로 구성되어 있는 것이 아니라,

이 개인들이 서로 맺고 있는 관계들의 합을 표현한다.

— 카를 마르크스, 『정치경제학 비판 요강』

1 들어가며

(1) 언어 사용의 난맥상

현재 한국 사회의 난맥상 중 중요한 문제들은 갈등하는 세력들이 서로 말이 통하지 않는다는 데서 생겨났다. 어느 지경까지 왔냐면, 서로 같은 언어를 쓰고 있는지 알 수 없을 정도다. 외교 기밀 유출이 '공익'이라고 주장되는 지경이다.[1] 분명 겉으로는 한국어를 쓰는 것 같은데, 서로 알아듣지 못하고 대화도 성립하지 않는다.

질 들뢰즈와 펠릭스 과타리에 따르면, 언어활동은 의미 전달과 소통을 위해 존재하지 않는다. 언어란 본질적으로 '명령어(mot d'ordre)'이며 청자를 향한 행동의 촉구이다.[2] 모튼 틸텀이 감독하고 베네딕트 컴버배치가 앨런 튜링 역을 맡아 열연한 영화 「이미테이션 게임」에 나오는 장면 하나를 보자. 동료가 일에 몰두하고 있는 앨런 튜링에게 말한다. "우리 점심 먹으러 가." 앨런이 "응." 하고 대꾸하기를 몇 차례. 동료는 말한다. "같이 점심 먹으러 가겠냐고 물었잖아." 앨런이 응대한다. "아니, 너희가 점심 먹으러 간다고 했지." 동료는 당황할 수밖에 없다. 이 상황에서 앨런은 언어활동의 본질을 놓치고 있다. 앨런은 동료의 말을 곧이곧대로 "그래, 너희가 밥 먹으러 가는구나."라고 이해했다. 물론 동료는

1 이는 자유한국당 강효상 의원이, 2019년 5월 7일에 있었던 한미 정상 통화와 정상회담 내용(3급 외교기밀)을 공개하면서, 이를 '국민 알권리'라고 둘러댄 사건에서 잘 드러난 바 있다.

2 Deleuze, Gilles & Guattari, Félix, *Milles Plateaus—Capitalisme et Schizoprènie 2*(Miniut, 1980). 특히 4번째 고원.

"같이 밥 먹으러 갈래."라고 말했던 것이다. 이렇듯 모든 언어활동은 본질적으로 '수행문(performative)'이다.

언어활동의 명령적 측면, 수행적 측면의 바탕에는 최소한의 의미 공유가 요청된다. 같은 낱말을 전혀 다른 뜻으로 알아들으면 곤란하다. 하지만 현재 한국 사회는 그 최소한의 의미 공유도 없는 것 같다. 제각각 같은 말을 다른 뜻으로 쓰고 있다. 그렇다고 언어 정화운동을 하자는 것이 말처럼 쉬운 일은 아닐 것이다.

(2) '사회'와 '공공성'

이런 상황에서 학자로서는 자꾸 깊게 물음을 던지는 수밖에 없다. '공익'이 무슨 뜻일까? 사실 이런 사회과학 개념에 답하기는 몹시 어렵다. 누구에게 이익이 될 때 공익일까? 흔히 말하듯 국민에게? 그러나 국민이라는 실체는 없다. 국민은 법적 개념일 뿐, 삶의 모든 영역에서 누군가가 항상 국민으로 살아가는 건 아니다. 함께 살아가면서도 불법체류자나 난민이라는 이름으로 국민에서 배제되는 인구도 많다. 이렇게 국가와 구분되는 삶의 영역을 '사회'라는 개념으로 지칭할 수 있으리라. 여기서 말하는 사회란 가령 '글로벌 사회' 같은 표현에서 지칭되는 것처럼 국가보다 넓은 개념을 가리키는 것이 아니라, 국가의 하위개념으로서 '시민사회'처럼 근대적 역사성을 가진 사회를 가리킨다. 그런 점에서 공익은 사회 구성원, 즉 '개인'들의 이익이라고 답변될 수도 있으리라. 그러나 '모든 개인들의 이익'이란 허상이다.

한 사회 속에는 이익이 상충하는 세력이 존재할 수밖에 없으며, 이런 의미에서 '모두의 이익'은 성립할 수 없다. 대부분의 상황에서 어느

한 편의 이익은 다른 편의 손실이거나, 한 편의 큰 이익은 다른 편의 작은 이익이다. 잘 알려져 있듯이, 이처럼 이익 또는 더 넓은 의미에서 가치를 권위적으로 배분하는 활동(authoritative allocation of values)이 정치이다. 그렇기에 정치학적 맥락에서 공익이란 특정 세력의 이익을 듣기 좋게 포장한 수사에 불과하다. 그렇더라도 외교적 사안은 국민 전체의 문제이며, 따라서 국익으로서의 공익을 말할 수 있지 않을까?

사실 더 곤란한 개념은 '사회'이다. 국가가 법과 정치의 영역이라면, 사회란 무엇인가? 국가와 거의 혼동해서 사용하곤 하지만 실제로는 구별되는 영역인 사회는 서구로부터 처음 그 개념이 전래되던 때부터 지금에 이르기까지 또렷한 의미를 얻지 못했으며 그 현실적 실체도 불분명하다. 그렇기에 우리 사회에 '사회'가 있(었)느냐는 물음을 던져야만 한다. 나아가 '공공성'과 '공익'의 장소로서 사회는 어떠해야 하는지도 물어야만 한다. 모두의 이익과는 구별되는 차원에서 여전히 공공성과 공익은 유의미하기 때문이다. 특히 최근 공공성보다 공정성이 강조되고 있는 세태를 보면, 과연 이 두 개념이 얼마나 적절하고 정당하게 이해되고 있는지 검토할 필요도 절박하다.

나는 이 글에서 1) '사회' 개념의 수용 역사, 2) '사회'라는 실체의 부재, 3) '사회'에 채워 넣어야 할 의미 내용이라는 주제를 순서대로 살피려 한다. 이 과정에서 우리 사회에 참된 의미의 '사회'가 없음을 밝힐 것이다. 근대 개념을 수입하던 19세기 말부터 사회란 '이기적 개인들의 결사체' 정도로 이해되고 있었고, 이런 이해가 끝내 교정되지 않은 채 현재에 이르렀다. 이는 서구에서 처음 'society' 개념을 발명했을 때의 사정과도 다르며, 일본에서 적극적으로 근대 국가를 만들면서 'society'를 '社會'로 번역하던 사정과도 다르다. 하지만 원본과도 다르고 사본과도 다르기 때문에 우리에게 '사회'가 부재한다고 주장하려는 것은 아니다. 공공성이 실현되는 장으로서의 사회가 아니기에 '사회'가 없다고 주장하는 바이다. 이를 통해 우리가 만들어가야 할 사회의 모습을 전망하는 출발점을 마련할 수 있을 것으로 기대한다.

2 개념 번역의 역사

(1) 힘에 의한 개항과 서구의 우위

동아시아 지역에서 근대 서구 문명의 수입은 힘에 의한 패배를 바탕에 깔고 있다. 문물의 교역과 교류 수준에서 동아시아와 서구의 만남은 긴 역사를 갖고 있었지만, 정치 외교적 의미의 동서 간 만남은 19세기 중엽에 와서야 본격화되었다. 아편전쟁에서의 청의 패배나 페리 제독에 의한 일본 개항은 모두 힘에 의한 개방과 침공을 뜻했다. 이렇게 동아시아의 근대는 패배와 함께 시작되었으며, 서구의 우위를 당연지사로 받아들일 수밖에 없었다. 서구의 지식(과학)과 기술과 제도는 의문의 여지가 없는 것이었다. 한마디로 서구 문명 앞에서 동아시아는 실력 대결에서 패한 것이고 진검승부의 결과를 인정할 수밖에 없었다.

이런 상황에서 서구의 지식과 제도는 되도록 빨리 수용해서 적응해야 할 대상이었다. 시대적 흐름을 선구적으로 따른 것은 일본이었다. 중국이 무(武)에 비해 문(文)의 우위를 강조하는 중화 의식에 여전히 안주하고 있던 반면, 아편전쟁의 결과에 충격을 받은 일본은 서구로 유학생을 보내고 사절단을 파견하는 등 서구식 근대화를 위해 서둘렀다. 크림전쟁과 남북전쟁을 치르느라 동아시아 진출이 지연된 서구 열강의 사정은 일본에게는 시간을 벌 수 있는 행운이었다. 서구 열강이 잠시 주춤한 사이 일본은 서구에 맞설 힘을 갖추면서 문물을 적극 수용하려고 시도할 수 있었다.[3] 반면 조선은 일본에 의한 강제 개항 과정에서 일본을 통한 서구 문물의 수입에 의존해야만 했다.

(2) 개념과 현실의 괴리에서 생겨난 번역의 어려움

서양의 'society'나 'individual'이 일본 한자어 '社會'나 '個人'으로 번역된 사정과 과정에 대해서는 한국에도 꽤 많은 문헌 연구가 이루어져 있다. 이른바 개념사 연구에 해당하는 작업이다. 이런 연구의 선구에는 야나부 아키라(柳父章)의 역작 『번역어 성립 사정』(1982)[4]이 있으며, 한국의 연구자들 대부분은 야나부의 작업에 크게 빚지고 있다.[5] 말하자면

3 저간의 사정에 대해서는 다음 책에서 이루어진 대담이 많은 정보를 주며 내용도 의미심장하다. 마루야마 마사오 · 가토 슈이치, 임성모 옮김, 『번역과 일본의 근대』(이산, 2000).

4 야나부 아키라, 서혜영 옮김, 『번역어 성립 사정』(일빛, 2003) ; 김옥희 옮김, 『번역어의 성립』(마음산책, 2011). 원문의 의미를 더 잘 옮기고 있다는 점에서 나는 서혜영의 번역을 전거로 삼았다. 이 책 외에도, 연구자들 사이에서 비교적 덜 참조되긴 했지만, 번역론과 관련한 야나부의 또 다른 책도 중요하다. 야나부 아키라, 이용덕 옮김, 『번역어의 논리』(불이문화, 2000).

5 관련 연구는 다음을 참조할 수 있다. 특히 문헌에 대한 디지털 데이터베이스를 자유롭게 이용할 수 있게 된 후로 개념사 연구 논문의 양이 급속히 증가한 면이 있지만, 질적 측면의 진전은 아직까지 아쉬운 점이 크다. 김석근, 2002. 김석근, 2005. 김소영, 2018. 김주성, 2018. 김태진, 2017. 김현주, 2013. 박명규, 2001. 박명규, 2009. 양세욱, 2012.

서양 개념이 일본에서 번역어로 정립된 후 한말 조선에 그대로 수용되었기에, 한국어 개념의 유래를 찾는 작업은 일본어 개념의 유래를 찾는 작업에서 시작해야만 했다.

야나부의 물음은 이렇게 집약된다.

> society라는 말은 매우 번역하기 어려운 말이었다. 가장 중요한 이유는, 무엇보다 society에 해당하는 말이 일본어에 없었기 때문이다. 해당하는 말이 없었다는 것은 일본에 society에 대응할 만한 현실이 없었다는 것과 같다. 그러다가 어떻게 해서 '사회'라는 말이 번역어로 자리를 잡게 되었다. 그러나 이것은 '사회' 즉 society에 대응할 만한 현실이 일본에도 존재하게 됐다는 것을 의미하는 것이 아니다.[6]

요컨대 야나부가 파악한 바에 따르면, 서양의 개념에 대응하는 일본의 개념과 현실이 애초에 없었다는 자각이 최초의 고민을 낳았으며, 나아가 개념의 의미 내용을 일본에 건설하는 것이 절실했다. 이른바 '근대 국가 만들기'라는 과제가 그것이다.

일본에서 일단 정착된 개념이 중국과 조선으로 유입되는 건 시간문제였다. 나아가 같은 한자어를 사용한다는 이유로 유입은 큰 고민 없이 이루어졌다.[7] 한국의 연구자들은 그렇게 시발된 개념 수용의 역사를 개

최경옥, 2002. 최경옥, 2003. 최경옥, 2005. 최경옥, 2007. 최경옥, 2009. 최경옥, 2017.

6 야나부 아키라, 서혜영 옮김, 『번역어 성립 사정』(일빛, 2003).

7 이는 중국과 한국에서도 '카세트 효과'를 낳는 원인이기도 했다. 이러한 '카세트 효과'는 한국에서 '사회' 개념이 숙고되지 못한 한 원인으로 보인다. '카세트 효과'에 대해서는 본 글 3절에서 논의할 것이다.

화기부터 식민지 시기에 걸쳐 추적해 왔으며, 어떤 점에서 이 작업은 진행형이다. 나아가 해방 이후 그런 개념들의 정황도 연구가 더 필요하다. 이런 작업은 내 역량을 넘어서는 일로, 다른 연구자들에게 기대하는 바가 많다.

(3) 개화기 일본과 조선의 서구 개념 수용

일본의 개념 정립 과정과 조선의 그것을 비교하면 일정한 시차가 눈에 띈다. 하지만 더 중요한 사실은 일본이 능동적으로 필요한 것을 수용하려 노력했던 반면 조선은 일본이 수용한 것을 '재수용'하는 경향을 보였다는 점이다. 나아가 메이지 유신에서 패전에 이르는 기간 동안 일본은 일정한 수준의 능동성을 관철하며 서구의 개념을 현실화하려고 시도해 볼 수 있었다. 반면 1905년 을사늑약과 1910년 경술국치 이후로 조선은 주권상실이라는 정치적 파탄에 놓였으며, 해방 후에도 내전과 오랜 독재 시절을 지나오며 개념과 현실이 괴리된 그런 현실을 살아야만 했다.

일본 사회과학의 형성부터 발전에 이르기까지 역사를 다룬 이시다 다케시(石田雄)의 『일본의 사회과학』(1984)[8]에 따르면, 일본 사회과학은 대략 일곱 단계에 걸쳐 사회과학의 주요 개념을 착목하며 변화를 겪었다. 신민(1860년대~1890년대 중반), 사회(1890년대 말~1910년경), 민중(1910년대), 계급(1920년대~1930년대 초반), 민족(1930년대 중반~1940년대 초반), 인민과 대중(2차대전 종전~1950년대 말), 시민(1960년 이후) 등의 개념이 그것이다. 여기에 1910년대에 '개인'의 발견이 두드러진다

8 이시다 다케시(石田雄), 한영혜 옮김, , 『일본의 사회과학』(소화, 2003).

는 점을 보탤 수 있다.[9] 일본 학계의 이런 자생적 발전은 주요 사회과학 개념을 서구 유학과 수입에 의존해야 했던 태생적 조건 때문에 일본 현실을 설명하는 데 한계를 지니기도 했지만, 서구의 개념을 일본 현실이라는 콘텐츠로 채워가려는 시도, 혹은 서구에서 유래했지만 불가피하게 변형을 겪으면서도 새로운 일본어로서의 번역어를 정립해 가는 과정을 보여주었다.

조선의 경우에는 대략 20년 정도의 시차를 두고 서구 개념의 수입과 해석이 시작되었다. 갑신정변의 14개조 정강(1884), 후쿠자와 유키치(福澤諭吉)가 설립한 게이오기주쿠(慶應義塾)의 조선 유학생들이 펴낸 「친목회 회보」(1896), 독립협회의 『독립신문』(1897), 박영효의 「내정개혁에 대한 건백서」(1888), 유길준의 『서유견문』(1889), 천도교의 『만세보』(1906)와 『소년 한반도』(1906), 『대한매일신보』(1906), 을사늑약 전후의 수신(修身) 교과서 등에서 '사회'와 관련한 초기 용례를 찾아볼 수 있다.[10]

9 이시다 다케시의 책이 번역되기 전 한영혜는 책의 개요를 소개하며, 나름의 비판적 해설을 덧붙였는데, 이를 통해 이시다의 소개가 가질 수 있는 편향을 바로잡았다. 한영혜, 1991a. 한영혜, 1992. 한영혜, 1992. 한영혜, 1991b.

10 각 문헌에 대한 연구는 다음을 참조할 수 있다. 김석근, 2002. 김석근, 2005. 김소영, 2018. 김옥균 · 박영효 · 서재필, 2006. 김주성, 2018. 김태진, 2017. 김현주, 2013. 박명규, 2001. 박명규, 2009. 박영효, 1990. 박주원, 2004. 박주원, 2005. 박지영, 2014. 양세욱, 2012. 이경구 외, 2012. 이예안, 2011. 이인화, 2016. 이화여대 한국문화연구원, 2004. 이화여대 한국문화연구원, 2006. 이화여대 한국문화연구원, 2007. 전상숙, 2013. 전상숙, 2012. 최경옥, 2002. 최경옥, 2003. 최경옥, 2005. 최경옥, 2007. 최경옥, 2009. 최경옥, 2017. 하영선 외, 2009. 하영선 외, 2012.

3 부재하는 현실과 '카세트 효과'

(1) '자연스러운 일본어'와 '카세트 효과'

서양 개념에 대응하는 일본 개념과 현실의 부재 앞에서, 먼저 시도되었던 것은 일종의 의역이었다. 후쿠자와 유키치는 처음에는 "자연스러운 일본어"로 번역하겠다는 원칙을 관철했다. "뜻은 '맞춘다'는 말인데, 일본어로 어떻게 번역해야 좋을지 모르겠네."라고 묻는 벗에게 후쿠자와는 다음과 같이 반문했다. "자네와 같은 이들은 서양 원서를 번역하는 데 한결같이 네모난 문자만 사용하려 하는데 그것은 어째서인가?" 여기서 말하는 '네모난 문자'는 한자를 가리킨다. 왜 일본어가 아닌 새로운 한자 번역어를 만들려고 하느냐는 것이다.[11]

하지만 후쿠자와가 바랐던 "자연스러운 일본어로서 흠잡을 데 없는 번역어(譯字)"란 애초에 불가능했다. 서양에는 있는데 일본에는 없는 그런 '현실'이 있었고, 따라서 애초에 서양어에 해당하는 일본어도 없었기 때문이다. 결국 후쿠자와 자신도 나중에는 서양어를 '네모난 문자'로 번역하기에 이르렀다. 왜 후쿠자와는 자신의 원칙을 바꾸기에 이르렀을까?

야나부 아키라는 이렇게 '네모난 문자'로 번역이 이루어지고 나면 번역어가 "카세트 효과"를 산출하게 된다고 말한다. 이 과정에서 과도한 외래어 사용을 포함해 번역어의 오남용 문제가 지적되곤 하지만, 야나부가 보기에 그건 번역이 내포하는 본래적 특성이다. 즉, 번역어는 모

11 야나부 아키라, 2003.

국어가 갖고 있지 않은 의미들을 흡수해 새로운 어휘로 변모한다는 것이다.

"말은 원래 '카세트'와 같은 것이다. '카세트'란 case 즉, 작은 상자로서 프랑스어에서 말하는 cassette이고, 보석상자라는 의미로 쓰인다. (……) 작은 보석상자가 있다. 그 속에 보석을 넣을 수 있다. 어떤 보석이라도 넣을 수 있다. 그러나 막 만들어진 상자에는 아직 아무것도 들어 있지 않다. 그러나 보석상자는 밖에서 보면 그 자체만으로도 아름답고 매력 있다. 게다가 뭔가 들어 있을 것 같다. 틀림없이 들어 있을 것이라는 기분이 들게 한다. 새롭게 만들어진 말은 이 카세트와 비슷하다. 말 그 자체가 매력이다. 그리고 속에 깊은 의미가 있음에 틀림없을 것이라는 막연한 기대가 사람들을 끈다. (……) 의미나 역할 때문이 아니라 말 자체가 매력이다, 라는 체험이 처음에 없었다면, 사람들은 결국 말을 사용하지 않았을 것이다. 번역어는 우리에게 있어 새로운 말이다. 특히 번역을 위해 새롭게 만들어진 말은 갑자기 눈앞에 나타난 카세트와 같은 것이다. 이러한 말의 특이한 현상, 기능, 효과 등을 전부 포함해서 '카세트 효과'라고 부르기로 한다."[12]

(2) 번역어로서의 '사회'와 '개인'

메이지 초기에 일본 지식인들은 서구의 개념들을 일본어로 번역하려는 시도 속에서 '카세트 효과'를 지닌 신어(新語)를 지어냈다. 개중에는

12 야나부 아키라, 2000.

전에 쓰이던 용어도 있었지만, 일단 번역어로 정립되고 나면 의미는 완전히 바뀌었다.

가령 '社會'는 중국 고전에서는 '봄 · 가을에 신령을 맞이하기 위해 벌이는 모임'이라는 뜻으로, 명(明)대에는 '뜻을 같이 하는 사람이 모여 만든 조직이나 단체' 정도의 뜻으로 사용되던 낱말이었지만, 오늘날 동아시아에서 사용되는 '社會'는 'society'의 일본어 번역을 그대로 쓰는 것에 불과하다. 오늘날 'society'를 보면 동아시아인은 그 즉시 '사회'라고 옮긴다.[13]

한편 사회에 대응하는 낱말로서 독립적이고 자유롭고 평등한 '個人'도 동아시아에는 없던 개념이다. '개인'은 중국에서 1840년대에 'individual'의 번역어로서 사용했던 '獨一個人'을 메이지기 후쿠자와 유키치(『문명론의 개략』, 1875)가 받아들여 사용하기 시작해서, 1890년대 '一個人'을 거쳐 '個人'으로 최종 정착해서 오늘날까지 쓰이고 있다.[14]

이 사정을 야나부는 이렇게 말한다. "당시의 일본인들은 individual이란 말의 뜻을 이해하기가 매우 힘들었다. 그것은 society란 말을 이해하기 힘들었던 것과 본질적으로 같은 것이다. individual과 society는 서로 밀접하게 관련된 말이다." 즉 society도, society의 구성요소로서의 individual

13 society를 '사회'로 번역하게 된 저간의 사정에 대해서는 다음을 참조. 김석근, 2002. 김석근, 2005. 김주성, 2018. 김태진, 2017. 김현주, 2013. 박명규, 2009. 박주원, 2004. 박주원, 2005. 야나부 아키라, 2000. 야나부 아키라, 2003. 양세욱, 2012. 전상숙, 2012. 최경옥, 2005. 최경옥, 2017.

14 individual을 '개인'으로 번역하게 된 저간의 사정에 대해서는 다음을 참조. 김석근, 2002. 김석근, 2005. 김소영, 2018. 김주성, 2018. 박명규, 2009. 박주원, 2004. 박주원, 2005. 사쿠타 케이이치, 2013. 야나부 아키라, 2000. 야나부 아키라, 2003. 양세욱, 2012. 전상숙, 2012. 최경옥, 2005. 최경옥, 2007.

도 일본에는, 나아가 동아시아에는 존재하지 않았기에, 그래서 대응되는 언어를 아무리 찾으려 해도 찾을 수 없었기에, 일종의 빈 기호로서 '사회'와 '개인'이라는 말을 발명해야만 했었다는 말이다. 그 말들은 그 후로 카세트 효과를 산출하기 시작했다.

4 맺음말: 개념 구현의 실패, 그리고 반전

(1) 한국 사회에서 '사회' 및 '개인' 개념에 대응하는 현실 내용의 부재

일본에는 개념에 맞춰 현실을 만들어내려는 자생적 시도가 이어졌다. 물론 그 결과까지 성공적이었다고 말하기는 어렵다. 한편 조선은 뒤처진 수용과 국권 상실이라는 조건 때문에 개념의 의미 내용을 채우고 그에 맞는 현실을 만들려는 시도가 좌절되었다.

오늘날 우리 사회에 '사회'가 있느냐, 혹은 '개인'이 있느냐, 하는 물음은 답을 얻기 어렵다. 왜냐하면 그 개념들이 현실적 사례는커녕 어느 정도 정확하고 합의된 의미 내용을 갖고 있지 않기 때문이다. 개념들이 전래된 이래로 우리 사회는 개념들을 천착하고 의미 내용을 합의할 기회를 갖기 어려웠다. 이것은 한국 현대사의 비극이라 하겠다.

오랜 군주정과 계급사회를 거치긴 했어도, 수직적 위계에서 벗어나려는 시도 속에서 '개인' 개념에 대한 이해는 구한말에 나름 자리를 잡았다. 하지만 채워진 의미 내용이란 고작 자신 또는 가족의 이익을 추구하려는 이기적 개인에 불과했으며, 타인과의 공존은 중요하게 여기지 않았다. 오늘날 개인주의가 이해되는 방식도 이기주의와 다르지 않은 까닭이 여기에 있다.

한편 '사회' 개념은 더 어려웠는데, 대략 이기적 개인들의 결사체(會) 정도로 이해되었다고 여길 수 있다. 이 경우에도 사회 전체에 대한 고려는 성립하지 않았으며, 이 사태는 현재까지 이어진다고 보인다. 전체로서의 사회보다 자기가 중심이 된 동아리로서의 사회가 사회 그 자체로 둔갑된 까닭이 여기에 있으며, 이것이 서두에 언급한 난맥상을 낳는 원인 중 하나일 것이다.

(2) 서구 근대의 발명품인 '사회'와 '개인'

한국에서는 근대 개념을 수입하던 19세기 말부터 사회란 '이기적 개인들의 결사체' 정도로 이해되고 있었고, 이런 이해가 끝내 교정되지 않은 채 현재에 이르렀다. 이는 근대의 출발점에서 서구인이 처음 'society' 개념을 발명했을 때의 사정과도 다르며, 서구를 추종하며 적극적으로 근대 국가를 만들고자 했던 개화기 일본인이 'society'를 '社會'로 번역하던 사정과도 다르다.

그렇다면 서구의 'society'나 'individual'의 의미 내용을 충실하게 받아들이지 못하고, 나아가 그에 대응하는 현실을 만들지 못했다는 것이 실패라고 평가되어야 할까? 우리 사회는 서구 사회의 수준에 도달하지 못했다고 자괴감을 느껴야 할까? 그 실패의 결과로 우리는 '공공성'이나 '공익' 같은 말의 의미를 파악하는 데 도달하지 못하게 된 걸까? 서구화로서의 계몽이 필요한 시점일까?

우리 사회에는 '사회'가 없다. 원본과도 다르고 사본과도 다르기 때문에 우리에게 '사회'가 부재하는 것은 아니다. 공공성이 실현되는 장으로서의 사회가 아니기에 '사회'가 없다. 우리가 추구하는 '사회'는 회복해야 할 개념도 아니고, 추격해야 할 개념도 아니며, 다만 이제부터 생성해야 할 개념이다. 그러하기에 한국과 서구의 낙차를 굳이 따져볼 필요도 없고, 서구에 비추어 한국의 비정상성을 새삼 강조할 필요도 없다.

나는 개화기 동아시아 국가들이 받아들이려 했던 현실과 개념은 '서양 근대 부르주아'의 산물이었다는 점을 지적하고 싶다. 사실 '사회'나 '개인'은 16~18세기 홉스, 루소, 로크, 스미스 등을 거치며 형성된 '특수한' 개념이었다. 가령 홉스나 로크가 사회계약의 주체로 생각한 '자연 상태'의 개인은 이미 시장에 내던져져 있으며 화폐로 거래하는 인간이며, 저들이 상상한 '자연' 속에 있지 않았다.

사회 바깥에서 사회를 구성하기 위해 준비하고 있는 자연 상태의 개인이란 없다. 말하자면 (근대) 사회를 구성하기로 되어 있는 개인은 이미 '아주 특수한 사회' 속 존재이다. 이 특수한 사회를 마르크스는 『정치경제학 비판을 위하여』(1859)에서 간파한 바 있다.

> "사실 상품들의 교환과정은 원래 자생적인 공동체들의 품 안에서 현상하지 않고, 그것이 멈추는 곳, 그것의 경계에서, 그들이 다른 공동체들과 접촉하는 소수의 지점에서 현상한다. 여기에서 물물교환은 시작되며 거기에서 공동체 내부로 침투해서 공동체에 해체적 영향을 미친다."[15]

15 카를 마르크스, 김호균 옮김, 『정치경제학 비판을 위하여』(도서출판 중원문화, 2007(1988)).

'상품'의 성립, 즉 시장과 화폐를 통해 공동체가 해체된 후 특정하게 정립된 사회가 근대 부르주아 이데올로그가 상상한 자연 상태이다. 그리고 이 속에서만 '추상적으로' 평등한 개인이 만들어질 수 있다. 마르크스는 『자본』의 원고 한 곳에서, 마르크스 자신이 관여했던 최종본인 프랑스어 번역본에 수록한 구절에서, 이렇게 말한다.

> "다양한 구체적인 사적 노동이 동일한 인간 노동의 추상으로 환원되는 것은 오직 교환을 통해서만 수행된다. 교환이 서로 다른 노동 행위의 생산물을 사실상 서로 동일한 것으로 만드는 것이다."(MEGA II-6, p. 41)[16]

이미 강제적으로 교환과 시장이 존재하게 되었고, 그럼으로써 추상적 개인이 되게끔 강제된 사회가 먼저 있었다. 하지만 그 사회는 근대 자본주의 이데올로그가 자연이라고 부른 사회이다. 이렇게 상상의 결과로 가정된 '개인'들이 모여 사회계약을 체결하고, 그리하여 근대적 의미의 '사회'를 만든다? 요컨대 근대 사회계약론자들의 유산인 '사회'나 '개인'은 재고되고 비판되어야 할 개념이다.

(3) 새로운 개념을 발명하기

어떤 의미에서는 실패로 여겨졌지만, 근대의 한계에 갇힌 개념을 현실에 구현하려는 노력은 불필요할지도 모른다. 이왕 개념 실현에 실패한 이상, 아니 어쩌면 개념 실현이 실패했다는 걸 행운으로 여기면서,

16 미하엘 하인리히, 김강기명 옮김, 『새로운 자본 읽기』(꾸리에, 2015)에서 재인용.

근대를 극복한 개념을 현실에 실현하려는 시도가 더 의미 있을 수도 있다.

물론 그렇다고 해서 근대 서구가 발명한 '사회'나 '개인'이 전면 부정되어야 한다는 뜻은 아니다. 문제는 그 개념들이 세상 속에서 실현되기 위해 겪었던 근대 일반의 변화를 정밀하게 추적하고, 그로부터 비판적 단서를 발견하는 일이다. 이것이 탈근대적 비판의 의미가 될 수 있을 것이다.

그렇다면 탈근대적 의미에서 '사회'나 '개인'은 어떻게 재가공될 수 있을까? 개념의 역사적 분석에만 머물지 말고 새 개념을 만들려는 시도가 필요하다. 물론 이러한 모색은 전통적인 의미의 낡은 공동체 개념을 비판적으로 재구성한다는 조건에서만 시작될 수 있을 것이다.

영국의 시인 존 던은 인간은 그 누구도 섬이 아니라 대륙의 일부라고 말했다. 근대 자본주의 비판의 한 정점인 카를 마르크스는 사회를 계약 주체인 개인들의 모임으로 여기지 않았다. 오히려 사회는 '개인들이 서로 맺고 있는 관계들의 합을 표현한다'.

다가올 사회는 어떤 관계를 표현해야 할까? 생물학적 재생산의 단위인 집단은 그 자체로 사회가 아닌 적이 없었지만, 서구 근대의 발명인 개인으로 이루어진 사회는 분명 특수한 종류의 관계를 표현할 뿐이다. 우리가 대안공동체를 꿈꿀 수 있으려면 그건 오직 새로운 관계를 만들어냄을 통해서이리라.

동아시아 전통에서 개인은 결코 질문되지도 고려되지도 않았다는 '개인 부재'의 언설들이 있다. 하지만 이러한 '개인 부재'의 상황은 동아시아 밖, 서구에서도 근대 이전에는 별 차이가 없었다고 해야 할 것이며, 또한 공동체적 맥락을 초월한 주체적 개인이라고 하는 것은 허구에 가까운 것일 수 있다. 서구 학자들이 비서구 지역에서 그것을 크게 부각시켜 강조하고 철학적, 학문적으로 정당화하고자 한 것은 소위 근대 동양학을 감싸고 있는 오리엔탈리즘적 편견과 무관하지는 않을 것이다. 문제는 개인의 '부재'가 아니라, 동아시아 전통에서는 '어떤' 개인, '어떤' 공동체를 지양하고 있었느냐, 개인과 공동체의 상호 관계에 대해서는 어떠한 사유를 전개하고 있었던가, 하는 것이 될 것이다. 이 논고에서 다룰 맹자의 양묵 비판, 곧 양주와 묵자의 사상에 대한 비판과 인륜공동체론의 제안은 곧 그러한 문제에 대한 맹자의 사유, 더 나아가 유가 일반의 사유의 한 측면을 보여주는 것이 될 것이다.

동아시아 전통에서의 공동체론

— 맹자(孟子)의 양묵(楊墨) 비판과 인륜공동체론(人倫共同體論)

문석윤

1 들어가며: 전통 동아시아에서 '개인 부재'의 언설

동아시아 전통에서 개인은 결코 질문되지도 고려되지도 않았다는 '개인 부재'의 언설들이 있다.[1] 이때 부재한 '개인'은 도덕적이며 정치적인 의미에서 독립적이고 주체적인, 자유로운 '개인'을 의미한다. 동아시아 전통 세계에서 그러한 의미에서의 독자적이고 자유로운 주체적인 개인에 대한 관념은 없었으며, 개인은 도덕적이고 정치적인 책임과 권리의 주체가 아니라 언제나 공동체의 일원으로서 지정된 역할과 그에

1 동아시아 전통은 한국과 중국을 중심으로 한, 유교 혹은 한자 문화권을 가리킨다. 이러한 '개인 부재'의 논설은 근대 시기 칸트와 헤겔 등의 독일관념론 철학자들로부터 시작해서 현대 서양 언어철학 전통의 철학자 허버트 핑가레트 등에로 이어진다.

따른 의무들을 부여받아 그것을 수행하는 역할 수행자로서만 존재하였다는 것이다. 개인은 누구의 아들(딸)이며, 누구의 아버지(어머니), 누구의 남편(아내), 누구의 형(동생), 누구의 친구, 누구의 군주(신하)인가로 규정되며, 그 자신에 있어서 그리고 그러한 역할들 전체에서 그 자신이 누구인가는 질문되지 않았고 중요하게 여겨지지 않았다. 개인은 나이가 들어가면서 그에 맞는 다양한 역할을 부여받게 되며, 그러한 역할들이 요구하는 것들을 최선을 다해 수행하는 역할 수행자 이상이 아니다. 개인은 갈림길 없이 이미 정해져 있는 주어진 길을 이탈함 없이 걸어가야 할 뿐이다.[2]

이러한 언설들은 서구의 세계관—특히 기독교적 세계관에 기초를 둔—과 구별되는 동아시아의 특징적인 사유 틀로서 이른바 '중국적 세계관'에 대한 주장을 통해 강화되고 정당화되어 왔다.[3] 곧, 실체적 사유에 대한 관계적 사유와 체용적(體用的) 사유, 그리고 인과론적 사유에 대한 상관적(相關的) 감응적(感應的) 우주론, 기계론에 대한 유기체론 등이 바로 그것이다.[4] 즉, 존재 이해에 있어 실체보다는 관계를 더 중시하였으며, 다양한 현상적 발용인 용(用)을 떠난 실체로서의 체(體)의

2 '갈림길 없는 정해진 길'이라는 표현은 허버트 핑가레트, 송영배 옮김, 『공자의 철학』(서광사, 1991)에서 빌려온 것이다.

3 '중국적 세계관'이라는 말은 후레드릭 W. 모오트, 권미숙 옮김, 『중국문명의 철학적 기초』(인간사랑, 1991)에서 가져온 것이다. 또한 金容沃, 『東洋學 어떻게 할 것인가』(통나무, 1989), 263-327쪽 참조.

4 상관적 사유, 혹은 상관적 우주론, 유기체론 등에 대해서는 죠셉 니담, 이석호 외 옮김, 『中國의 科學과 文明』 II, III(을유문화사, 1986, 1988), 감응론에 대해서는 정우진, 『感應의 哲學』(소나무, 2016) 등을 참조하라.

독자적 존립을 인정하지 않았다는 것, 그리고 현상에 대한 설명에서 원인과 결과의 분리와 결과에 대한 원인의 선행 등을 전제한 인과론적 설명보다는 모든 구성 요소들의 유기체적 통일성과 동시적 상호 작용을 중시하는 상관론적이고 감응론적인 설명이 주가 되었다는 것이다.

이른바 '중국적 세계관'에 대해서는 별도의 논의가 필요하겠지만, '개인 부재'의 언설 자체는 동아시아 전통 사회를 지내온 오늘의 우리의 상식의 수준에서 볼 때, 일면 타당성이 있는 것으로 인정할 수 있겠다. 물론 좀 과도한 느낌도 없지 않다. 분명히 동아시아 전통에서, 특히 유교적 전통에서 자유로운 개인의 주장은 상식적인 것은 아니었다. 모난 돌이 정 맞는다는 말에서 알 수 있는 것처럼 개성은 의심스러운 것이며, 언제나 나보다 가족 혹은 가문이, 개인보다는 공동체가 중요하게 여겨졌으며, 멸사봉공(滅私奉公)의 구호가 보여주듯이 개인은 공동체를 위해 자신을 희생하는 것이 당연한 도덕적 당위로서 이해되었다.[5]

또한 동아시아에서 특히 유교 전통에서 도덕적이고 정치적인 이상은 자유로운 도덕적 인격의 확립과 주체적 실천, 그리고 그러한 개인의 권리의 보장과 보호에 기초를 두는 것이 아니라 그러한 공-사 대립의 관점에서 '사(私)'를 넘어 '공(公)'에로 나아가는 것으로 표상되었다. 그때 공(公)은 가족이나 국가 등의 구체적인 공동체인 동시에 그러한 공동체의 안위(安危)에 실려 있는 공공(公共)의 가치를 표방하며, 사(私)는 개인인 동시에 공공의 가치에 대적하는 부당한 사적 욕망으로서 비난되었다.[6] 결국 사적 욕망을 넘어서 공공의 가치를 지향해야 한다는 도덕

5 그런데 사실 개인의 헌신에 대한 강조는 역설적으로 개인의 존재를 현시한다.

6 전통적인 공사 개념에 대해서는 미조구치 유조, 정태섭 · 김용천 옮김, 『중국의 공과

적 주장은 현실적으로는 개인에 대한 공동체의 압도, 더 나아가서는 개인의 망각 혹은 부재를 초래하였다. 공공(公共)의 가치 내부에 개인이 차지하는 위치는 잘 포착되지 않았다.

개인 부재의 논설 혹은 중국적 세계관은 꼭 부정적인 방식으로 제시되었다고 볼 수는 없지만[7] 그 부정적인 측면에서, 특히 보편적 근대성의 관점에서 논의를 전개할 때, 전통 동아시아에서의 이러한 개인에 대한 공(公)의 우선 혹은 압도는 개인을 권리의 주체로 정립하지 못할 뿐 아니라 도덕적 책임을 지닌 인격으로서도 성립시키지 못했다는 문제점이 있음이 지적되어 왔다.[8] 결국 현실적으로는 본체 자체가 아니라 본체의 외면인 체면(體面)을 중시하면서 늘 주변의 평판에 신경을 쓰지만 역설적으로 공적(公的) 공간을 주체적으로 형성하지 못하고 실상으로는 자신과 자신의 주변의 이익에 골몰하는 무책임한 이기적 개인주의를 범람하게 하는 문제를 발생시킨다. 혈연 중심적 가족주의, 지연이나 학연으로 얽힌 지역 연고주의, 정실주의 등은 그러한 이기적 개인주의의 연장선상에 있다. 이러한 문제들은 오늘의 동아시아 사회에서도—

사』(도서출판 신서원, 2004) 참조.

7 개인 부재의 논설은 긍정적인 측면에서 접근할 수도 있다. 그에 따르면 그것은 동아시아 사유의 독특성으로서 서구 전통이 포착하지 못한 어떤 측면을 포착하고 있다. 또한 어떤 이는 그러한 개인의 불가능성과 허위 의식적 자기도취에 대한 비판의 관점에서, 그리고 지나친 개인주의가 노정하는 소외의 문제에 대한 한 처방으로서 그것을 긍정적으로 평가한다. 특히 이러한 측면은 보편적 근대성에 대한 회의와 비판이 일상화된 포스트모던적 상황 속에서 자주 제시된다. 상기의 핑가레트나 데이비드 홀(David L. Hall)과 로저 에임스(Roger T. Ames) 등이 그러하다.

8 특히 칸트와 헤겔 등 독일관념론 철학자들의 경우가 그러하다. 그와 관련해서는 이동희, 「헤겔과 부정적 중국세계론」(《철학》 48, 1996) 등을 참조.

그 사회는 비록 급격하게 변화하고 있고, 따라서 그 원인이 꼭 전통 사회 혹은 전통적인 가치관의 영향 때문인지는 명료하지 않지만—어느 정도는 타당하다. 그것은 전통 사회가 오늘의 우리에게 드리운 유산이자 그늘이기도 하다.

하지만 이러한 '개인 부재'의 상황, 그에 따른 문제점들은 동아시아 밖, 서구에서도 근대 이전에는 별 차이가 없었다고 해야 할 것이다. 또한 동서(東西)와 고금(古今)을 막론하고 인간 사회에서 공동체와 개인은 늘 상호 의존하고 상호 작용하면서 자신의 정체성을 확보하여 왔다는 것이 더 진실에 가깝다고 할 수 있을 것이다. 공동체적 맥락을 초월한 주체적 개인이라고 하는 것은 허구에 가까운 것일 수 있다. 서구 학자들이 비서구 지역, 전통 동아시아 세계에서 그것을 크게 부각시켜 강조하고 철학적, 학문적으로 정당화하고자 한 것은 근대 시기에 이르러 자신들의 정체성을 자기도취적으로 형성하는 과정에서 타자를 단일체로 형상화하고 그것을 학문적으로 기술하고자 한 소위 근대 중국학 혹은 동양학을 감싸고 있는 오리엔탈리즘적 편견과 무관하지는 않을 것이다.[9] '개인 부재'의 논설은 근대, 그리고 동서의 만남이라고 하는 특정한 시간과 공간에서 일어난 어떤 편견과 오해의 산물일 수 있는 것이다.

사실, 동아시아 전통에 유교와 함께 한 축을 이루는 도가(道家) 철학에서는, 비록 도덕적 주체 혹은 인격을 지향하고 있는 것은 아니지만,

9 오리엔탈리즘이란 서구의 근대 시기에 세계와 자기 정체성 인식의 과정에서 발생한 하나의 인식 체계이자 그를 통해 형성된 혹은 그것을 가능하게 한 비서구 세계에 대한 서구 세계의 하나의 관점이다. 에드워드 W. 사이드, 박홍규 옮김, 『오리엔탈리즘』(교보문고, 2015) 참조.

독립적이고 자유로운 개인에 대한 강조가 있으며 그것이 그들의 주된 철학적 주장이라고 할 수 있을 정도이다. 『장자(莊子)』 속에는 외면상의 사회적이고 신체적인 어떠한 제약에도 불구하고 내면의 자유를 갈구하고 또한 그를 실현한 주체적 개인에 대한 많은 이야기들이 실려 있다.[10]

또한 강한 공동체주의적 성향으로 말미암아 '개인 부재'의 주된 책임을 지고 있는 것으로 비판받는 유교 전통은 그러한 도가 철학과의 대면과 대결을 통해 성장하여 왔다는 점에서 그에 있어서도 '개인'은 단지 망각되거나 포착되지 못한 것은 아니었다. 유가 철학의 공동체 지향, 인간관계 곧 인륜의 중요성에 대한 강조 등은 개인 의식의 미성숙을 반영하는 것이 아니라 '개인'에 대한 어떤 견해를 반영하고 있는 것이라고 해야 할 것이다.

공자(孔子)는 자신의 학을 위인(爲人)의 학에 대한 위기(爲己)의 학으로 규정한 바 있다.[11] 위인(爲人)의 학이란 남을 위한 학문—이때 학문은 전통적인 의미에서 오늘날의 공부에 가까운 개념이다—, 곧 타인의 눈과 평가를 의식하고 타인을 지향하는 학문, 남의 인정과 수요에 좌우되는 비주체성의 학문을 의미한다면, 위기(爲己)의 학이란 자기를 위한 학문, 곧 자기를 중심으로 자기를 형성하고 완성하여 가는 학문이라는 것이다. 공자는 공동체를 중시하고 또한 그러한 공동체와 관련하여 인간을 이해하였지만 결코 개인을 망각한 것은 아니었다. 오히려 공

10 장자의 내면적 자유의식에 대해서는 송영배, 「장자의 상대주의와 자유 의식의 문제」(《철학연구》 29, 1991) 참조.

11 『論語』 「憲問」, "옛날의 학자는 자신을 위하였으나, 오늘날의 학자는 다른 사람을 위한다.(古之學者爲己, 今之學者爲人.)"

자는 타자와의 관계 속에서, 공동체 속에서 자기 자신을 망각한 주체적 개인 부재의 상황을 심각하게 공격하는 입장이라고 할 수 있는 것이다.

결국 문제는 개인의 '부재'가 아니라, 동아시아 전통에서는 '어떤' 개인,[12] '어떤' 공동체를 지양하고 있었느냐, 개인과 공동체의 상호 관계에 대해서는 어떠한 사유를 전개하고 있었던가, 하는 것이 될 것이다. 이 논고에서 다룰 맹자의 양묵(楊墨) 비판, 곧 양주(楊朱)와 묵적(墨翟: 묵자(墨子))의 사상에 대한 비판은 곧 그러한 문제에 대한 맹자의 사유, 더 나아가 유가 일반의 사유의 한 측면을 보여주는 것이 될 것이다. 아래에서 좀 더 자세하게 살펴보겠지만 맹자는 양주를 중국 고대의 개인주의적 입장을, 그리고 묵자를 국가주의적 입장을 대변하는 것으로 이해하면서, 가족과 국가 공동체를 인간 존재에 불가피한 본질적인 것으로 보는 유가 사상의 입장에서 그들 사상의 문제점을 지적하고 비판하였다. 먼저 맹자의 양주와 묵자 비판에 대해 살펴보고, 그 다음 개인과 공동체에 대한 맹자 자신 견해를 살펴보기로 하자.

2 맹자의 양주와 묵자 비판

『맹자』 속 여러 곳에서 맹자는 양주와 묵적을 묶어서 비판하고 있다. 예를 들어 그는 다음과 같이 말한다.

12 David L. Hall and Roger T. Ames ed., *Thinking from the Han*(New York: State University of New York Press, 1998)는 근대 서구의 자아관과 대비된 전통 중국의 자아관에 대해 흥미로운 분석을 행하였다. 특히 그 책의 Part I의 서술 참조.

> 성왕(聖王)이 일어나지 않자 제후(諸侯)는 제멋대로 처신하고 처사(處士)는 마음대로 정치를 논하여 양주(楊朱)와 묵적(墨翟)의 말이 천하(天下)를 가득 채우고 있다. 천하의 말이 양주(楊朱)에게 돌아가지 않으면 묵적(墨翟)에게 돌아간다. 양씨(楊氏)는 자신을 위할 것〔爲我〕을 주장하니 이는 군주(君主)를 부정하는 것〔無君〕이요, 묵씨(墨氏)는 겸하여 사랑할 것〔兼愛〕을 주장하니 이는 아버지를 부정하는 것〔無父〕이다. 아버지가 없고 군주가 없는 것은 곧 금수(禽獸)이다. …… 양주(楊朱)와 묵적(墨翟)의 도(道)가 종식되지 않으면 공자(孔子)의 도(道)가 드러나지 못할 것이다. 이것은 잘못된 학설이 백성을 속이고 인의(仁義)를 막는 것이다. 인의(仁義)가 막히면 짐승을 내몰아 사람을 잡아먹게 할 것이요, 사람들도 장차 서로 잡아먹게 될 것이다. 내가 이 때문에 두려워하여, 선성(先聖)의 도(道)를 보호하고 양묵(楊墨)을 막으며 정도(正道)에서 벗어난 말들을 몰아내어 잘못된 학설이 나오지 못하게 하는 것이다.[13]

천하가 분열하여 기존의 질서가 붕괴되면서 정치적이고 지적인 혼란 상황에 빠져들던 당시 전국(戰國) 시대를 배경으로 하여, 맹자(孟子)는 자신의 시대를 혼란의 시대, 짐승을 몰아 인간을 먹이며 사람과 사람이 서로 잡아먹는 반인간적 사태가 일어나는 시대로 진단하고, 그 원인 혹은 결과(현상)로서 양주와 묵적의 이론이 천하를 가득 채우고 있음을 개탄하고 있는 것이다. 맹자는 그들의 이론을 음사(淫辭)와 사설(邪說), 곧

13 『孟子』「滕文公下」, "聖王不作, 諸侯放恣, 處士橫議, 楊朱墨翟之言盈天下. 天下之言, 不歸楊, 則歸墨. 楊氏爲我, 是無君也. 墨氏兼愛, 是無父也. 無父無君, 是禽獸也. …… 楊墨之道不息, 孔子之道不著, 是邪說誣民, 充塞仁義也. 仁義充塞, 則率獸食人, 人將相食. 吾爲此懼, 閑先聖之道, 距楊墨, 放淫辭, 邪說者不得作."

'공자(孔子)의 도(道)'를 위협하는 적(賊)으로 규정하고, 그들 이론들에 대해 공자의 도를 옹호하고 수호하는 데 자신의 소명이 있다고 말하고 있다.

맹자는 양주의 주장의 핵심을 위아(爲我)로, 그리고 묵적의 주장의 핵심을 겸애(兼愛)로 요약하고, 그 각각의 문제점으로 무부(無父)와 무군(無君)을 지적하였다. 무부란 곧 아버지가 없다는 것으로서, 가족 관계와 그에 따른 의무를 부정한다는 것이요, 무군이란 곧 군주가 없다는 것으로서, 군신(君臣) 관계와 그에 따른 의무를 부정한다는 것이다. 그리고 아버지와 군주가 없다는 것, 곧 가족 관계와 군신 관계, 그에 따른 의무를 부정하는 것은 곧 짐승이라고 극언한다. 곧 가족과 국가로 대표되는 공동체의 존재를 부정하는 것은 인간다울 수 있는 조건을 부정하는 것과 같다는 것이다. 맹자는 더 나아가 그들에 은폐된 인간의 길로서 '공자의 도'를, 그리고 그 내용으로 인(仁)과 의(義)로 제시한다. 이는 곧 맹자가 당시의 상황을 가족과 국가 공동체 붕괴의 상황, 그리고 그러한 공동체 붕괴를 가속화하고 정당화하는 사상들에 대해 공동체의 중요성을 강조하고, 공동체를 복구할 것을 주장하는 것이요, 그러한 것을 구현하는 사상으로 공자의 사상을 새롭게 제시하는 것이다. 이제 그 각각의 비판에 대해 좀 더 자세히 살펴보기로 하자.

(1) 묵자의 사상과 그에 대한 맹자의 비판

1) 묵자의 사상: 겸애와 국가주의

맹자에 의하면 묵적 곧 묵자(墨子)의 핵심 주장은 겸애(兼愛)이며, 그 문제점은 '무부(無父)'이다. 먼저 겸애에 대해 살펴보자. 겸애란 '겸하여 사랑한다'는 것으로서, 맹자는 다른 곳에서 그것에 대해 "자신의 머리에서 발끝까지를 갈아서라도 천하를 이롭게 할 수 있다면 그것을 한다."[14]는 주장이라고 부연하여 설명하였다. 이것은 공동체의 유익을 극도로 강조하는 것으로서, 공동체에 유익하다면 개인은 자신을 철저히 희생할 수 있어야 한다는 주장이다.

묵자는 당시를 "나라와 나라가 서로 공격하고, 가문과 가문이 서로 찬탈하며, 사람과 사람이 서로 대적하는" 전쟁의 시대로 규정하고, 그러한 상황 가운데서 가장 고통에 처한 이는 일반 백성들로서, 그들은 "굶주려도 먹지 못하고, 헐벗어도 입지 못하며, 힘써 일해도 쉬지 못하는" 불의(不義)의 시대라고 개탄한다. 묵가는 그러한 상황을 개선하기 위해서는 겸애 곧 위정자가 겸상애(兼相愛: 서로 사랑함)와 교상리(交相利: 서로 이롭게 함)를 통치의 원칙으로 삼아야 한다고 주장한다.[15]

묵자는 모든 문제의 원인은 자기와 자기 가족, 자기 나라만을 사랑하며, 자기와 자기 가족, 자기 나라의 유익을 위해서는 타자의 희생과 고통을 아랑곳하지 않는다고 하는 별애(別愛)에 있다고 말한다.[16] 별애의 결과는 혼란과 무질서, 참혹한 전쟁의 고통이며 따라서 천하에 해를 끼치는 것이 별애이며, 그에 대한 처방이 곧 겸애이다. 겸애는 곧 자기만이 아니라 남도 겸하여 똑같이 사랑하는 것으로, 이기심을 극복한 일종의 도덕적 태도이다. 그러한 도덕적 태도를 통해 우리는 자기(자신, 가족, 국가)의 이익만을 챙김으로써 타자를 희생하는 것이 아니라, 타자

14 『孟子』「盡心上」, "墨子兼愛, 摩頂放踵利天下, 爲之."

15 『墨子』「兼愛上」, 「兼愛中」의 내용 참조.

16 『墨子』「兼愛下」의 내용 참조. 墨子는 兼愛라는 용어는 사용했지만 別愛라는 용어를 직접 쓰지는 않았다. 다만 兼과 別을 대조하였다. 兼이 곧 兼愛라고 한다면 別은 別愛일 수밖에 없으므로 그냥 別愛라는 용어를 사용하였다.

를 또한 공평하게 사랑하고 이롭게 할 수 있다. 결국 겸애는 천하에 유익을 끼치는 것으로서 올바른 태도라고 할 수 있다.

그런데 묵자는 인간은 타고나면서부터 이기적이라고 보고 있다. 따라서 인간의 본성상 별애가 자연스러운 것이라고 한다면 겸애는 의지적인 노력을 필요로 하는 것이라고 할 수 있다. 그에 의하면 인간은 노동하는 존재로서 그 점에서 짐승과 구별된다. 자신의 의지적 노력과 노동을 통해 자연을 극복하고 자신의 처지를 스스로 결정하여 가는 것이 바로 인간이다.[17] 그러므로 그는 겸애를 선택하여 의지하고 실천할 수 있다. 하지만 모든 이가 그런 것은 아니다. 이기적인 개인들은 어리석게 각자가 각자의 의를 주장한다. 곧 만인에게는 만개의 의로움이 있는 것이다.(百人百義) 만약 이러한 상황을 방치하면 극도의 혼란이 발생할 수 있다. 따라서 묵자는 천하의 다양한 의로움을 통일하는 것이 필요하다고 보았다.[18]

그가 상현(尙賢)과 상동(尙同)을 주장하고 천자(天子)와의 상동(上同), 곧 천자의 일인 독재를 주장하는 것은 거기에 원인이 있다.[19] 천자는 천(天)의 의지 곧 천지(天志)를 대변한다. 묵자에 의하면 개인은 자신의 유익을 탐하지만 천지 곧 천(天)의 뜻은 천하의 유익에 있다.[20] 개

17 『墨子』『非樂上』, "하지만 사람은 이들(동물이나 식물)과 다르니, 자신의 힘에 의지하면 살고, 자신의 힘에 의지하지 않으면 살지 못한다.(今人與此異者也, 賴其力者生, 不賴其力者不生.)"

18 『墨子』「尙同上」, 「尙同中」의 내용 참조.

19 같은 책 참조.

20 『墨子』「法儀」, "하늘은 반드시 사람들이 서로 사랑하고 서로 이롭게 하기를 원하며, 사람들이 서로 미워하고 서로 해치기를 원하지 않는다.(天必欲人之相愛相利 , 而不

인은 별애를 추구하나 천(天)은 겸애를 지시한다. 개인이 자신의 이익만을 탐하는 것은 결국 상호간의 투쟁과 쟁탈을 초래하며 그것은 누구에게도 유익하지 않다. 이에 천은 탁월한 인간을 보내서 군주로 삼아 자신의 뜻을 전하며, 개인은 그러한 천의 뜻을 받든 군주의 의지에 복종하여야 한다. 그것은 곧 본인 자신의 자기애를 실현할 수 있는 방법이기도 하다. 하지만 그에 있어 궁극적 자기애가 겸애의 실천의 동기라고 할 수는 없을 것 같다. 그는 겸애의 실천을 인(仁)과 의(義)의 실천, 곧 유가적 도덕가치의 실현으로 이해하고 있기 때문이다.[21]

이렇게 해서 묵자는 천의 의지 곧 군주 혹은 국가의 의지를 설정하고 그에 대한 개인의 의지적 복종을 주장한다. 결과적으로 묵자는 일종의 국가주의적 사상으로 기울었다고 할 수 있을 것이다.[22] 겸애는 그러한 국가의 의지이며, 개인은 그러한 국가의 의지에 복종하여 마땅히 겸애의 태도를 취해야 한다. 국가가 겸애의 입장을 견지할 때 전쟁이 아닌 평화가 임할 수 있으며, 개인이 겸애의 입장을 견지할 때 그는 타자에 대한 도덕적 의무를 다할 수 있다. 아버지는 자애로울 수 있고, 아들은 효성스러울 수 있으며, 신하는 충성스러울 수 있다.

欲人之相惡相賊也.)" 天의 의지에 대해서는 또한 『墨子』「天志」上 · 中 · 下 참조.

21 『墨子』「兼愛中」, "仁人之所以爲事者, 必興天下之利, 除去天下之害, 以此爲事者也."「兼愛下」, "兼卽仁矣, 義矣."

22 묵가 사상을 국가주의로서 법가에 가까운 것으로 파악한 예로 V. A. 루빈, 임철규 옮김, 『중국에서의 개인과 국가: 공자, 묵자, 상앙, 장자의 사상 연구』(율하, 2007) 참조. 물론 국가적 이기심도 부정하고 天下를 지향한다는 점에서 이때 국가주의는 一國 중심주의적 내용을 가지고 있는 것은 아니다. 그런 점에서 그것은 통일천하에 적합한 이념으로서의 성격을 지니고 있었다. 그와 관련해서는 李成珪, 『中國古代帝國成立史研究』(일조각, 1984) 참조. 天下는 국가 일반이라고 이해하면 좋을 듯하다.

맹자에 의하면 당시의 천하를 주도한 사상은 바로 묵자의 사상이다. 그러나 실제로 당시 전국시대를 주도한 것은 부국강병을 내세운 실무 관료들을 대변하는 법가(法家)였다. 묵가의 평화주의와 도덕적 의지의 강조 등은 법가와는 매우 다른 것이요 그런 측면에서 또한 정반대라고 할 수 있지만, 묵자 사상의 국가주의적 측면은 법가와 그 궤를 같이하는 것이었다. 다만 법가가 국가의 공적 강제력을 기반으로 한 상벌(賞罰)을 통해 국가의 유익을 구하는 것이라면 묵자는 도덕적 혹은 합리적 의지에 호소하며, 법가가 국가 혹은 군주의 이익을 대변한다면 묵자는 민중의 이익을 대변한다는 차이가 있을 뿐이다. 따라서 맹자는 묵자를 통해 법가의 사상을 투영한 것이었다고 할 수도 있을 것이다. 법가 사상이 한비자에 이르기까지는 그 사상적 내용이 아직 정리되지 않은 상황이었으므로 맹자가 묵자 사상의 법가적 측면을 통해 당시의 국가주의적 흐름을 정형화하고 비판한 것이라고 볼 수 있다는 것이다.

2) 묵자 사상에 대한 맹자의 비판: 가족과 가족애의 의의

맹자는 묵자의 사상을 국가주의적이라고 직접 비판하지는 않았다. 다만 아래에서 다시 살펴볼 것이지만, 다른 한 곳에서 묵자 사상의 반대로서 그러한 국가주의에 대한 정면의 반대라고 할 수 있는 양주를 듦으로써 간접적으로 비판할 뿐이다. 그에 대한 맹자의 비판은 무부(無父)라고 하는 것이었다. 그것은 곧 그의 비판이 양주와 같은 개인주의 혹은 자유주의의 관점에서가 아니라, 그것이 '무부', 곧 가족 관계의 독자성을 훼손한다는 나름의 공동체주의의 관점에서였음을 보여준다. 하지만 그것은 또한 그러한 양주적 관점과 아주 무관한 것은 아니었다.

왜냐하면 묵자의 국가주의가 공격하는 것은 개인뿐 아니라 가족이기도 하였기 때문이다. 그것은 앞에서 지적한 바와 같이 그러한 국가주의적 흐름을 본격적으로 구현한 법가에서 강력히 경계하는 것이 바로 사적(私的) 세력들이었으며, 가족 혹은 가문은 그러한 사적 세력의 대표 중 하나였던 것에서도 알 수 있다. 묵가 사상의 국가주의는 아버지로 대표되는 가족이라는 사적 세력, 사적 공동체의 우선성을 인정하지 않는다는 것이다.

묵자의 '겸애'의 주장에 의하면 자기 자신이나 자기 가족, 자기 국가에 대한 편향적인 사랑은 결국 분쟁과 혼란을 일으킨다. 따라서 묵자는 그러한 자기 편향적 사랑으로서의 별애를 버리고 겸애를 의지적으로 선택할 것을 주장하였다. 『맹자』에는 묵가에 속한 이지(夷之)라고 하는 이가 유가에서 군주가 백성을 자기 자식처럼 사랑하라고 요구하는 것은 바로 묵자적인 주장과 일맥상통하는 것이 아닌가 하고 반문하는 장면이 나온다.[23] 사실 맹자는 가족애뿐 아니라 타자에 대한 차별 없는 무조건적 사랑이 우리의 심리적 현실 중 일부라는 것을 주장한 바 있다.[24]

23 이것과 아래의 서술은 『孟子』에 나오는 다음과 같은 내용에 기초한 것이다. 『孟子』「滕文公上」, "夷子曰: '儒者之道, 古之人"若保赤子", 此言何謂也? 之則以爲愛無差等, 施由親始.' 徐子以告孟子. 孟子曰: '夫夷子, 信以爲人之親其兄之子爲若親其鄰之赤子乎? 彼有取爾也. 赤子匍匐將入井, 非赤子之罪也. 且天之生物也, 使之一本, 而夷子二本故也.'"

24 『孟子』「公孫丑上」, "사람들은 모두 다른 사람에게 차마 하지 못하는 마음을 가진다.(人皆有不忍人之心)"라고 한 부분에서 "惻隱之心"에 대해 그가 설명한 내용을 보라. 하지만 물론 묵자가 자신들의 겸애의 주장을 그러한 심리적 현실에 근거지우는 것은 아니다. 그들은 단지 이성적 판단에 따라 의지적으로 그것을 선택할 것을 주장하는 것이다.

하지만 묵자의 이러한 차별 없는 사랑에 대한 주장에 대해 맹자는 "그는 진실로 자신의 조카를 친애하는 것이 이웃의 어린아이를 친애하는 것과 동일하다고 믿는가?"라고 반문하였다. 맹자는 더 나아가 묵가의 주장은 일단 자기 자식을 사랑하는 것과 자식'처럼' 사랑하는 것의 관계, 즉 가족애와 타자에 대한 보편적 인류애 사이의 관계에 대해 제대로 포착하지 못하고 있다고 반론한다. 맹자는 단적으로 묵가의 주장은 뿌리를 둘로 하는 것이라고 비판한다. 즉, 묵자에서 가족애와 인류애 사이에는 어떠한 내면적 연결도 없는 별개의 것이라고 하는 것이다.(夷子二本) 반면 유가에서는 그 둘을 연속적인 것으로 본다. 둘은 하나의 뿌리라는 것이다. 맹자는 "하늘이 생명을 줌에 하나의 뿌리를 가지도록 하였다.(天之生物也, 使之一本)"라고 말한다. 즉, 천의 의지에서 겸애를 말하는 인류애와 별애라고 비판받는 가족애는 하나의 뿌리라는 것이다. 묵자도 가족애를 부정하지 않았지만 결국 그것을 의지적으로 부정하고 인류애로 나아갈 것을 주장함으로써, 두 가지의 사랑을 별개의 뿌리를 가진 것으로 만들고 말았다는 것이다. 맹자가 여기에서 천을 내세운 것은 바로 천의 실천(즉 만물을 낳는 것)과 의지가 묵자적인 이해로는 그 일관성을 상실하게 된다는 통찰에 의한 것이었다고 할 수 있다. 어쨌든 맹자에 의하면 인류애는 오직 가족애의 참된—아마도 폐쇄적이 아니라 개방적— 실현을 통해서만 실현될 수 있는 것이다. 물론 그것은 아무것도 하지 않는 가운데 자연스럽게 이루어지지는 않는다.

사실, 공자 이래로 유가에서는 가족 공동체를 인간다움에서 핵심적인 중요성을 지닌 것으로 이해하였다. 가족 공동체에서 자연스럽게 발현되는 가족애, 구체적으로는 부모에 대한 효성, 자식에 대한 사랑, 형에 대한 공경심 등은 인간다운 매력을 나타내는 인(仁)이라는 덕성의 핵심적인 자원이다.[25] 인(仁)은 단지 그러한 차원에 그치지 않고 서(恕)라고 하는 방법을 통해 자기를 넘어서 타인에 대한 무조건적 배려 혹은 인류애까지를 포괄하여 확장되어 나가는 것이지만, 공자 이래 유가에서는 그 본질에서 가족애와 다른 것이 아닌 것으로 이해하였다. 즉, 가족애는 국가에 대한 애국심, 더 나아가 인류애로 나아가기 위한 인간 심성상의 실제적인 자원으로서, 묵자가 의지적으로 구현하고자 하였던 인류애적 사랑을 현실적으로 실현할 수 있는 터전이요 근거에 해당하는 것이기 때문이다. 가족에 대한 부정은 그러한 인을 실현할 수 있는 가족애의 터전을 없애버리는 것이 된다.

맹자가 이지에 대해 "그는 진실로 자신의 조카를 친애하는 것이 이웃의 어린아이를 친애하는 것과 동일하다고 믿는가?"라고 반문했을 때, 그는 당연히 가까운 사이의 친애의 감정은 자신과 관계없는 이에 대한 친애의 감정과는 다르다는 것을 전제한다. 그것이 인간의 심리상 당연하다는 것이다. 유가에서는 이것을 보통 '친친(親親: 더 가까운 이를 더 가까이 한다.)'의 원리라고 부른다. '친(親)'이라는 말은 어원적으로 가까이서 눈으로 보는 것을 의미한다.[26] 즉, 공간적으로 인접한 사이에 발생하는 것이 친밀함인 것이다. 한 개체로 독립하기 전까지 상당한 기간을 혈연적 가족 관계에 의지할 수밖에 없는 전통적인 인간의 현실에서 그 가까운 관계는 곧 가족 관계일 수밖에 없다. 따라서 이때 가까움은

25 『論語』「學而」, "어버이에 대한 효성과 형에 대한 공경은 인(仁)의 근본이다.(孝弟也者, 其爲仁之本與.)"

26 김언종, 『한자의 뿌리』 2(문학동네, 2001), 194-195쪽 참조.

직접적으로는 곧 혈연관계의 가까움을 가리킨다. 우리가 삼촌, 사촌, 오촌, 팔촌이라고 말하는 것은 곧 그 핏줄의 거리를 나타낸 말로서, 전통 사회의 인간관계의 형식을 보여주는 것이라고 할 수 있다. 유가에서는 적어도 원칙상으로 사랑[愛]은 이 핏줄의 거리에 사랑의 강도가 반비례하며, 또한 일단 반비례해야 한다고 주장한다. 예(禮)는 그러한 친소의 관계에 따라—그리고 존비(尊卑)의 관계에 따라— 차등적으로 구성된 관계 규범이라고 할 수 있다. 당연히 가족 관계는 다른 사회적 관계보다 더 중요하다.

'친친'은 직접적으로는 가족 관계에서의 가족애에 의미의 중심이 있으나, 그 공간적인 의미 역시 완전히 배제할 수 없다. 아무래도 공간을 공유하면서 가까이 지내는 사이에서는 더욱 친밀함이 있을 수밖에 없는 것이다. 곧 그것은 향촌, 곧 지역 공동체를 포괄한다. 자연스럽게 형성된 지역 공동체는 인간의 정서를 형성하는 기본이며, 그에 정서적 유대를 느끼는 것은 자연스럽고 당연하다. 이른바 효에 대한 제(悌)는 친애를 바탕으로 하되 또한 지역 공동체의 장유(長幼) 사이에서 생기는 공경과 배려의 정서와 태도이다. 맹자는 이것을 '친친'에 대비된 '경장(敬長)'이라고 표현한다. 결국 친애의 감정은 가족과 지역 공동체에서 출발하여 일반적인 사회관계에로 유비적으로 확장해 간다. 즉, 가족과 지역 공동체로부터 출발하여 천하의 일반인에 이르기까지 공동체적 유대를 형성하여 가는 것이다. 이지가 말한 백성을 자식처럼 대한다는 것은 결코 겸애의 의지적 노력의 결과가 아니라, 바로 이러한 친애의 유비적 적용과 확대의 방식으로 이루어질 수 있다.

묵자가 비난하는 별애(別愛)의 가장 하층에는 자기애가 있다. 맹자는 가족애뿐 아니라 어떤 점에서는 자기애 또한 제한적 의미에서는 긍정한다. 자기애는 그 자체로 배타적 이기심이라고 할 수 있지만, 육체를 지닌 우리로서는 그것은 우리 생명의 존립 기반이다. 유가에서 말하는 친친이라고 하는 것은 어떤 점에서는 그러한 배타적 이기심의 연장이라는 측면이 있다. 문제는 그러한 배타성이 폐쇄적으로 고착되는 것이다. 맹자가 단지 배타적 가족애를 지향하는 것은 아니었다. 그것은 곧 확장되어 가야 할 어떤 단계 혹은 근거로서, 그렇게 확장되어 가는 한에서 긍정되는 것이라고 할 수 있는 것이다. 그런 관점에서는 궁극적으로는, 그 최종적 완성의 관점에서는 그 출발점으로서의 자기애마저도 긍정될 수 있을 것이다. 즉, 맹자는 양주의 자기애 또한 그것이 폐쇄적인 방식으로 고착되지 않는 한 긍정할 수 있다.

실로 맹자는 "몸〔形色〕은 하늘(자연)이 준 성(天性: 본성, 생명)이다. 오직 성인(聖人)인 다음에야 몸을 실천할〔踐形〕 수 있다."라고 말한 바 있다.[27] 맹자에 있어서 사랑은 자기애에서 보편적 인류애에 이르기까지 하나의 길로, 하나의 과정으로 연결되어 있다. 자기를 사랑하는 것처럼 남을 사랑하고, 자기 아버지를 사랑하는 것처럼 다른 사람의 아버지를 사랑한다. 하지만 그것은 하나의 외부의 보편적 원칙으로 우리에게 가해지는 것이 아니라 우리의 삶의 성장과 함께 수양의 노력을 통해 점차적으로 확장되어 간다. 즉, 자기애에서 가족애로, 가족애에서 지역 공동체의 성원에 대한 사랑으로, 국가로, 천하에로 확장되어 간다. 그것들은 하나로 통일된 것으로서, 그러한 통일성을 구현하는 것이 인간 삶의 가장 성숙한 단계에 이른 자로서의 성인(聖人)이다. 그것이 곧 "오직 성인(聖人)인 다음에야 몸을 실천할〔踐形〕 수 있다."라는 말의 의미이

27 『孟子』「盡心上」, "形色, 天性也; 惟聖人, 然後可以踐形."

다. 이제 양주의 '위아(爲我)'에 대해 살펴볼 차례가 되었다.

(2) 양주의 사상과 그에 대한 맹자의 비판

1) 양주의 사상: 위아와 개인주의

맹자는 한 곳에서 "묵적에서 도망치면 반드시 양주에로 돌아가며, 양주에서 도망치면 반드시 유가에로 돌아온다."[28]라고 하여, 묵자와 양주와 유가 사상을 상호 계기적인 것으로 파악하였다.[29] 즉, 묵자의 문제점을 지양한 것이 양주이며, 양주의 문제점을 다시 지양한 것이 유가, 곧 공자의 도라는 것이다. 이는 곧 유가를 묵자와 양주의 사상을 비판하고 지양하여 형성된 종합적 의의를 지닌 것으로 제시하는 것이다.

맹자가 먼저 묵자와 대척적인 사상으로 양주를 든 것은 묵자가 자기애 혹은 사적인 의(義)를 비판하고 개인에 대한 공동체-국가의 우선성을 주장한 국가주의의 길을 걸어간 것에 대한 반대 방향의 반응을 포착한 것이라는 점에서 적절한 것이었다고 할 수 있다. 묵자로 표현되는 당시의 주된 흐름은 국가의 힘을 강화한다고 하는 것이었다. 과도한 국가주의에 지친 사람들이 그와 정반대에 위치한 극단의 개인주의에로 빠져든다는 설정은 설득력이 있다.

28 『孟子』「盡心下」, "逃墨必歸於楊, 逃楊必歸於儒."

29 이와 유사하게 『淮南子』「氾論訓」에서는 '孔子-墨子-楊子(楊朱)-孟子'의 순서로 그들 학설 사이의 상호 관련성을 설명하고 있다. 묵자를 공자 사상을 지양한 것으로 본다는 점에서 맹자의 견해를 좀 더 확장하여 전국시대 중국 사상의 흐름을 개괄한 것이라고 볼 수 있다.

맹자에 의하면 양주의 핵심적인 주장은 위아(爲我)[30]이다. 맹자는 다른 곳에서 그것에 대해 '내 몸의 한 가닥의 터럭을 뽑아 천하를 이롭게 할 수 있다고 하더라도 그렇게 하지 않는다.'는 주장이라고 부연하여 설명하였다.[31] 이것은 개인의 생명의 가치와 그 보전을 극도로 강조하는 것으로서, 개인에 대한 일체의 외부적 간섭을 부정하는 것이다. 당시의 정치적 상황을 맥락으로 해서 본다면 이것은 일종의 무정부주의적 개인주의 사상이라고 할 수 있을 것이다.[32] 따라서 맹자가 그들의 사상을 무군(無君)이라 비판한 것은 적절한 것이었다.

양주의 이러한 사상은 곧 이 시기 '개인'의 발견이 이루어지고 있는 상황을 반영한다. 전통적 공동체에 개인과 공동체가 일체를 이루어 그 둘 사이의 분열이 상상되기 어려운 것이었다면, 전국시대에 이르러 자연적 공동체를 넘어선 국가의 힘이 분명히 모습을 드러내고 그것이 점차 개인들의 삶을 압박하고 있었다. 또한 일부 지배층의 권세가 공동체의 존속을 불가능하게 만들 정도로 강대해지고 있었다. 이러한 새로운 상황 속에서 개인과 공동체의 대립, 계층 간의 분리와 대립이 격화되면서 '개인'은 한편으로 국가 권력의 대상으로서 분리되어 포착되며, 동시에 그러한 국가 권력의 강제에 대해 자각적인 주체로서 '개인'이 성장할 수 있는 가능성이 마련되었던 것이다.

이른바 "경물중생(輕物重生: 바깥에 있는 것들은 가볍게 여기고 자신의

30 『呂氏春秋』「不二」에는 "爲己"를 "貴己"라고 표현하였다.

31 『孟子』「盡心上」, "楊子取爲我, 拔一毛而利天下, 不爲也."

32 楊朱의 개인주의에 대해서는 송영배, 「楊朱학파의 개인주의와 생명존중론」(《외국문학》 13, 1987)을 참조.

생명을 중히 여긴다)"[33]이나 "전성보진(全性保眞, 不以物累形: 생명(본성)을 온전히 하고 참된 것을 보존하며, 외물(外物)이 몸에 해를 끼치지 않도록 한다)"[34]는 표어에서 알 수 있는 바와 같이 양주는 개인의 권리나 정치적 자유보다는 일차적으로 개인의 육체적 생명에 관심을 집중하였다. 이런 입장은 신체에 대한 관심과 함께 나타난 초기 양생론(養生論)의 성장과 깊은 관련이 있다. 국가라고 하는 인위적인 외부적 공동체가 앗아가고자 하는 것은 단적으로 개인의 노동력과 생명이다. 국가는 상(賞)으로 유혹하고 벌(罰)로서 위협하며 혹은 공리적(公利的)인 방식으로 혹은 도덕적 의리에 호소함으로써 강제적으로 개인들을 동원하여 그들의 노동력을 착취하고 생명의 위협을 무릅쓰고 전장(戰場)에로 나설 것을 요구한다. 양주는 그에 대해 개인의 생명의 가치, 육체적 생명〔形〕의 중요성을 그 무엇보다 앞세울 것을 주장한다.

양주의 개인주의는 또한 도가(道家) 철학과 밀접한 관련이 있다. 자연적 생명에 대한 강조는 도가적 자연주의의 주요한 내용 중의 하나이다. 『노자』에는 국가의 유혹과 강제에 대응한, "마음은 비우고 배를 채우라. 의지는 약하게 하고 뼈를 강하게 하라."[35]라는 말이 있으며, 장자(莊子)에는 많은 양생론적(養生論的) 내용들이 담겨 있다.[36] 장자에는

33 『韓非子』「顯學」, "有人於此, 義不入危城, 不處軍旅, 不以天下大利易其脛一毛, 世主必從而禮之, 貴其智而高其行, 以爲輕物重生之士也."

34 『淮南子』「氾論訓」, "墨子之所立也, 而陽子非之. 全性保眞, 不以物累形, 楊子之所立也, 而孟子非之."

35 『老子』 제3장, "虛其心, 實其腹; 弱其志, 强其骨." 여기의 陽子는 곧 楊子이다.

36 자기애는 기본적으로 자신의 생명에 대한 지극한 염려와 존중이라는 점에서 생물학적 존재로서는 자연스러운 것이라고 할 수 있다. 자연스러운 것을 중시한다는 점에서

더 나아가 개인의 자유에 대한 깊은 사유가 전개된다. 당시의 폭압적 상황 속에서 그는 정신적인 자유를 표방할 수밖에 없었지만 그 내부에 풍부한 정치적 함의를 또한 지니고 있다. 맹자의 묵자 비판이 사실상 법가 사상을 의식하고 있었던 것과 비슷하게 그의 양주 비판은 또한 사실은 도가 사상을 겨냥하고 있었던 것일 수 있다.

도가에서는—특히 노자의 경우는—개인의 고립적 절대성을 주장하지는 않는다. 그에게 중요한 것은 국가적 강제의 개입과 왜곡일 뿐, 개인의 생존 조건으로서 공동체가 거부된 것은 아니었다. "소국과민(小國寡民: 나라의 규모를 작게 하고 백성의 수를 적게 하라)"(『노자』, 제81장)이라는 명제에서 보는 것처럼, 그들에서 중요한 것은 국가주의의 거부였지, 일체의 공동체의 거부는 아니었다. 그들은 개인에 대한 국가의 간섭을 반대하였지만 자연스러운 공동체의 삶 자체를 부정한 것은 아니다. 소규모의 자연스러운 공동체 속에서 자율적인 삶을 영위하여 가는 것이 그들의 삶의 이상이었다고 할 수 있다. 어쨌든 그들은 어떤 인위적 목적을 지니고 백성들의 삶에 간섭하는 국가에 대해서는 분명 부정적이었다고 할 수 있을 것이다.

그것은 도가 철학과 잘 연결된다. 양생론과 도가 철학은 잘 연결될 수 있다. 그러나 그것이 자기애에 머문다면 그것은 또한 도가 철학과 반대의 길을 갈 수 있다. 도가 철학은 자기를 자연 속에 위치시키므로 자기애의 추구는 자연이 제시한 한계 속에 머물도록 한다. 자연이 노쇠와 죽음을 준다면 그것 또한 자연스러운 변화로서 받아들여야 하는 것이다. 도가를 포함해서 중국 철학의 생명관에 대한 개관으로서 문석윤, 「중국 사상의 생명관에 대한 기독교적 이해」(김영환 외, 『21세기의 생명문화와 기독교』, 쿰란출판사, 2000) 참조.

2) 양주 사상에 대한 맹자의 비판: 생명에 대한 재해석과 국가의 의의

양주는 개인 생명에 대한 중요성을 강조하였다. 앞에서 언급한 '중생(重生)'이나 '전생(全生)'이라는 표현에서 알 수 있는 바와 같이 양주는 '생'과 생의 완성을 중시하였다. 여기에서 '생'이란 곧 생명을 의미하는 것으로서, 기본적으로 개인의 육체적 생명을 의미한다. 양주는 개인의 권리나 자유보다는 일차적으로 개인의 육체적 생명에 관심을 집중한다.

맹자는 그러한 개인 생명에 대한 양주적 관심을 무시하지 않았다. 맹자는 사실 도가 사상의 영향을 상당히 받고 있었던 것으로 보인다. 도가적 자연주의는 당시 전국 시대의 인간에 대한 자연주의적 관심을 대변하는 것이었으며, 그러한 자연주의의 분위기 속에서 맹자는 성장하였다. 『맹자』 속에는 대표적인 자연주의 개념인 기(氣)에 대한 관심이 표출되어 있다. 그는 특히 신체를 구성하고 신체를 작동하는 원리로서의 기(氣)에 대한 관심을 가지고 있었으며, 언(言: 말)과 심(心: 마음)과 기(氣)의 상호 관계, 그리고 기(氣)와 지(志: 인간의 의지)의 상호 관계에 대한 견해를 가지고 있었다.[37] 성(性)과 명(命)에 대한 그의 관심 또한 인간에 있어 주어진 것, 자연스러운 것에 대한 자신의 관심을 표현한다. 앞에서 언급한 천형(踐形)의 명제 역시 형(形), 곧 그의 신체에 대한 관심과 중시를 보여주는 것이라고 할 수 있다.

맹자는 당대의 자연주의적 분위기 속에서 공자의 인문주의적 사상을 자연주의와 조화시키고자 노력하였다. 야기(夜氣)와 호연지기(浩然之

37 『孟子』「告子上」"夜氣章"과 「公孫丑上」"浩然之氣章" 참조. 孟子의 氣에 대한 관심과 그 특징에 대해서는 小野澤精一 외, 全敬進 옮김, 『氣의 思想』(圓光大學校 出版局, 1993) 49-105쪽 참조.

氣)라는 개념과 그에 대한 그의 이해는 곧 자연주의의 개념인 기(氣)를 공자의 인문주의 및 도덕적 관심과 조화시키는 가운데 형성한 것이었다. 야기(夜氣)란 곧 아무것도 하지 않은 밤사이의 휴식 상태에서 자연스럽게 형성되는 신선한 도덕적 활기 곧 생명력으로서 인간 생명의 기본적인 도덕적 특성을 보여주는 것으로서 제시되었다. 또한 호연지기(浩然之氣)는 우리에게 기본적으로 주어진 도덕적 용기 혹은 강대한 도덕적 생명력으로서, 어떠한 외부의 위협과 유혹에도 불구하고 우리로 도덕적인 실천을 할 수 있는 역량이라고 할 수 있다. 맹자는 그것이 도(道)와 의(義)의 실천을 통해 충만하게 될 수 있으며, 또한 반대로 소진될 수도 있는 것이라 말한다.

유명한 맹자의 인성론 또한 바로 그러한 과정에서 탄생한 것이었다. 그는 인간 생명의 특징, 혹은 그 본성에 해당하는 개념인 성(性)에 대한 논쟁에서 고자(告子)의 자연주의적 견해와 대립하면서 자신의 성(性)에 관한 이론을 형성하였다. '성선(性善)'이라는 명제가 바로 그것이다. 그것은 야기와 호연지기라는 개념이 그러했듯이, 인간 생명에 대한 새로운 규정이었다. 인간은 그 자연에서 도덕적 존재로서, 타자에 대한 도덕적 지향을 가지고 있다. 그것을 우리는 사단(四端)의 심(心)에서 확인할 수 있다. 그를 통해 맹자는 유가적 규범 세계의 자연주의적 기초를 정초하였다.

맹자의 인성(人性)에 대한 이러한 이해는 결국 개인 생명에 대한 양주적 견해에 대한 반대를 담고 있다고 할 수 있다. 인간의 경우 우리 각 개인의 생명은 타자에 대한 지향을 특징적으로 가지고 있다는 것이다. 그것이 짐승과는 다른 점이며 우리가 인륜으로서의 사회적 관계를 구성하고 공동체를 형성하게 되는 이유이자 근거가 된다. 개인 생명의 추구는 결국 사회적 관계의 구성에로 나아가게 되며, 개인 생명은 오직 공동체 속에서 공동체와의 관계 맺음을 통해서만 추구할 수 있다. 그런 점에서 양주의 고립적 개인주의는 실현 불가능한 것이며 바람직하지도 않다.

맹자는 묵자의 국가주의가 가족 공동체를 중심으로 한 인간의 자율적 공동체들의 존립을 부정한다는 점에서 비판하였지만, 또 한편으로는 양주의 국가 부정에 대해 반대하면서 국가 자체에 대해서는 긍정하였다. 그는 인간의 삶에서 가족 공동체뿐 아니라 인위적인 국가의 역할에 대해서도 긍정하였다. 다만 그는 모든 국가, 현실 국가를 그대로 긍정한 것은 아니었으며 적극적으로 좋은 국가는 어떠해야 하는가라는 질문을 던졌고, 그에 대해 적극적인 방식으로 답변하고자 하였다. 왕정(王政)이나, 인정(仁政)의 개념이 그에 대한 답변으로 제출된 것이다. 그것은 곧 국가가 인간다움의 조건과 내용으로서의 인륜을 제대로 실현하도록 하기 위해서 꼭 필요하다는 성찰에 근거한 것이었다. 국가는 그 자체가 인륜공동체의 일원이면서 인륜공동체를 지원하고 그의 이상을 실현하는 매개로서의 역할을 한다. 더 자세한 내용에 대해서는 아래에서 다시 살펴보기로 하자.

3 맹자의 대안: 인륜공동체론

(1) 공동체적 존재로서의 인간: 인간의 마음, 사단

양주에 의하면 인간은 자기애의 존재이며, 이는 묵자에 있어서도 마찬가지이다. 다만 양주가 그러한 자기애 자체를 긍정하고 자기애의 길을 가야 한다고 주장한다면, 묵자는 공동의 유익을 위해 그것을 의지적으로 극복하고 겸애의 길을 선택해야 한다고 주장한다. 하지만 맹자는 인간을 다른 관점에서 바라본다. 맹자는 인간을 공동체적 존재로 본다. 인간은, 더 구체적으로 인간의 마음[心]은 타자에로 향한다. 인간은 그 정서상 자연스럽게 타자에의 지향성을 가지고 있다. 그는 그것을 사단(四端)의 마음으로 제시한다. 측은지심(惻隱之心), 수오지심(羞惡之心), 사양지심(辭讓之心), 시비지심(是非之心)이 그것이다.[38] 측은지심이란 곧 어떠한 자신의 이해관계를 개입함 없이 자연스럽게 타자의 고통에 공감하는 심성적 능력—곧 인(仁)—이자, 그 능력의 감정적 발현을 가리킨다. 그것은 인간이 단순히 고립된 개인이 아니라, 다른 인간들, 더 나아가서는 동물에 이르기까지[39] 자신 속에 아우르는 공동체적 존재임을 지시한다. 그와 관련하여 맹자는 단적으로 "만물이 나에게 갖추어져 있다."[40]라고 말한다. 자아는 고립되어 있지 않고 그 안에 만물을 담고 있다.[41]

38 『孟子』「公孫丑上」, "由是觀之, 無惻隱之心, 非人也; 無羞惡之心, 非人也; 無辭讓之心, 非人也; 無是非之心, 非人也. 惻隱之心, 仁之端也; 羞惡之心, 義之端也; 辭讓之心, 禮之端也; 是非之心, 智之端也.

39 『孟子』의 한 에피소드에서 齊宣王은 종교 의식을 치르기 위해 犧牲으로 잡혀가는 소에 대해 측은지심을 발현시켰다.

40 『孟子』「盡心上」, "萬物皆備於我矣. 反身而誠, 樂莫大焉. 强恕而行, 求仁莫近焉."

41 이러한 관념에 대해 프랑수아 쥴리앙은 '존재의 개인횡단적(transindividual) 차원'이라고 표현한 바 있다. 프랑수아 쥴리앙, 허경 옮김, 『맹자와 계몽철학자의 대화』(한울, 2004), 128-129쪽 참조. 宋代에 이르러 유학자들은 측은지심의 대상을 무생물에게까지 확장시켰다. 그들은 그것이 가능한 기초 혹은 근거로서 만물일체를 제시한다. 모든 존재, 곧 자아와 타자는 별개의 존재가 아니라 서로 연속적 한 몸이라는 것이다. 仁은

그는 그들 타자들의 고통을 자신의 의지 너머에서, 혹은 의지가 개입되기 이전에 자연스럽고 순수하게 자신의 고통으로 받아들일 수 있다. 물론 그것은 찰나의 순간에 불과한 것일 수도 있다. 하지만 맹자, 그리고 그의 계승자들은 그것을 실천적으로 확장하여 갈 수 있는 결정적으로 중요한 근거〔端〕이자 능력〔能〕, 자원〔資〕으로서 받아들인다. 문제는 그것을 실제로 여기에서 저기로 적용하고 확충시켜 가느냐 혹은 그렇게 하지 않느냐 하는 것일 뿐이다. 그렇게 하지 못하는 것은 근거와 자원, 곧 "능력이 없어서가 아니라 하지 않는 것일 뿐이다.(是不爲也, 非不能也.)"[42]

맹자는 수오지심, 사양지심, 시비지심 역시 측은지심과 기본적으로 같은 성질의 것으로 파악한다. 인간에게 사지(四肢)가 있는 것처럼, 그러한 사단의 마음을 가지고 있다.[43] 자기만이 아니라 자기를 넘어서 남을 향해 열려 있는 것이 인간의 마음이요, 인간 존재의 특성이다. 그것들은 곧 우리가 이미 공동체적 존재임을 보여주는 근거이자 또한 인간적 공동체를 구성하여 갈 수 있는, 그러한 실천을 할 수 있는 능력이자 자원이다. 그것은 인간이라면 누구나 가지고 있는 것으로서, 짐승과 인간을 구별하는 특징이다.

수오지심(羞惡之心)은 스스로 부끄러워하고 악을 미워하는 마음으로

곧 최종적으로 그러한 만물일체를 구현하는 것으로 이해된다.

42 『孟子』「梁惠王上」. 또한 『孟子』「公孫丑上」, "有是四端而自謂不能者, 自賊者也; 謂其君不能者, 賊其君者也. 凡有四端於我者, 知皆擴而充之矣, 若火之始然, 泉之始達. 苟能充之, 足以保四海; 苟不充之, 不足以事父母."라고 한 부분 참조.

43 『孟子』「公孫丑上」, "人之有是四端也, 猶其有四體也." 有是四端而自謂不能者, 自賊者也; 謂其君不能者, 賊其君者也.

서, 의(義)의 능력이자 그 능력의 주체할 수 없는 현현이다. 사양지심(辭讓之心)은 스스로 사양하고 남에게 양보하는 염치에 해당하는 마음으로서 예(禮)라고 하는 질서와 규범을 구성하고 실천할 수 있는 우리 마음의 자원이다. 시비지심(是非之心)은 잘잘못을 따지는 마음, 일종의 도덕적 판단력이자 그렇게 도덕적으로 판단하는 성향으로서, 우리 지(智)의 능력이자 그것의 현현이다. 이러한 마음들은 사회와 사회의 질서 원리를 구성하고 실천할 수 있는 능력이자 그것의 현현으로서, 우리가 어떤 존재인가 하는 것을 보여주는 것이다.

(2) 인륜: 오륜

맹자는 인간 존재의 그러한 특성을 또한 '인륜(人倫)'이라는 용어를 사용하여 표현한다. '인륜'이란 '인류'를 의미하기도 하고, '인간적 질서', 곧 인간관계와 그 관계를 형성하는 규범 혹은 가치를 의미하기도 한다.[44] 그것은 곧 인간의 표지 혹은 본성으로서, 인간이 동물과 다른 점은 바로 그가 인륜적 존재이고 그것을 자신의 삶의 특징을 삼기 때문이다.[45] 맹자는 다음과 같이 말한다.

> "사람에게는 사람으로서의 길이 있으니, 배부르게 먹고 편안히 거처하면서 가르침이 없으면 금수(禽獸)에 가까워진다. 성인(聖人: 舜)이 그것

44 『漢語大詞典』(上海: 漢語大詞典出版社, 1994) '人倫' 조항 참조.

45 『管子』에도 그와 같은 생각이 표현되어 있다. 『管子』「八觀」, "인륜을 배반하고 금수의 행동을 하면 십 년 안에 멸망할 것이다.(背人倫而禽獸行, 十年而滅)"

을 우려하여 설(契)을 사도(司徒)로 삼아 인륜(人倫)을 가르치게 하였다. 부자(父子) 사이에는 친(親)이 있어야 하고, 군신(君臣) 사이에는 의(義)가 있어야 하고, 부부(夫婦) 사이에는 별(別)이 있어야 하고, 장유(長幼) 사이에는 서(序)가 있어야 하고, 붕우(朋友) 사이에는 신(信)이 있어야 하는 것이다."[46]

즉, 민(民)을 풍족하게 먹이고 편안하게 살도록 하는 것이 왕정(王政)의 기본이지만 만약 단지 그에 멈추고 그들을 가르치지 않는다면 그들을 짐승의 수준으로 떨어지게 하는 것이라고 주장하는 것이다. 그는 학교를 고대 국가의 핵심적 기관으로 강조하였으며, 당시 교육과 학습에서 소외되어 있던 민(民)들에 대한 교육을 매우 중시하였다.[47] 그는 그 학교 교육의 핵심적인 내용으로서 '인륜'을 제시하며, 그 구체적인 세목으로서 이른바 '오륜(五倫)'을 제시하였다.

이는 곧 그가 인간을 인륜적 존재로 보고 있음을 보여준다. 인륜이야말로 인간이 짐승이 아닌 인간으로서 살기 위한 핵심인 것이다. 인간다움은 그 인륜, 곧 다섯 가지 범주의 인간관계를 떠나서 찾을 수 없다. 그중 첫 번째 두 가지가 곧 부자 관계와 군신 관계이다. 맹자가 묵자는 무부(無父), 양주는 무군(無君)이라고 한 것은 그들이 바로 그러한 두 가지 기본 관계, 곧 가족 공동체와 국가 공동체를 부정한다는 지적이

46 『孟子』「滕文公上」, "人之有道也,飽食煖衣, 逸居而無教, 則近於禽獸. 聖人有憂之, 使契爲司徒, 教以人倫. 父子有親, 君臣有義, 夫婦有別, 長幼有序, 朋友有信."

47 중국 고대에서 학교 교육의 의미에 대해서는 문석윤, 「고대 중국에서 '학(學)'의 의미에 대해」(최화 외, 『동서양 문명과 과학적 사유』, 도서출판 문사철, 2015) 참조.

다. 그것은 곧 인륜을 부정하는 것이 된다. 맹자는 인간에 대한 자신의 이러한 이해를 기초로 하여 그들의 사상이 결국 짐승을 몰아 사람을 먹이고 사람이 사람을 먹게 만드는 즉, 사람을 짐승의 수준으로 추락시키는 사상이라고 비판한 것이다.

(3) 인륜공동체

인간은 인륜적 존재로서, 인간답게 살기 위해서는 인륜적 관계, 그 관계로 구성된 혹은 그 관계의 전제가 되는 인륜공동체를 필요로 한다. 그가 제시한 오륜은 그러한 관계의 제반 양상을 보여주는 것으로서, 우리는 그것을 크게 가족, 사회, 국가의 세 가지 유형으로 나누어 볼 수 있다.

1) 가족

오륜의 첫 번째는 "부자유친(父子有親)"으로서, 부자(父子) 관계는 가족을 전제로 한다. 또한 세 번째인 "부부유별(夫婦有別)" 역시 가족의 기본 단위인 부부(夫婦) 관계를 지시하는 것으로서 가족 공동체와 관련된 것이다. 가족은 부부 관계로부터 출발하며, 부부 관계는 남(男)과 여(女)의 존재를 기초로 한다. 유가에서는 음양(陰陽) 이론과 관련하여 그것을 우주론적으로 기초 지워진 것으로 이해한다.[48] 그 관계에서의 덕

48 『中庸』, "君子之道, 造端乎夫婦; 及其至也, 察乎天地." 『周易』「序卦傳」, "有男女然後有夫婦, 有夫婦然後有父子, 有父子然後有君臣, 有君臣然後有上下, 有上下然後禮義有所錯."

목은 별(別)이다. 곧 구별인데 보통 내외의 구별, 남녀 간의 역할 분담을 의미하는 것으로 이해한다.[49]

부부간에 자식이 태어남에 따라 부자 관계가 발생한다. 모(母)가 아니라 부(父)가 주어인 것은 가부장적 가족임을 반영한 것이다. 하지만 부 안에 모는 당연히 포함되어 있다고 볼 수 있다. 그 관계에서의 요구되는 덕목은 친(親)이다. 곧 친애(親愛)를 의미하는 것이요, 묵자의 겸애에 대한 별애의 일종으로서의 친친(親親)을 의미하는 것일 수도 있다. 이것은 인간의 심성상에서 자연스러운 것으로서, 맹자는 그것이 곧 인(仁)의 덕목으로 이어지는 것으로 보았다.[50] 그것은 가족 외의 타인들에 대한 사랑과는 구별되는 성격을 지닌다. 가족에 대한 태도와 가족 외의 타인에 대한 태도는 당연히 달리해야 한다는 것이다. 맹자에 있어서도 인(仁)은 분명 가족 관계에 제한된 것은 아니지만[51] 또한 가족 관계에서의 친애를 그 기초로 가지고 있다고 보았다.

맹자의 의하면 이상적인 정체로서 왕정(王政)의 기초는 가족을 보존하는데 있다. 결혼 적령이 되었을 때 결혼하지 못하는 남녀가 없어야 한다.[52] 왕(국가)은 가족의 형성과 그 재생산을 기본 업무로 삼아야 한다. 또한 왕(국가)의 가장 시급한 업무 중의 하나는 가족을 이루지 못한

49 그러나 星湖 李瀷은 이것을 부부관계의 배타적 성격을 의미하는 것으로 이해하였다. 『小學疾書』「立敎」, "夫婦有別, 謂人各有定配無相瀆亂, 不然則父子靡定."

50 『孟子』「告子下」, "親親, 仁也."

51 『孟子』「盡心上」, "君子之於物也, 愛之而弗仁; 於民也, 仁之而弗親. 親親而仁民, 仁民而愛物." 여기에서 맹자는 仁을 親親과 구별하여 民 곧 백성에 대한 태도로 제시하고 있다.

52 『孟子』「梁惠王下」, "內無怨女, 外無曠夫."

이를 돌보는 것이다.[53] 국가는 가족을 구성하지 못하고 있는 이들에게 가족의 역할을 해주어야 한다. 그야말로 군주가 백성의 부모라고 하는 것이 거기에서 실제적인 의미를 지니게 된다고 할 수 있다. 하지만 물론 그것은 역설적으로 가족에 대한 유가의 중시를 보여주는 것이라고 할 수 있다. 정책의 중심은 가족 공동체를 지원하고 그들이 자생적으로 성장하여 갈 수 있도록 돕는 것이다. 정전제(井田制)로 대표되는 토지 정책, 조세 정책 등은 바로 그러한 지원의 핵심적인 내용을 이룬다고 할 수 있다.[54]

2) **향촌**(지역), **친구**(학교)

오륜 중 장유유서와 붕우유신은 지역의 향촌 공동체와 학문 공동체를 염두에 둔 것이다. 유교에서는 중앙 국가에 대해 지역의 향촌 공동체의 독자성을 중시한다. 맹자는 "조정에서는 관작의 고하가 중요하다면, 향촌 공동체는 나이의 많고 적음이 중요하다"고 말한다.[55] 즉, 향촌 공동체는 기본적으로 가족의 연장 혹은 확대로서 이해된 것이며 그 질

53 『孟子』「梁惠王下」, "늙어서 아내가 없는 자를 홀아비라고 하고, 늙어서 남편이 없는 자를 과부하고 하며, 늙어서 자식이 없는 자를 독신자라고 하고, 어려서 아버지가 없는 자를 고아라고 한다. 이 네 부류의 사람들은 천하의 곤궁한 백성이다. 문왕이 정치를 하여 인을 실현함에는 반드시 이 네 부류의 사람을 우선 돌보았다.(老而無妻曰鰥. 老而無夫曰寡. 老而無子曰獨. 幼而無父曰孤. 此四者, 天下之窮民而無告者. 文王發政施仁, 必先斯四者.)" 文王은 유가에서 聖人 혹은 聖王으로 인정하는 대표적인 인물이다.

54 이들 왕정의 구체적 내용에 대해서는 『孟子』「滕文公上」 등의 내용을 참조.

55 『孟子』「公孫丑下」, "天下有達尊三: 爵一, 齒一, 德一. 朝廷莫如爵, 鄕黨莫如齒, 輔世長民莫如德. 惡得有其一, 以慢其二哉?"

서 원리에 있어 자율성을 지닌다. 국가적인 권위가 향촌의 권위를 침범하지 못하게 하는 것은 그 나름대로 국가적 강제력이 폭력화하는 것을 방지하는 효과가 있다.[56]

가족 공동체가 국가와의 관계에서 그러하듯이, 향촌 공동체는 그 자체 독자적이고 자율적이지만 또한 국가에 대해 열려 있는 공동체로서 국가에로 확산되어 가며 그렇게 확산된 가운데 자율적(자발적)으로 공동체화한 국가 권력의 제어를 수렴한다. '나이의 고하'라고 하는 기준은 가족(친족) 관계를 넘어서 혈연적-지역적 친근성과는 관련이 없는 타인에게도 적용될 수 있는 원칙이다. 즉, 그것은 기본적인 공간을 공유하는 가까운 지역 공동체의 성원에게뿐 아니라 먼 거리의 분리되어 있고 혈연적으로도 관련성이 없는 지역 공동체의 성원들에게도 적용할 수 있다. 그것은 국가 그리고 더 나아가 천하의 모든 지역 공동체, 결국 천하의 모든 성원에 적용될 수 있는 것이기도 한 것이다. 맹자는 다음과 같이 말한다.

> 우리 집의 노인(부모)을 대하는 방식으로 다른 사람의 노인(부모)을 대하며, 우리 집의 어린이(자식)을 대하는 방식으로 다른 집의 어린이(자식)를 대한다면 천하(天下)는 손바닥 위에서 움직일 수 있다. 『시(詩)』에 "나의 아내에게 대하는 법도를 형제에게까지 이르게 하고, 그것으로 집안과 나라를 다스린다."라고 하였다. 이것은 이 마음을 들어서 저

56 『禮記』「祭儀」, "향촌에서는 나이를 중시한다. 그러므로 늙은이와 궁핍한 이가 버림받지 않으며, 강한 자가 약한 자를 침범하지 않아, 공경이 지역 공동체에 편만하게 된다.(居鄕以齒, 而老窮不遺, 强不犯弱, 衆不暴寡, 而弟達乎州巷矣)"

> 기에로 적용한다는 것을 말한 것일 따름이다. 그러므로 은혜를 미루어 적용하면 사해(四海)를 보존하기에 넉넉하고, 미루어 적용하지 않으면 자신의 처자(妻子)조차 보존할 수 없게 되는 것이다.[57]

"이 마음을 들어서 저기에로 적용한다는 것", 곧 "은혜를 미루어 적용"하는 것은 공자가 인(仁)의 방법으로 제시한 서(恕)에 다름이 아니다. 그것은 일종의 유비적 추론의 방법이지만 이때 그것은 단지 지식을 확장해 가는 방법으로서의 이성적 판단의 한 형식을 의미하는 것이 아니다. 그것은 실제로 마음, 즉 이 경우는 은혜 혹은 감성적 사랑의 마음과 그에 수반하는 실제적 시혜(施惠)를 실천적으로 발휘하는 것을 의미한다. 거기에 이성적 추론—결국 그의 부모 자식은 나의 부모 자식과 다름이 없음을 아는 것—이 배제되지는 않지만 단지 그에 그치지 않고 실제적 실효성까지를 기대한다는 점에서 실천적이다.

이러한 방법으로 향촌 공동체는 질서 있게 운용될 수 있다. 국가, 천하는 그러한 향촌 공동체의 연합 혹은 확대의 성격을 또한 가지므로, 그것은 또한 국가와 천하 운용의 원칙이 된다. 왕은 그 또한 가족의 일원이자, 향촌 공동체의 일원으로서, 그것을 국가와 천하 운용의 원칙으로 적용하여 가야 한다. 천하를 움직일 수 있다는 것은 곧 그것이 국가 운영의 기본을 이룬다고 하는 것이 될 것이다. 이러한 운영의 기본 주체는 물론 왕이며, 또한 그를 보좌하는 관료 지식인들이 될 것이다. 여

57 『孟子』「梁惠王上」, "老吾老, 以及人之老; 幼吾幼, 以及人之幼. 天下可運於掌. 『詩』云: '刑于寡妻, 至于兄弟, 以御于家邦.' 言擧斯心加諸彼而已. 故推恩足以保四海, 不推恩無以保妻子.…"

기에서 맹자가 설득하고자 하는 것은 바로 그들이었다. 하지만 인륜이 민(民)에게 보편적으로 인간다움의 내용으로 가르쳐져야 한다고 맹자가 강조하고 있음에 유의해야 할 것이다. 즉, 맹자는 국가 운영뿐 아니라 보편적인 인간의 삶의 운영에서도 그러해야 함을 말하는 것이요, 또한 가족과 국가를 포함한 공동체들은 바로 우리 개인이 자신의 내면으로부터 주체적이고 자발적인 방식으로 수용하고 구성하여 가는 것이라는 의미를 함축하고 있는 것이다.

한편 그러한 측면은 비교적 수평적 관계인 붕우(朋友) 관계에서도 적용할 수 있다. 친구(親舊)란 역시 비교적 가까운 사이에서 형성되기 마련이다. 하지만 공자는 이미 다음과 같이 말하고 있는 것이다. "벗이 먼 곳〔遠方〕으로부터 오면 또한 즐겁지 아니한가?"[58] 먼 곳, 곧 원방(遠方)으로부터 벗들이 온다는 것이다. 그것은 지역적 친근성, 지역 국가의 경계의 넘어서까지 친구의 관계가 형성되는 상황을 전제한다. 공자의 시대에는 이른바 고대 궁중의 폐쇄적인 공간을 벗어나 민간 속의 사설(私說)의 학교들이 형성되었으며, 공자 자신이 그러한 학교의 설립자라고 할 수 있다.[59] 붕우 관계는 기본적으로 학교 혹은 이념적 공동체를 전제한다. 맹자가 이러한 이념적 공동체 역시 인륜 관계의 한 부분을 차지하고 있는 것으로 보고 있다는 점을 또한 유념할 필요가 있다.

붕우 관계는 공자 이래로 보인(輔仁), 곧 책선(責善)의 관점에서 접근

58 『論語』「學而」, "有朋自遠方來, 不亦樂乎?"

59 중국 고대의 학교제도에 대해서는 郭齊家, 이경자 옮김, 『중국의 고대학교』(도서출판 원미사, 2004) 참조. 그리고 문석윤(2015) 참조.

되었다.[60] 또한 붕우 관계에서 핵심적인 덕목으로 신(信)이 강조되어 왔다. 그것은 붕우 관계가 결국 비동질적 집단 사이의 관계 맺음이라는 점을 염두에 둔 것이라고 할 수 있을 것이다.[61] 비동질적 집단 사이에는 의심과 불신이 있을 수밖에 없다. 국가는 그러한 것을 극복함으로써만 인륜적 공동체로서의 의미를 지닐 수 있다. 붕우 사이에는 가족 관계에서 부형과의 유비적 관계로서 친애를 적용할 뿐 아니라 그 평등한 관계에서의 상호 신뢰가 반드시 필요한 것이다.

이러한 신뢰의 덕목은 국가를 구성하는 이질적 구성원들—그들은 개인이라기보다는 어느 가족, 지역 공동체일 수 있겠지만— 사이에서도 꼭 필요한 것이다. 붕우 관계, 곧 학교 공동체는 향촌 공동체와 함께 가족 공동체와 국가 공동체의 사이에, 그리고 향촌 공동체보다 국가 공동체 더 가까이에 존재하는 것이라고 할 수 있을 것이다. 맹자는, 후대의 경연(經筵)이라는 제도가 보여주는 바와 같이, 유가적 지식인을 군주의 스승 혹은 통치의 동역자로서 제시하고 있기도 한 것이다. 또한 앞에서 언급한 바와 같이 맹자는 국가의 주요 임무를 학교를 설립하여 백성들을 교육하는 데 두고 있기도 하다. 그런 점에서 국가는 곧 학교이기도 하다. 이러한 점들은 맹자가 왕을 백성의 부모와 같아야 한다고 주장했다고 하더라도, 그가 결코 국가를 단순히 가족 관계의 평면적 확대 혹은 적용으로 생각했던 것이 아님을 잘 보여준다고 하겠다.

60 『論語』「顔淵」, "曾子曰: '君子以文會友, 以友輔仁.'" ; 『孟子』「離婁下」, "責善, 朋友之道也."

61 『孟子』「萬章下」, "萬章問曰: '敢問友.' 孟子曰: '不挾長, 不挾貴, 不挾兄弟而友. 友也者, 友其德也, 不可以有挾也.'"

3) 국가

부자유친과 함께 오륜의 두 축을 이루는 것이 군신유의이다. 군신 관계는 사적(私的)으로 형성될 수도 있겠으나, 맹자는 그것을 기본적으로 공적(公的) 관계로 제한한다. 그것이 의(義)라는 덕목에 표현되어 있다. 신하는 일반 백성을 포괄할 수 있으나 결국 그것은 함께 국가를 운영할 지식인 그룹으로서 사(士) 계층을 의미하는 것으로, 맹자는 신하의 지위를 군주와 함께 다스리는 자로서,[62] 능력[賢]과 덕(德)으로서 군주를 선도하다는 점에서 스승의 자리에까지 높이기도 하였다.[63] 군주는 그를 단지 피고용이나 노예로서 대하는 것이 아니라 그에 맞는 예(禮)를 갖추어 고용하고 대접하여야 하며, 신하는 충심을 다해 통치를 보필할 의무가 있는 것이다.[64]

그에서 요구되는 덕목으로서의 의(義)는 곧 먼저 통속적인 사적 의리를 의미하는 것이 아니라, 군주와 신하—이는 곧 사(士)— 사이에 지켜야 할 준칙으로서의 의무(義務)를 의미한다. 사단(四端)에서 의(義)

62 『孟子』「萬章下」, "晉平公之於亥唐也, 入云則入, 坐云則坐, 食云則食. 雖疏食菜羹, 未嘗不飽, 蓋不敢不飽也. 然終於此而已矣. 弗與共天位也, 弗與治天職也, 弗與食天祿也, 士之尊賢者也, 非王公之尊賢也." 여기에서 맹자는 군주와 신하는 더불어 天位를 함께 하며, 더불어 天職을 다스리고 더불어 天祿을 먹어야 제대로 된 尊賢이라고 말한다.

63 맹자는 신하를 부를 때는 소환하는[召] 것이 아니라 찾아가서 만나는 것이 예(禮)라고 한다. 그것은 곧 그의 조언을 구하는 입장에서 德으로는 신하가 선생의 위치에 있기 때문이다. 『孟子』「萬章下」, "以位, 則子, 君也; 我, 臣也. 何敢與君友也? 以德, 則子事我者也. 奚可以與我友? 千乘之君求與之友, 而不可得也, 而況可召與?'……" 참조.

64 『孟子』「萬章下」, "欲見賢人而不以其道, 猶欲其入而閉之門也. 夫義路也, 禮文也." 그리고 「告子下」의 "所就三, 所去三. 迎之致敬以有禮, 則就之. 禮貌未衰, 言弗行也, 則去之." 참조.

에 해당하는 것은 수오지심(羞惡之心)으로서, 수오지심은 말 그대로 부끄러워하고 미워하는 마음이다. 그것은 자기에게서나 남에게서나 어떠한 악(惡)도 배제하고자 하는 마음을 그 내용으로 한다. 공자가 크게 강조한 것이 인(仁)이었다면, 맹자는 그와 함께 의(義)를 인(仁)과 대등하게 중요시 하여 인의(仁義)를 병칭하는 경우가 많았다. 앞에서 양주와 묵자에 대립한 '공자(孔子)의 도(道)'로 제시한 것이 바로 인의였다. 그는 "인(仁)하면서 자신의 어버이를 버리는 이는 없으며, 의(義)로우면서 자신의 군주를 뒤로 돌리는 이는 없다"[65]라고 하여 인과 의를 각각 부자 관계와 군신 관계에 적용시켰다.

하지만 여기에서 인과 의의 의미는 그에 그치지 않는다. 그의 인정(仁政)의 개념이 알려주는 바와 같이 인을 백성에 대한 군주의 태도로 말하기도 하며,[66] 의에 대해서도 일종의 사회적 정의로서, 국가 공동체의 이념으로까지 높이기도 하였다. 그것은 군주가 부국강병(富國強兵)을 기조로 하는 이(利)를 추구하기보다는 인과 의를 추구하여야 한다고 말하는 데서 분명하게 드러난다.[67] 맹자는 인과 의를 국가 공동체의 성립 근거이자 이념이라고 주장하는 것이다.[68]

65 『孟子』「梁惠王上」, "未有仁而遺其親者也, 未有義而後其君者也." 맹자는 또한 「盡心上」에서는 "다른 곳에서 그는 또한 "어버이를 친애하는 것이 인(仁)이며, 연장자를 공경하는 것이 의(義)이다.(親親, 仁也; 敬長, 義也.)"라고 하기도 하였다.

66 『孟子』「盡心上」, "君子之於物也, 愛之而弗仁; 於民也, 仁之而弗親. 親親而仁民, 仁民而愛物."

67 『孟子』「梁惠王上」, "孟子對曰, '「王何必曰利? 亦有仁義而已矣.'" 仁政이라는 개념 또한 『孟子』의 첫 번째 편인 이 편에 나온다.

68 한편으로 맹자는 모든 사람이 생산 활동(특히 농업)에 종사해야 한다고 하는 農家類의 주장에 대해 인간은 분업을 통해, 즉 사회적 상호 관계를 통해서 살고 있으며, 그렇

맹자에 의하면 군주와 신하는 국가의 이념으로서의 인과 의를 함께 하는 자로서, 군주가 그 인과 의의 의무를 망각하고 훼손한다면 극단적으로 그를 제거할 수 있다고 주장한다.[69] 즉, 군주와 신하는 인과 의의 실현이라는 대의(大義)에 따라 맺어진 계약관계라는 것이다. 그 사이에 일종의 사회적 정의로서의 의가 매개되지 않는다면 그 관계는 성립하지 않는다. 그러므로 그것은 단순히 친애(親愛)적인 관계가 아니다. 군신유의는 그러한 의미에서 국가 공동체의 존립 기반에 대한 맹자 자신의 의견을 표명한 것이라고 할 수 있다.

어떤 군주를 섬길까 하는 것은 선택할 수 있으나 군주와의 관계, 곧 국가를 떠나서는 인간다움을 발현할 수 없다. 의는 인간다움의 핵심이며, 국가는 의를 구현하기 위해 있는 것이며, 동시에 국가가 아니면 의를 제대로 구현할 수 없다. 그것은 개인에 대한 사적 지배로부터 인민들을 보호하며, 국가를 통해 인민들은 기본적인 생존과 안전을 보장받을 수 있다. 앞에서 이미 언급한 바와 같이 국가는 각 개인이 가족을 구성하면서 인간다운 삶을 누릴 수 있도록 적정 토지를 분배하며, 과도한 토지 집중으로 농민들이 토지에서 이탈하는 일이 없도록 해야 한다. 또한 학교를 세우고 교사를 두어 가르침으로 인민들이 인간다운 삶을 곧

게 살 수밖에 없다고 주장한 바 있다. 즉, 경제적 의미에서 사회적 존재일 수밖에 없다는 것이다. 그런 점에서 인간은 또한 개인으로 존립할 수 없으며 반드시 공동체를 필요로 하는 사회적 존재임이 다시 한 번 확인된다. 『孟子』「滕文公上」, "有爲神農之言者許行" 이하를 참조.

69 『孟子』「梁惠王下」, "齊宣王問曰: '湯放桀, 武王伐紂, 有諸?' 孟子對曰: '於傳有之.' '臣弑其君可乎?' 曰: '賊仁者謂之賊, 賊義者謂之殘, 殘賊之人謂之一夫. 聞誅一夫紂矣, 未聞弑君也.'

오륜을 배울 수 있도록 해야 한다. 국가를 통해 가족 공동체와 향촌 공동체는 온전히 유지되고 번성할 수 있다.

국가의 권력은 바로 그러한 활동을 하도록 하늘로부터 부여된 것이요 인민의 동의를 얻은 것이다.[70] 그것을 넘어 사적 지배와 다름없는 방식으로 권력이 사용된다면 그 권력은 탄핵받아야 한다. 현실적인 국가 권력은 그러한 데서 일탈한 무도하고 패역한 경우가 대다수이지만, 그리고 그러한 국가 권력에 대해서는 비판하고 저항하는 것도—적어도 맹자의 경우, 그리고 원칙적으로—용인되지만 그렇다고 해서 국가 권력 자체가 부정되어서는 안 된다는 것이 맹자와 유가의 국가에 대한 관점이다.

맹자는 그 역할이 지나치게 축소된 국가를 야만적인 것으로 규정하고, 또한 지나치게 강력한 국가 역시 패도적인 것으로서 비판하였다.[71] 국가는 인륜성을 구현하는 딱 그만큼의 역할에 제한적으로 그 힘을 발휘하여야 한다는 것이다. 그를 위해 적정한 세금을 거두어야 하며 행정 조직을 갖추어야 한다. 물론 현실적으로 맹자 당시에 대부분의 국가는

70 『孟子』「萬章上」, "太誓曰'天視自我民視, 天聽自我民聽', 此之謂也."라고 한 부분 참조.

71 『孟子』「告子下」에서 『맹자』는 수확의 20분의 1을 세금으로 받는 것에 대하여 貉道라도 비판한다. 貉은 중국 北方의 나라로서 나라의 규모가 크지 않으므로 그렇게 할 수 있지만 왕실의 규모와 禮, 곧 人倫, 그리고 관료제를 유지하기 위해서는 堯舜 이래의 법제인 10분 1을 세금으로 거두는 것이 필요하다는 것이다. 그리고 끝으로 10분 1 이하를 거두면 貉道가 되고, 그 이상을 거두면 桀과 같은 폭군, 곧 폭력적 국가가 된다고 지적한다. "白圭曰: '吾欲二十而取一, 何如?' 孟子曰: '子之道, 貉道也.……夫貉, 五穀不生, 惟黍生之. 無城郭宮室宗廟 祭祀之禮, 無諸侯幣帛饔飧, 無百官有司, 故二十取一而足也. 今居中國, 去人倫, 無君子, 如之何其可也? 陶以寡, 且不可以爲國, 況無君子乎? 欲輕之於堯舜之道者, 大貉小貉也; 欲重之於堯舜之道者, 大桀."

그와 무관하게 자신의 길, 곧 패도의 길로 나아갔다. 우리가 어떻게 현실 국가를 그러한 이상적 상태로 유지하도록 할 수 있는가 하는 것은 어려운 문제일 것이다. 바로 거기에 유가를 이념으로 가진 자들의 실천적 노력이 있었다. 그것은 군주를 제어하려는 노력이었지만 또한 통치의 일원으로서 자기 자신을 제어하려는 노력이기도 했다. 수기(修己) 곧 수양(修養)에 대한 지속적인 강조는 바로 그러한 데 또한 이유가 있었다.

(4) 성장하는 개인, 그리고 공동체

인륜공동체는 성장하는 인간을 전제한다. 여러 인륜적 관계는 우리의 생애 사실을 반영한다. 우리는 가족의 울타리 안에서 태어나고 육체적, 정서적, 정신적으로 성장한다. 부자유친은 그 단계에서 매우 중요하다. 우리는 성장하면서 학교에 가며, 결혼하고 또 사회적 관계를 형성한다. 그 각각의 단계에서 붕우유신, 부부유별, 장유유서 등이 중요하다. 또한 사회적 관계의 연장선상에서 군신유의의 관계를 맺는다. 물론 이 단계는 특히 사(士) 계층에 있어 유의미한 것이지만, 또한 일반 백성도 그 속에 간접적으로 포함된다. 인간이 생명체인 한 성장하고 또 노쇠하며 소멸된다. 그러한 인생의 전 과정에서 인간 개인의 삶은 공동체와 밀접한 관련을 지닐 수밖에 없다.

공자 이래로 유가에서는 수양(修養)을 매우 중요시하였다. 공자는 군자(君子)에 대해 경(敬)으로 수기(修己)하며 그것을 바탕으로 사람들을 편안하게 하고, 백성을 편안하게 하는 존재로 규정한 바 있다.[72] 그것은

72 『論語』「憲問」, "子路問君子. 子曰: '脩己以敬.' 曰: '如斯而已乎?' 曰: '脩己以安人.'

생애의 성장과 함께, 그에 수반한 적절한 성장이 필요하다는 생각을 바탕으로 한 것이다. 공자는 자신의 생애에 대해 "열다섯 살 때 학문에 뜻을 두었고, 서른 살 때 사회적 존재로 자립하였으며, 마흔 살 때 의혹에 빠지지 않게 되었고, 오십 살에 천명(天命)을 알았다. 육십 살에 듣는 것이 순(順)하게 되었고, 칠십 살에 이르러 마음 가는 대로 행해도 법도에 어긋남이 없게 되었다."고 술회한 바 있다. 또 『예기(禮記)』라는 책에는 인간의 일생에 걸친 생애의 표준적 여정에 대해, 마치 농사짓는 일에서 월령(月令)이 그러한 것처럼, 각 시기에 해야 할 일에 대한 조목들이 나열되어 있다.[73] 사실 『예기』라는 책, 그리고 예(禮) 자체가 비록 중심은 귀족 혹은 식자층에 있지만 유가에서 생각하는 인간의 삶—그 공간과 시간에 따른 각 개인들의 구체적인 삶—의 매뉴얼을 담은 것이라고 할 수 있다.

유가에서 이렇게 개인의 성장에 대해 알뜰하고 세밀한 관심을 지닌 것은 그들의 인간관을 반영한 것으로, 인륜적 존재로서의 인간에 대한 자신들의 생각과도 밀접한 관련이 있다. 맹자의 공동체론, 곧 인륜공동체론은 맹자 자신이 그렇게 인식하고 있듯이, 양주의 개인주의와 묵자

曰: '如斯而已乎?' 曰: '脩己以安百姓. 脩己以安百姓, 堯舜其猶病諸!'" '脩'는 '修'와 같다.

73 『禮記』「內則」, "子能食食, 敎以右手. 能言, 男唯, 女俞. 男鞶革, 女鞶絲. 六年, 敎之數與方名. 七年, 男女不同席, 不共食. 八年, 出入門戶, 及卽席飮食, 必後長者, 始敎之讓. 九年, 敎之數日. 十年, 出就外傅, 居宿於外, 學『書』『記』. 衣不帛襦袴. 禮帥初, 朝夕學幼儀, 請肄簡諒. 十有三年, 學樂, 誦『詩』, 舞勺. 成童, 舞象, 學射御. 二十而冠, 始學『禮』, 可以衣裘帛, 舞大夏, 惇行孝弟, 博學不敎, 內而不出. 三十而有室, 始理男事, 博學無方, 孫友視志. 四十始仕, 方物出謀發慮, 道合則服從, 不可則去, 五十命爲大夫, 服官政. 七十致事."

의 국가주의를 적절하게 지양하고 종합하여 형성된 이론이었다고 할 수 있다. 그것은 개인과 공동체의 상호 의존을 기초로 한 이론이었다. 양주에서 개인은 일체의 사회(그 극점에서 국가)로부터 고립하여 존재하는 개인 생명의 절대적 주체로서, 사회에 대립하여 존재한다. 반면 묵자에서 국가는 일체의 개인적 욕망을 넘어서 있는 절대적 의지로서, 모든 개인적 의지는 그에 종속되어야 한다.

이러한 사(私)와 공(公), 개인과 공동체의 극단적 대립에 대하여 맹자 그리고 유교에서는 개인을 고립되고 고정된 완전체가 아니라 끊임없이 변화하고 성장해 가는 동적인 형성체의 성격을 지닌 것으로 본다. 유교에서 수양이 강조되는 것은 바로 개인의 그러한 성격에 기인한다. 또한 그러한 변화와 성장은 고립적으로 이루어지는 것이 아니라 주변 세계, 타자와 끊임없이 교류하고 소통하는 가운데 점차적으로 이루어진다. 수양은 자기를 극복하는 끊임없는 과정이지만 그것은 고립된 인간의 내면에서 이루어지는 것이 아니라 타자와의 관계 속에서, 예(禮)라고 하는 객관적 규범과의 관련 속에서 그를 지향하여 가는 운동이다. 한편 그러한 개인의 수양, 곧 변화와 성장의 운동은 자기를 변화시키는 동시에 주변 세계를 변화시키는 상호 순환적 운동이다. 그러한 가운데 규범의 내면 혹은 의미 역시 끊임없이 새롭게 성장한다.

개인과 공동체의 관계에 대한 이러한 생각 역시 이미 공자에 그 싹을 가지고 있었다. 공자는 이상적 인간으로서의 군자(君子)의 최상의 덕목인 인(仁)을 극기복례(克己復禮), 곧 자기를 극복하고 예(禮)에로 복귀하는 것으로 정의한 바 있다.[74] 예(禮)란 오랜 역사를 통해 형성된 공동

74 『論語』「顔淵」, “顔淵問仁. 子曰: ‘克己復禮爲仁. 一日克己復禮, 天下歸仁焉. 爲仁由

체 규범으로서, 공자는 그것을 덕(德)과 함께 형정(刑政)에 대비되는 질서 혹은 통치 원리로서 제시하였다.[75] 인(仁)의 실현을 위해 개인은 자기 자신을 넘어서 공동체의 규범에 복종하여야 한다.

하지만 그것은 일방적인 개인의 부정과 극복을 의미하지는 않는다. 앞에서 언급한 것처럼 공자는 자신의 학을 자기를 위한 주체적인 학문 곧 위기(爲己)의 학으로 규정하였다. 자기 자신을 넘어서는 극기는 곧 자기를 완성하여 가는 위기와 다른 것이 아니다. 극기는 결국 자기의 주체적 활동〔由己〕인 것이다.[76] 예(禮)는 자기를 넘어 도달해야 할 공동체의 규범인 동시에 자기를 실현하기 위한 방법으로서의 의미를 또한 지니고 있다. 공동체의 규범, 혹은 공동체 자체는 그 자체가 목적이 아니라 자기의 실현과 완성을 위한 방법이라고 할 수 있다. 따라서 '극기복례'는 곧 인간다움의 최고 덕목으로서 인(仁)이 되는 것이다. 그것은 자신만이 아니라 천하의 모든 이를 인에로 돌아가게 한다.[77] 인(仁)의 실천은 자기를 완성할〔成己〕 뿐 아니라 또한 타자를 완성한다〔成物〕.[78]

맹자는 전국 시대의 상황 속에서 공자의 이러한 전통을 계승하였다. 그의 심성론은 수양론과 또한 밀접하게 연결되어 있다. 그는 우리 내면

己, 而由人乎哉?'"

75 『論語』「爲政」, "道之以政, 齊之以刑, 民免而無恥; 道之以德, 齊之以禮, 有恥且格."

76 앞의 『論語』「顔淵」 인용의 끝 부분은 그것을 의미한다. 修己는 爲己와 克己를 포괄한다.

77 앞의 『論語』「顔淵」 인용의 중간 부분 참조.

78 『中庸』, "誠者非自成己而已也, 所以成物也." 여기에서 논의된 것과 유사한 방식으로 『中庸』의 이 부분을 해석한 예로서 정대현, 「담론: 차이 요구와 연대 확장의 양면적 문법—공동선으로서의 성기성물(成己成物) 방법론」(《범한철학》 50, 2008) 참조.

의 자연스러운 도덕적 심성의 성장을 식물의 성장에 비유한 바 있다.[79] 우리의 도덕적 심성은 고정되어 있는 어떤 기계와 같은 것이 아니다. 그것은 성장해 가야 할 것이다. 다만 그 성장은 어떠한 강제적인 방식으로 이루어지는 것이 아니다. 즉, 어떤 의지적 강제와 노력을 통해 인위적으로 변형시키거나 만들어 내는 것이 아니다. 그것은 마치 논의 벼가 자라나는 것처럼 서서히 자연스럽게 성장한다.[80] 맹자는 그것을 "방치하지도 그렇다고 조장하지도 않는〔勿忘, 勿助長〕"[81] 방법이라고 말하였다.

공동체는 개인의 성장을 전제하지 않으면, 즉 성장하지 않은 존재에게 공동체는 폭력적 억압이 될 수 있으며, 또한 폐쇄적인 것이 되고 만다. 가족 공동체는 이기적인 가족주의의 온상이 되고, 향촌은 지역주의의 터전이 될 수 있으며, 또한 국가 공동체는 폭력적 압제를 자행할 수 있다. 그것은 유가의 공동체주의가 쉽게 빠질 수 있는 함정이며, 동아시아 전통 사회에서 어느 정도 실제로 그러한 문제를 일으켜 왔다는 것을 부정할 수 없다. 바로 그러하기에 유가에서는 그러한 점에 대해서 더욱 깊이 유의하며, 공동체 내의 개인의 성장에 대해 깊은 관심을 가지고 있는 것이라고 할 수 있다.

79 『孟子』「告子上」"夜氣"章의 "牛山之木"의 비유, 그리고 「公孫丑上」"浩然之氣"章의 "宋人揠苗"의 비유를 참조.

80 Jacques Gernet는 맹자의 심성론과 수양론의 이러한 측면에 대해 Andre G. Haudricourt의 연구를 인용하여 그 형성 배경을 유목 사회와 농경 사회의 차이를 통해 설명하였다. Jacques Gernet, trans. by Janet Lloyd, *China and the Christian Impact*(Cambridge: Cambridge University Press, 1985), pp. 151-152. 하지만 이러한 유형론적 설명을 지나치게 결정론적으로 받아들이는 것은 곤란하다.

81 『孟子』「公孫丑上」"浩然之氣"章.

맹자는 양주의 위아(爲我)의 주장을 전적으로 부정하였다기보다는 공자의 위기(爲己)로 전환하여 수용한 것이라고 할 수 있다. 양주에서와 마찬가지로 맹자는 개인의 독자성을 중시한다. 개인의 내면성에 대한 깊은 관심을 가지고 있다. 그가 인간의 마음[心]에 대해 깊은 관심을 가졌고 또한 국가적 폭력에 맞서는 의로운 개인의 가치를 강조하는 것 등은 바로 그러한 점을 잘 보여주는 것이라고 하겠다.[82] 그는 외부의 구호에 의한 뇌동(雷同)이나 혹은 강력한 개인적 의지가 아니라 자연스러운 내면으로부터의 자발성과 비판적 성찰을 중시하였다. 맹자에서 개인은 자기입법적인 자율적 주체는 아니지만, 타자 혹은 공동체와의 관계 속에서 정신적, 정서적, 육체적으로 성장하면서, 그 외부 공동체의 규범을 자연스럽게 자신의 것으로 받아들이면서 자발적으로 그것을 수행하는 주체라고 할 수 있다. 그러한 과정은 결코 단지 규범의 내면화 혹은 사회화의 과정은 아니며, 오히려 외적 규범을 자기 자신의 내면의 발현으로서 적극적으로 해석하고 발휘하는 것이라고 해야 할 것이다. 또한 개인의 그러한 활동을 통해 각 단계의 인륜공동체는 자신의 제한성을 벗어나 참되게 정립될 수 있는 것이다.

82 『孟子』「公孫丑上」, “옛날 曾子가 子襄에게 다음과 같이 말했다. 그대는 용기를 좋아하는가? 나는 일찍이 선생님(공자)에게 위대한 용기에 대해서 들은 적이 있다. 스스로를 반성하여 곧지 않으면 비록 한 평범한 사내 앞에서도 두려움을 느끼나, 스스로를 반성하여 곧으면 비록 천만인이라고 하더라고 가서 맞서는 것이다.(昔者曾子謂子襄曰: “子好勇乎? 吾嘗聞大勇於夫子矣. 自反而不縮, 雖褐寬博, 吾不惴焉; 自反而縮, 雖千萬人, 吾往矣.”)” 그리고 「滕文公下」의 “大丈夫”에 대한 설명을 보라.

4 맺음말

일반적으로 동아시아 전통 사회에서 공동체는 개인에 대해 우선적인 중요성을 지녔었다고 한다. 사실 전통 사회에서 개인은 자유롭게 공동체를 형성하는 자유롭고 평등한 권리의 주체로서보다는, 공동체 속에서 주어진 역할로서 그리고 그러한 역할을 수행하는 책임의 주체로서 규정되었다. 개인의 권리와 행복보다는 공동체의 안정과 질서가 우선적으로 고려되었다. 그러한 가운데서는 우월한 지위에 있는 신분 · 경제적인 배경이 좋은 건장한 남성 어른이 현실적으로 정치 · 경제적인 권리의 주체로서 자기의 자리를 확보하여 갔고 또한 사회적으로 인정되었던 반면에, 신분 · 경제적인 배경이 약한 하위 계층, 여성, 어린이 등 약한 지위에 있는 이들은 질서 유지라는 명분 아래에서 그러한 권리 행사에 대한 일방적 순종의 대상으로 규정되고 정치-경제적으로 고유한 가치, 곧 그 '권리'를 인정받지 못하였다. 그들은 단지 그들 지배자들의 주관적이고 임의적인 '배려'의 대상에 처하였다.

이러한 공동체 우선주의는 나름대로 개인에 대한 개인의 무제한적이고 야만적인 폭력을 사전에 방지하고 사람들에게 안정된 질서를 제공하였다는 점에서 일정한 긍정적 의미를 지니고 있었다. 그러나 근대 개인주의의 성장을 '자유'의 진전의 관점에서 바라볼 때, 그리고 그 '자유'에 보편적인 가치를 두는 경우에는 부정적으로 평가될 수밖에 없었다. 근대에 이르러 근대적 소유권의 성장과 함께 개인의 정치 · 경제적 자유는 신장되었으며, 이제 개인은 공동체의 제약을 넘어선 독자적인 정치 · 경제적 주체로서 자신의 권리를 주장하고 또한 인정받고 있는 것이다.

하지만 근대 개인주의, 혹은 기본적으로 그에 기초한 현대 사회가 과연 인간에게 더 낳은 삶을 가져다주었는가, 진정으로 인간을 '행복'하게 만들었는가라고 질문한다면 선뜻 그렇다고 답변하기 어려운 것도 또한 사실인 듯하다. 분명 근대 세계는 전통 시대의 한계를 넘어서서 인류를 좀 더 자유롭고 안전하며 풍요롭게 만들었다고 할 수 있을 것이다. 그러나 그 '자유'는 무한 경쟁을 수반하고, 사회 재화의 분배가 오직 개인의 역량과 실천에 의해 결정되고 따라서 다수의 재화가 경쟁에서 승리한 소수에 집중됨으로써, 분배의 불평등이 발생하고 심화되는 문제가 있다. 절대적으로 공정한 경쟁이 사실상 불가능하다는 점에서 그것은 곧 언제나 '정의'의 문제에 부딪힐 수밖에 없으며, 또한 경쟁에 뒤처진 다수의 주관적 불행을 야기할 뿐 아니라 그들 중 또 상당수가 제대로 보호받지 못한 채로 방치될 위험성이 있는 것이다. 그러한 경제적 불평등은 또한 현실적으로 정치적 불평등을 결과하게 된다는 점에서 개인주의의 근간을 흔드는 문제가 있다. 곧 개인주의의 실현이 오히려 개인의 정치 · 경제적 자유와 권리를 실제적으로 제약함으로써 개인주의 자체를 위협하는 것이 될 수 있다는 점에 더욱 문제의 심각성이 있다.

오늘날 우리가 '대안공동체'에 대해 관심을 가지게 되는 것은 그러한 것이 또한 하나의 배경을 이룬다고 하겠다. 근대 시기에 접어들기 전 우리 사회는 유교가 주도적인 사상이었으며 유교, 혹은 유교를 신봉하는 유학자들은 혈연적인 '가족 공동체'를 근간으로 하여, 그것을 사회와 국가에 확장시킴으로써 사회와 국가를 하나의 '인륜공동체'로 이해하는 입장을 취하여 왔다. 개인은 자유, 평등, 권리의 측면에서는 취약하였지만 나름대로 공동체적 보호와 배려 속에 안정적인 삶을 유지할 수 있었다. 그러나 그것은 또한 개인의 억압이라는 문제를 내포하고 있는 이외에도 '혈연적 가족애'에 기초를 둠으로써 자연스럽게 혈연주의,

지역주의, 정실주의의 한계를 노정하는 문제가 있다는 비판이 늘 있어 왔다.

이러한 전통 동아시아 사회의 경험으로부터 오늘날에 고려해 볼 수 있는 대안적 공동체는, 한편으로 근대적 개인주의의 요구를 수렴하되 동시에 그러한 개인주의의 문제 특히 자유주의가 노출시킨 문제점들을 해결할 수 있는 것이어야 하고, 또 다른 한편으로는 전통적인 공동체의 이념에서 유익한 요소는 수렴하되 동시에 그러한 개인의 억압과 혈연주의, 지역주의, 정실주의 등의 문제를 해결할 수 있는 것이어야 할 것이다. 그렇게 하기 위해서는 개인과 공동체의 관계에 대한 좀 더 진전된 논의를 해야 할 필요성이 있으며, 또한 유교의 전통적인 공동체론에 대해서도 더욱 심화된 성찰을 시행해야 할 필요가 있다.

이 논고에서는 맹자의 공동체론을 '인륜공동체론'으로 명명하고, 그것의 형성 배경과 내용을 그의 양주와 묵적에 대한 비판을 통해 살펴보고자 하였다. 묵자는 인간의 한계와 이기심의 의지적 극복을 주장하고, 현인(賢人)으로서의 천자(天子)를 통한 의(義)의 통일을 주장함으로써 결과적으로 과도한 국가주의를 초래하였다. 묵자의 과도한 국가주의는 개인들의 무질서한 욕망 추구가 도래하는 사회적 혼란을 방지하고 그러한 안정 가운데 개인의 생명과 이익의 보장하려 한다는 점에서 일정한 의의를 지닌다.

하지만 맹자에 의하면 그것은 실제 살아 있는 개인의 도덕적 감수성과 그 성장, 변화에 대해, 그리고 특별히 가족 공동체가 가지는 역할에 대해 고려하지 못한다는 점에서 지지될 수 없다.[83] 그것은 결과적으로

83 현대적 관점에서 개인의 성장과 관련하여 공동체의 역할의 중요성을 강조한 것으로

개인에 대한 폭력적 억압을 자행할 수 있다. 또한 바로 그러한 점에서 양주의 탈국가적 개인주의는 국가의 과도한 수탈에 대한 저항으로서는 의의를 지닐 수 있다. 하지만 역시 맹자에 의하면 그것은 인간의 공동체적 성격, 그리고 그의 변화와 성장을 위한 공동체의 역할, 국가 공동체의 의의 등에 대해 제대로 포착하지 못했다는 점에서 끝까지 지지될 수는 없다.

맹자는 그러한 두 극단의 사상에 대해 인간 존재 혹은 개인 생명의 인륜(人倫)적 특성, 그 사회적 지향성과, 다양한 사회적 관계 속에서 성장하고 완성되어 간다고 하는 인륜공동체적 성격을 포착하였다. 그리고 그러한 개인 생명의 특징이 특히 각 개인의 육체적, 정서적, 정신적 성장에 발맞추어 가족 관계를 통해, 더 나아가 그것의 유비적 적용을 통해 일반 사회적 관계에까지 확장되어 갈 수 있음을 지적한다. 또한 국가의 존재는 그러한 가족 관계가 형성되고 재생산되어 갈 수 있도록 보호하고 지원하는 제반의 사회적 경제적 정책을 실현한다는 점에서 그 정당성이 보장됨을 강조한다.

맹자의 인륜공동체론은 개인과 공동체의 상호 의존과 조화에 대해 잘 포착하고 또 설명하고 있다는 점에서 의의를 지닐 수 있다.[84] 물론 오늘날, 그가 인륜의 핵심으로 주장한 전통적인 가족 관계는 위협받고

서 마사 누스바움, 한상연 옮김, 『역량의 창조』(돌베개, 2015) 참조. 그녀의 논의는 맹자 혹은 유가의 공동체론의 현대적 적용을 고민하는 경우 실제적인 논의를 진전시키는데 도움을 줄 수 있을 것이다.

84 동아시아 혹은 중국 철학의 전통에서 개인 및 개인의 권리, 그리고 공동체의 문제에 대한 좀 더 심도 깊은 논의로서 Kwong-loi Shun and David B. Wong ed., *Confucian Ethics: A Comparative Study of Self, Autonomy, and Community*(Cambridge: Cambridge University Press, 2004), 그리고 이승환, 『유가사상의 사회철학적 재조명』 (고려대학교 출판부, 1998) 참조.

있으며, 또한 기본적으로 왕정을 모델로 하는 그의 국가관은 오늘날의 현실과는 거리가 있다. 선(善)이든 악(惡)이든 인간에 대한 본성적 규정이라고 하는 것 자체가 의심받고 있는 상황이다. 근대 시기 이후 전통적인 공동체는 붕괴되었고 개인은 더욱 파편화하고 있다. 또한 그러한 가운데 개인의 성장이나 완성이라는 주제는 공동체적 맥락과는 무관하게 일종의 세속적인 성공 지상주의의 한 형태를 취하면서 공허하게 되었다. 이러한 오늘날의 상황에서 맹자의 인륜공동체론은 어떤 의미를 가질 수 있을 것인가라는 회의가 있을 수 있다. 하지만 그 모든 시대적 간격에도 불구하고 개인과 공동체의 조화 문제, 그리고 인간의 삶의 진실성이 무엇인가 하는 것은 또한 여전히 인간 삶의 핵심적인 문제 중의 하나라고 하는 점에서 그의 인륜공동체론은 오늘날에도 어느 정도 음미해 볼 가치가 있다고 본다. 그가 제시한, 인간의 공동체적 성격, 인간 개개인의 생명의 성장과 공동체의 상호 관계, 그리고 거기에서 제시된 규범적 내용들을 오늘의 맥락 가운데 새롭게 음미하고 해석하는 작업을 통해, 오늘에 적합한 대안 공동체의 한 모델로서의 '새로운 인륜공동체'의 이념과 현실에 대해 진지하게 논의하기 시작할 수 있을 것이다.[85]

85 이봉규는 유교 전통에서의 '人倫'과 그를 중심으로 한 이론적이며 실천적인 노력들—人性論, 禮論, 그리고 修養論 등—에 대해 성찰하면서, '人倫' 그 자체는 맹목적적인 것이요, 다만 당시의—혹은 어떤 점에서 오늘에서도—爭奪的 상황 속에서 그것을 완화시키는 수단으로 사용될 때 제한적 의의를 지닌다고 주장하였다. 이봉규, 「인륜: 쟁탈성 해소를 위한 유교적 구성」(《泰東古典硏究》 31, 2013) 참조. 하지만 맹자에서 그리고 유교 전통에서 인륜, 혹은 인륜공동체론은 개인과 공동체에 대한 좀 더 깊은 전망을 지니고 있는 것으로 보아야 하지 않을까?

2부 갈등에서 분열로, 분노에서 혐오로

이 글에서는 최근 디지털 공간과 언론 보도 등에서 부각된 젠더 갈등의 사례들을 통해 현재 한국 사회의 (반)페미니즘 담론과 실천의 내용 및 특징을 살펴본다. 성평등 (채용) 정책의 (불)공정성에 대한 문제제기, 남성 피해자 서사와 역차별 주장, 그리고 유사-페미니즘으로 등장한 '젠더 이퀄리즘' 주장 등은 반페미니즘(antifeminism)의 문법을 보여준다. 반페미니즘 담론은 탈맥락화된 공정성 주장과 만나거나 (양)성에 대한 본질주의적 접근을 재활용한다. 우리 시대의 '젠더 갈등'은 신자유주의 시대의 삶의 불안과 경쟁을 배경으로 하여 등장하지만 단순히 '헬조선'과 '삼포세대'의 부산물로만 취급될 수는 없다. '젠더 갈등'은 변화하는 젠더 질서가 한국 사회의 계층적 · 세대적 불평등의 중층적 구조와 맞물리면서 일어나는 현상이자 이러한 중층적 불평등 구조 속에서 나타나는 사회 재생산의 위기에 대한 반응과 대응으로 독해될 수 있다.

젠더 갈등과 반페미니즘의 문법

김보명

1 페미니즘과 젠더 갈등

메갈리아와 강남역과 촛불광장을 지나, 페미니즘의 재부상과 대중화는 계속해서 진행 중이다. 2018년 1월에 방송된 서지현 검사의 JTBC와의 인터뷰는 미투 선언이라는 새로운 반성폭력 실천의 흐름을 만들어냈고, 같은 해 5월에 발생한 '홍대 미술 수업 누드모델 불법촬영' 사건은 5차례에 걸쳐 혜화역과 광화문 광장에서 이어진 '불법촬영 편파수사 규탄시위'의 시작점이 되었다. 2016년 가을부터 본격적으로 시작된 낙태죄 폐지 운동의 흐름은 2019년 4월 11일, 지난 66년간 유지되면서 여성의 재생산권을 통제해 온 '낙태죄'에 대한 헌법 불합치 결정을 이끌어내면서 한국 사회 재생산 담론 및 정책의 역사적 전환점을 마련하였다. 디지털 공간과 대중문화 공간을 통해 재부상한 페미니즘은 강남역 사건과 촛불광장, 그리고 미투 선언과 불법촬영 반대시위를 거치면서 젠더민주주의에 대한 목소리를 높이고 있다. 여성 정책의 제도화와 페미니즘의 대중화에도 불구하고 시민의 기본적 권리로서의 몸과 성에 대한 자기결정권마저 보장받지 못하는 현실은 통계적으로 나타나는 성평등 혹은 여성의 사회경제적 지위의 상승과 별개로 여성들이 살아가는 현실에서 젠더 정의가 여전히 부재함을 보여준다.

다른 한편으로 우리는 페미니즘을 '여성들의 정치적 세력화', '집단이기주의', '공정성 위반', '역차별과 젠더 갈등의 원인' 등으로 비난하는 목소리들을 접한다. 2019년 상반기 언론과 정치권에서 자주 흘러나온 '20대 남성론'과 같은 해 5월에 있었던 일명 '대림동 여성경찰' 사건이 그 대표적인 사례들이 될 수 있다. 한국여성정책연구원이 2019년 1월 15일에 발표한 「한국사회의 성평등 현안에 대한 인식조사」 결과를 잠깐 살펴보자. 해당 조사에 응답한 20대 여성들과 남성들은 공통적으로 높은 비율로 우리 사회의 성차별 문제에 대해 관심을 갖는다고 응답하였지만 실제로 미투 운동, 낙태죄 폐지, 혜화역 시위, 탈코르셋, 안희정 사건 1심 판결 결과 등에 대한 찬반을 물었을 때는 성별에 따라 상당한 격차를 보였다. 2017년 7월 조사를 기준으로 할 때 20대 여성의 50% 이상이 스스로를 페미니스트로 인식한다고 응답하였으며 미투 선언과 낙태죄 폐지와 혜화역 시위에 대해 각각 88%, 74%, 60%의 비율로 지지 의사를 밝혔다. 한편 같은 시점 기준 20대 남성들의 응답을 살펴보면 14%가 스스로를 페미니스트로 인식한다고 응답하였으며, 미투 선언과 낙태죄 폐지와 혜화역 시위에 대한 지지는 각각 56%, 47%, 19%로 나타났다. 또한 '우리 사회 여성 혐오의 심각성'에 대한 질문에서 여성의 70%가 그렇다고 응답한 반면 남성의 27%가 그렇다고 응답하면서 상당한 격차를 보여주었다. 달리 말해, 해당 설문에 응답한 20대 여성들과 남성들은 젠더 이슈와 성차별 현상 자체에 대해서는 공통적으로 높은 관심을 보이지만 한국 사회의 성평등 현실에 대한 일반적 인식이나 미투 운동, 낙태죄 폐지 등의 구체적인 현안에 대한 지지와 비판에 있어서는 상당한 간극을 보인다.

이러한 간극은 전 세대와 비교할 때 페미니즘을 더욱 일상적으로 접하게 된 20대와 청년 세대에서 젠더 정치학이 가질 수 있는 영향력과 중요성을 보여준다. 성평등과 페미니즘이 공공 정책이나 대중 담론의 장에 진입하지 못했던 기성 세대와 달리 페미니즘 담론을 보다 친숙하고 대중화된 방식으로 접하는 청년 세대에게 있어서 페미니즘은 오히려 더 첨예한 갈등과 경합의 대상이 될 수 있다. 여성학이 대학교육 커리큘럼에 포함되고 페미니즘이 대중문화 컨텐츠로 번역되고 향유되는 시대에 성장한 밀레니얼 세대에 있어서 페미니즘은 정책과 이론의 언어에 갇히지 않는 일상적 경험이 된다. 이들에게 있어 페미니즘은 교실에서의 여성 혐오과 스쿨 미투, 데이트 비용과 탈코르셋 선언, 취업 경쟁과 경력 단절의 문제, 연애와 결혼과 출산의 문제, 대중문화 선택과 소비의 문제 등 살아가는 데 직접적으로 관련되는 문제들이다. 청년 세대에게 있어서 페미니즘은 자신의 경험과 정체성, 그리고 이해관계를 이해하고 조직하고 대변하는 분석적 렌즈와 실천적 공간을 제공한다. 이는 단지 여성뿐 아니라 남성들 또한 그러하다. 페미니즘은 새로운 세대가 민주주의와 정치적 실천을 경험하고 실험하는 가장 첨예하고 실제적인 행동의 공간이다. 덧붙이자면 밀레니얼 세대의 페미니즘은 이론적 정답이나 정치적 대의명분 자체에 중심을 두기보다는 효용성을 중심에 두면서 기존의 페미니즘 이론과 전략을 재구성하기도 한다. '미러링'은 그 대표적인 사례가 될 것이다. 페미니즘 서적이 아닌 디씨인사이드와 삶의 경험에서 배운 저항의 언어들은 생생하고 날카롭게 우리 사회의 젠더 정치학의 단면을 베어서 보여준다.

페미니즘이 제도나 이론의 문제가 아닌 일상의 안전과 생존의 문제가 된 청년 세대에게 있어서 젠더 정치학은 자원과 권력에 대한 공정하고 합리적인 접근(권)의 문제로 번역되기도 한다. 청년 세대 여성들은 페미니즘을 통해 자신의 현재적 삶의 양식과 미래의 가능성을 조망하고 또 변화시키고자 하는 반면, 청년 세대 남성들은 이를 남성 혐오, 역차별, 혹은 집단 이기주의 등으로 (오)인식하고 반발한다. 성평등 정책이 제도화되고 페미니즘이 언론의 조명을 받으면서 획득하는 가시성(visibility)은 실제로 존재하는 성차별의 현실과 괴리된 '역차별'의 감각을 만들어낸다. 역사적으로 누적된 구조적 불평등과 문화적으로 일상화된 여성 혐오는 이미 너무 익숙하고 자연스럽기에 '차별'로 인지되지 않지만, 이를 시정하기 위해 더해지는 정책과 제도적 실천은 상대적으로 높은 가시성을 획득하면서 '역차별'의 감각은 빠르게 확산된다. 유사한 방식으로 다양한 인종과 계층의 여성 노동력들을 적극적으로 조직하고 활용하고 배치하는 전 지구적 자본주의와 신자유주의적 유연성의 등장은 그간 임금노동시장에서 견고한 특권을 누려온 남성들에게 젠더 불안(gender anxieties)을 초래한다.[1] 정규직과 평생직장의 개념이 사라지는 노동시장의 변화는 여성들을 유연하고 저렴하면서도 생산적인

1 Smitha Radhakrishnan and Cinzia Solari, "Empowered Women, Failed Patriarchs: Neoliberalism and Global Gender Anxieties", *Sociology Compass* 9(9), 2015, pp. 784-802.

노동자로 호명하고 배치하는 일련의 과정들을 동반하였으며, 이러한 과정은 국가 내에서뿐 아니라 국경을 넘어서는 이주의 흐름에서도 나타난다. 남성 생계부양자 및 복지 체계의 붕괴, 생존의 여성화와 젠더 정책들의 도입은 다양한 지역 및 국가들에서 전통적인 가부장제와 젠더 질서의 변화를 초래한다.

최근 한국 사회에서 대두되는 반페미니즘 및 반다문화주의 담론이 '역차별'과 '공정성'을 키워드로 삼는 현상은 젠더 질서의 구조 변동과 그에 따른 긴장을 보여준다. 반페미니즘과 반다문화주의를 옹호하는 이들은 남성들과 내국인들은 군복무와 세금이라는 비용을 지불하는 반면 여성들과 이주민들은 그 혜택(만)을 누린다고 비난한다. 이들은 여성들과 이주민들을 남성과 시민들의 노동에 기대는 '무임승차자'로 비난할 뿐 아니라 이들에게 자원과 기회를 제공하는 정책과 제도의 공정성과 정당성을 문제 삼는다. 즉, 여성과 이주민들은 분배의 공정성이나 사법 질서의 정당성을 흐리는 이들이며 그렇기 때문에 혐오와 비난의 대상이 되어 마땅하다 여겨진다. 과거에 '일간 베스트' 등을 중심으로 확산되었던 '김치녀' 담론이 개별 여성들의 행위에 대한 비난과 공격을 그 문법으로 삼았다면 최근에 나타나는 '역차별'과 '공정성'을 키워드로 삼는 반페미니즘 담론은 여성경찰 채용 제도라든가 성폭력 사건 판결 등과 같은 공적 제도와 정책을 그 비판의 중심에 둔다. 2018년 11월에 일어난 '이수역 사건', 2018년 9월 '보배드림'이라는 사이트에서 알려진 '곰탕집 성추행 사건' 판결 논란, 2018년 5월에 일어나 혜화역 시위의 시발점이 된 '홍대 누드모델 불법촬영 사건', 그리고 2019년 5월에 있었던 일명 '대림동 여성경찰 사건' 등은 최근의 대표적인 사례들이 될 수 있다. 일련의 사례들에서 나타난 여성 혐오와 반페미니즘의 담론은 각 사건의 당사자이자 사적 행위자인 여성들의 행동에 대한 비난뿐 아니라 이 사건들에 대해 제도적 개입과 법적 판단을 담당한 공적 권력의 주체로서의 경찰, 법원, 정부에 대한 비난을 동반하였다. 일련의 '젠더 갈등' 사건들과 논쟁들을 통해 남성들은 물론 여성들 또한 국가가 젠더 평등한지를 질문하였다. '이수역 폭행 사건'의 경우 술자리에서 일어난 다툼이 국민청원 게시판을 거치면서 정치적 문제로 부상하였으며, '곰탕집 성추행 사건'의 경우 1심 판결의 공정성에 대한 의문이 남성들을 거리로 불러냈으며, '홍대 누드모델 불법촬영 사건'의 경우 (그간 남성들이 저지른 수많은 불법촬영 범죄들에 대한 관용과는 너무도 다른) 여성 피의자에 대한 정부의 너무도 신속하고 엄정한 대응은 '불법촬영 편파수사 규탄시위'로 이어졌다. '대림동 여경 사건'의 경우 특정 여성경찰의 대응에 대한 논란은 '여성경찰' 일반에 대한 불신과 '무용론'으로 곧 확대되면서 경찰채용제도 및 현장에서의 물리력 사용에 대한 지침 개정으로 이어졌다. 일련의 사건들과 그에 대한 반응들에서 우리는 페미니스트들은 물론 반페미니즘 담론의 참여자들 또한 젠더 정치학이 이미 제도적, 공적, 정치적 문제이며 페미니즘이 권력의 배치와 효과를 바꾸는 과정임을 경험적, 직관적으로 잘 이해하고 있음을 볼 수 있다.

한편 젠더 갈등이 이슈로 부상하자 이를 진단하고 해결하고자 하는 정치권과 언론, 그리고 정책 기구의 시도들 또한 이어졌다. '워마드'를 젠더 갈등과 남성 혐오의 원인으로 지목하고 사이트 폐쇄를 요구하며 '전쟁'을 선언한 바른미래당 두 최고위원의 정치적 행보에서부터, 20대 남성의 낮은 정권 지지율의 원인을 젠더 갈등에서 찾고 페미니즘을 20대 여성들의 '집단 이기주의'로 명명하면서 논란이 되었던 대통령 직속 정책기획위원회의 분석보고서와 청년 세대의 젠더 갈등을 해결해 보겠

노라 나선 민주당 표창원 의원 주최의 토론회에 이르기까지 정치권이 젠더 갈등을 대하는 태도는 다양한 스펙트럼을 포괄했다.[2] 현 정권에 대한 20대 남성의 낮은 지지율의 원인을 찾고자 시작된 이 조사는 결국 그 원인을 현 정권의 친여성 정책과 그에 대한 20대 남성들의 반발에서 찾았다. 이 보고서는 20대 여성들을 "개인주의, 페미니즘 등의 가치로 무장한 새로운 '집단 이기주의' 감성의 진보 집단"으로, 그리고 20대 남성들을 "경제적 생존권과 실리주의를 우선시 하면서 정치적 유동성이 강한 실용주의 집단"으로 정의하고 있다.[3] 이러한 구분은 여성을 감정의 주체로 보고 남성을 합리성의 주체로 보면서 이미 그 자체로 성별 이분법과 여성 혐오를 반복하고 있을 뿐 아니라, 계층 양극화를 비롯한 신자유주의적 불평등이 초래하는 삶의 위기들을 청년 세대 내부의 젠더 갈등의 문제로 축소하는 한계를 보인다. '일간 베스트'의 등장에서부터 청년 세대 젠더 갈등의 구도를 꾸준히 추적해 온《시사인》은 「20대 남자」 특집 기사 시리즈를 내놓으면서 새롭게 응집되고 있는 청년 세대 남성들의 반페미니즘 정서와 논리를 분석하는 시도를 보여주었다.[4] 한국여성정책연구원은 세대 간에 변화하는 남성성의 규범과 성차별주의의 유형을 조사 · 분석하면서 젠더 갈등을 보다 세밀하게 살펴

2 "하태경 · 이준석은 왜 '워마드'와 전면전에 나섰나",《중앙일보》, 2019. 01. 08 ; "젠더 갈등 푼다더니… 표창원 의원, 이게 최선입니까",《오마이뉴스》, 2019. 04. 15.

3 "20대 여성은 페미니즘 등 집단이기주의로 무장하고 남성혐오 확산, 대통령 정책위 분석보고서 보니",《경향신문》, 2019. 02. 27.

4 "20대 남자, 그들은 누구인가",《시사인》, 2019. 04. 15 ; "20대 남자 현상, '반페미니즘' 전사들의 탄생",《시사인》, 2019. 04. 22 ; "20대 남자현상은 왜 생겼나",《시사인》, 2019. 04. 29.

보는 동시에 이를 보다 거시적인 사회문화적 변동 과정의 한 측면으로 이해하는 시도를 보여주었다.[5] 젠더 갈등이 페미니즘과 그것이 만들어내는 젠더 평등을 위한 변화들에 대한 반발과 공격으로 나타나는 긴장과 갈등의 과정을 지칭한다면, 젠더 갈등은 휘발적인 정치적 수사나 단편적인 정책적 대응을 통해 해소될 수 있는 일탈적인 현상이 아니라 여성과 남성이 평등하지 않은 세계에서 나타날 수밖에 없는 필연적이고 정상적인 현상으로 이해될 수 있을 것이다.

페미니즘이 이미 오래전부터 밝혀왔듯 젠더는 양성 간의 조화롭고 상보적인 차이나 관계가 아니라 위계와 차별과 폭력을 동반하는 억압적 구조이며 따라서 젠더 갈등은 이미 가부장제와 이성애 질서에 필연적으로 내재된 요소이다.[6] 역사적으로 볼 때 한국 사회에서 젠더 갈등은 호주제 폐지 운동, 군가산점제 위헌 소송, 성매매특별법 제정 국면 등에서 나타났다.[7] 특히 군가산점제는 한국 사회에서 젠더 갈등이 가장 직접적이고 조직적인 방식으로 표출되었던 사건이라 할 수 있는데, 이는 호주제가 상징적 가치만 남은 과거의 유산으로 취급되거나 성매매가 일탈적 남성들의 비도덕적 행위로 취급되었던 것에 반해 군대는 한국 사회의 가장 규범적인 남성성, 즉 헤게모니적 남성성의 중심이 되는 문제였기 때문이다.[8] 지배적 남성성(hegemonic masculinity) 개념은 남성

5 한국여성정책연구원, 『2019 변화하는 남성성을 분석한다』(서울, 2019년 4월 14일 토론회).

6 정희진, 「양성평등에 반대한다」, 정희진 외, 『양성평등에 반대한다』(교양인, 2016).

7 이재경, 「한국사회의 젠더갈등과 '사회통합'」(《저스티스》 134권 2호, 2013), 94-109쪽.

8 R.W. Connell and James W. Messerschmidt, "Hegemonic Masculinity: Rethinking the Concept", *Gender and Society* 19(6), 2005, pp. 829-859.

성이 하나의 모델이 아닌 위계적으로 배치되는, 그리고 때로는 서로 경합하는 남성성들(masculinities)의 배치들임을 제안한다. 한 사회에서 작동하는 지배적 남성성은 그 자체로 다수의 남성들이 체현하거나 수행하는 남성성의 모델이라기보다는 이상적이고 규범적인 모델로서의 위치를 갖는, 따라서 다른 남성성의 모델들이 그것과의 관계 속에서 배치되고 수행되는 남성성의 규범적 유형을 지칭한다. 한국 사회 젠더 갈등의 역사에서 군가산점제 위헌 소송은 "성차별 개선이 남성의 기득권과 대립할 수 있음을 인식시킨 대표적인 사건"이었으며, 결과적으로 남성들 사이의 강력한 반페미니즘 정서가 형성되는 기점이 되었다.[9] 호주제 폐지와 성매매특별법이 도전한 남성성이 일정 부분 구시대적이거나 일탈적인 것으로 치부되는 남성성이었다면, 군가산점제가 충돌한 대상은 우리 사회의 가장 규범적이고 지배적인 남성성이었기 때문일 것이다. 군가산점제 위헌 소송을 거치면서 표출되기 시작한 페미니즘에 대한 공격과 분노는 페미니즘이 젠더 폭력과 가부장제의 '명백한' 피해자를 보호하고 구제하거나, 반대로 엘리트 여성들이 유리천장을 극복할 수 있도록 돕는 활동에 그치지 않고 실제로 한 사회의 주류적 젠더 질서를 바꾸고 다수 남성들과 여성들의 삶에 변화를 요구하기 시작할 때 페미니즘에 대한 반격(backlash) 또한 조직적으로 확산될 수 있음을 보여주었다. 즉, 젠더 갈등은 페미니즘이 한 사회의 지배적 남성성의 정체성과 이해관계에 도전하면서 주류적 젠더 질서에 도전하고 이를 재구성하는 과정에서 가시화된다. 따라서 '젠더 갈등'은 그 자체로 문제적이

9 유정미, 「반격의 양성평등에서 (양)성평등의 재정립으로」(《한국여성학》 35권 2호, 2019), 1-35쪽.

거나 병리적인 현상으로 치부되기보다는 젠더 질서의 불안정성과 변화 가능성을 보여주는 긍정적 징후로 독해되어야 한다.

2 공정한 차별과 불공정한 페미니즘

페미니즘에 대한 반발은 한국 사회만의 현상은 아니다. 영미 및 유럽 국가들에서 포스트페미니즘 담론의 확산이 보여주듯 반페미니즘(antifeminism)과 반격(backlash)은 대중적 운동과 실천으로서의 페미니즘이 등장한 이후 거의 필연적으로 따라오는 반응이다.[10] 페미니즘에 대한 반발과 비난은 또한 성주류화 정책과 성평등 및 여성학 교육에 대한 반발에서부터 대중문화 및 사적 영역에서 나타나는 여성 혐오의 새로운 변주에 이르기까지 다양한 층위와 양식을 가로질러 나타난다. 페미니즘에 대한 반발과 공격은 또한 남성성과 남성의 권리에 대한 새로운 정의 및 요구, 그리고 '자연스러운' 젠더 질서로의 회복을 요구하는 주장으로 나타난다. 최근 유럽에서 등장한 '반젠더 캠페인(anti-gender campaign)'은 페미니즘을 저출산과 사회 불안의 원인으로 비난하면서 여성의 성적 권리와 재생산 정의를 제약하려는 시도를 보여주고 있다.[11] 또한 페미니즘의 부상에 대응하는 새로운 남성성의 각본은 여

10 Ana Jordan, "Conceptualizing Backlash: (UK) Men's Rights Groups, Anti-Feminism, and Postfeminism", *Canadian Journal of Women and the Law* 28.1, 2016, pp.18-44.

11 Bianka Vida, "New Waves of Anti-Sexual and Reproductive Health and Rights Strategies in the European Union", *Sexual and Reproductive Health Matters* 27(2), 2019, pp.1-4.

성을 지배하기보다는 보호하는 온정적 가부장을 '진짜 남자'로 재정의하거나 결혼과 생계부양을 거부하는 탈가족화의 경향을 보여주기도 하며, 때로는 남성을 페미니즘과 여성 정책이 만들어내는 '역차별'의 피해자이자 권력 투쟁의 약자로 묘사하기도 한다. 반페미니즘의 문법은 생물학적 · 문화적 본질주의로의 회귀나 젠더 다양성에 대한 도덕적 패닉에서부터 공정성 담론과 포스트페미니즘 신화에 이르기까지 다양한 방식으로 변주되고 있다.

최근의 한국 사회의 '젠더 갈등'의 구도에서는 '공정성'의 논리와 그에 따른 '역차별'의 감각은 남성들, 특히 20대 남성들의 페미니즘에 대한 분노와 반발을 정의하는 코드로 부상하고 있다. 유사한 구도는 인천공항과 서울지하철공사 등 공공 부문에서 시행된 정규직화, 그리고 10년이 넘는 오랜 투쟁 끝에, 그러나 정치적 해결이 아닌 시민종교단체의 중재를 통해 이루어진 KTX 여승무원들의 복직에 대한 석연치 않은 반응에서도 나타난다. 치열한 경쟁과 노력을 통해 정규직의 문턱을 넘은 이들에 대한 기만이자 정치적 포퓰리즘의 산물이라는 목소리가 높다.[12] 양극화와 경쟁이 동시에 심화되면서 개인의 노력만으로 계층의 사다리를 오르는 것이 점점 더 어려워졌지만 이러한 현실은 개인의 노력과 경쟁을 더욱 강조하는 방향으로 흘러간다. 계층 간 격차와 계급 재생산의 전략이 점점 더 치밀하고 공고해지면서 이를 교육이나 정책적 개입으로 극복하는 것은 불가능하게 여겨지며, 결국 할 수 있는 것은 개인적 노력밖에 없는 현실이 더욱 부각되는 것이다.

성차별과 페미니즘에 대한 논의에서 여성과 남성 간의 구조적인 차

12 정태석 외, 「공정성의 역설」(《시민과 세계》 32호), 2018.

별이나 격차가 더 이상 존재하지 않는, 따라서 이미 양성평등해진 (나아가 남성들이 역차별의 피해자인) 한국 사회에서 여성들(만)을 지원하는 정책은 남성에게 피해를 주는 불공정한 역차별이며, 따라서 페미니즘에 대한 공격은 차별이나 혐오가 아닌 '진정한 평등'을 위한 정의로운 행위라는 인식이 등장한다. 이러한 인식은 특히 취업과 결혼 이전의, 즉 노동시장에서의 임금격차나 성차별, 그리고 가족 내 재생산 노동의 성별 분업과 그것이 초래하는 여성의 이중 부담을 직접적으로 경험하지 않은 20대와 청년 세대에서 두드러진다. 반페미니즘의 렌즈에 비친 여성들은 혐오와 차별의 피해자가 아니라, 중 · 고등학교에서 좋은 성적을 받고 대학에 진학해서는 남성들이 군대에서 인생을 '낭비'하는 동안 스펙을 쌓은 후 각종 여성 정책의 혜택을 받아 공기업과 좋은 일자리를 선점하는 남성들을 위협하는 경쟁자들이다. 점점 더 높아지는 좋은 삶에 대한 열망에 비례하여 '보통의 삶'을 어렵게 만드는 경쟁과 차별에 대한 불만과 분노, 그리고 좌절감은 높아진다. 개인과 개인 간의 경쟁이 아닌 정체성의 정치학에 기반한 집합 행동을 통해 목소리를 내고 더 나은 삶의 조건을 만들어내는 여성들의 페미니즘 실천은 각자도생의 법칙을 깨는 '불공정' 행위로 간주되며, 따라서 이들에 대한 비난과 처벌은 여성에 대한 혐오와 차별이 아닌 페미니즘이 훼손한 사회정의를 회복하는 과정으로 인식된다.

(1) '여성경찰 무용론'의 젠더 정치학

2019년 5월 15일 한 온라인 커뮤니티에는 '대림동 경찰 폭행 사건'이라는 제목의 동영상이 올라왔다. 약 14초 분량의 이 동영상에는 술에

취해 난동을 부리는 두 명의 중년 남성들과 대치하는 2인 1조 남녀 경찰관의 모습이 담겨 있었다. 이 동영상에서 여성경찰은 취객인 피의자를 한 번에, 그리고 단독으로 제압하지 못하고 (매뉴얼에 따라) 동료 경찰의 도움을 요청하는 모습을 보이면서 '동료 남성경찰을 위험에 빠뜨리는 무능하고 무책임한 경찰'이라는 비난을 받았다.[13] 또한 이렇게 '무능하고 무책임한' 여성들이 한 사회의 치안을 지키는 중요한 역할을 담당할 수 있도록 여성경찰 채용목표제를 도입하고 성별분리채용제도를 실시하는 정부와 여성 정책이 불공정할 뿐 아니라 공공의 이익을 해친다는 주장도 제기되었다. 해당 사건과 동영상에 대한 논란이 확산되면서 '여성경찰 무용론'이 제기되자 경찰은 동영상에 담긴 여성경찰의 행동이 매뉴얼에 따른 정확한 대응이었음을 밝히는 한편, 인터넷에 올라온 동영상에서 삭제된 장면을 공개하였다. 이 영상에서는 해당 여성경찰이 동료 경찰과 함께 피의자를 제압하고 수갑을 채우는 장면이 포함되었다.[14] 경찰 내 여성들로 구성된 학습 모임인 '경찰젠더연구회'에서는 성명서를 내고 여성경찰에 대한 비난을 중단할 것을 요청하는 한편, 논의의 중심이 여성경찰 무용론이 아닌 공권력 경시 풍조에 대한 비판이 되어야 한다고 지적하였다.[15] 또한 경찰은 2019년 5월 22일 보도자료를 통해 「경찰물리력 행사의 기준과 방법에 관한 규칙 제정안」을 마련하고 오는 11월부터 시행하기로 했음을 밝혔다. 해당 제정안

13 "대림동 여경 논란… 경찰 원본 영상 공개에도 비난 더욱 거세져", 《매일경제》, 2019. 05. 19.

14 "경찰청장 대림동 여경, 침착 · 지적인 대응… 경찰 대표해 감사", 《연합뉴스》, 2019. 05. 21.

15 "여경 비하 멈춰달라, 경찰젠더연구회는 어떤 곳", 《중앙일보》, 2019. 05. 21.

은 현장 상황과 그에 따른 경찰의 합리적 판단에 따라 경찰이 사용할 수 있는 물리적 대응력을 5단계로 정의하는 한편, 경찰봉이나 전자충격기 등의 기구 사용에 대한 기준을 명시하였다.[16] 성평등과 젠더 정의의 담론은 공정성, 치안, 그리고 공권력의 담론과 맞물리고 충돌하면서 전개되었으며, 이러한 구도 속에서 여성경찰에 대한 혐오와 비난은 공정성과 공동체 안전을 위한 합리적 선택으로 정당화되거나 혹은 반대로 (여성이나 여성경찰이 아닌) 공권력에 대한 경시로 치부되었다.

'대림동 여경 사건'을 계기로 재등장한 '여성경찰 무용론'에서 눈에 띄는 지점은 젠더 이분법에 토대를 두는 생물학적 본질주의가 신자유주의 시대의 탈맥락화된 '능력주의(meritocracy)'와 만나는 부분이다. 예를 들어 2018년 9월 한 경찰 공무원 사이트에 올라온 "여경들의 실체입니다"라는 게시물에는 교통사고 현장에 출동한 4명의 여성경찰과 1명의 남성 시민이 서 있는 장면이 찍힌 사진과 함께 여성경찰들이 현장에서 아무런 도움도 되지 못하고 지나가는 '아저씨'의 도움을 받았다는 주장이 덧붙여졌다. 해당 게시물에 대해 네티즌들은 "여성경찰은 치안 조무사", "세금 낭비", "여경들을 교통정리라도 했어야" 등의 댓글로 응답하였다.[17] 사실상 어떤 구체적인 사실관계도 포함되지 않은, 4명의 여성들과 1명의 남성, 그리고 전복된 차량이 함께 등장하는 사진은 어떤 이유에서인지 보는 이들에게 여성경찰의 무능함과 이기심을 연상하게

16 경찰청, 2019년 5월 22일자 보도자료, 「전국 경찰이 통일적으로 사용할 수 있는 물리력 기준 만들어」. 정부24 웹페이지(https://www.gov.kr/portal/ntnadmNews/1878795)에서 확인할 수 있다.

17 "교통사고 났는데 여경들은 '어떡해'라고만 하더라' 진실은?", 《중앙일보》, 2018. 09. 29 ; "대림동 여경: 영상 논란이 남긴 질문 3가지", 《BBC코리아》, 2019. 05. 20.

하였다. 경찰인 4명의 여성들이 가진 직업적 배경과 훈련은 1명의 시민인 남성이 갖는 신체적 차이만으로 즉각적으로 삭제되고 무력화된 것이다. 여성의 몸은 즉각적으로 무능함과 이기심의 기표로 환원되었으며 그러한 몸과 '치안'이라는 경찰의 직업적 수행 사이에는 배타적이고 모순적인 관계가 설정되었다. 신체적으로 남성보다 약한 여성이 경찰의 업무에 적합할 수 없다는 주장, 그렇기에 현 정권이 추진하는 여성경찰 채용 확대 정책이 부당하며 나아가 치안 공백과 국민의 불안을 초래할 것이라는 우려, 따라서 여성경찰의 체력검정을 강화하거나 남성과 동일하게 만들어야 한다는 요구에는 '여성'이라는 신체와 '경찰'이라는 직업 사이에 근본적인 모순이 존재하며[18] 따라서 '여성경찰'의 존재는 페미니즘의 압력과 여성 정책의 개입에 의해 만들어진 부자연스럽고 불공정한 고용 정책의 산물이라는 인식, 그리고 동시에 여성이 (타고난 불변의 속성이라 간주되는) 성적 차이를 넘어서는 체력과 역량을 입증해야 한다는 모순적 요구가 동시적으로 작동한다. 또한 극복할 수 없는 성적 차이, 혹은 신체적 열등성을 갖는 여성들이 공동체의 안전을 담당하는 경찰이 될 수 있도록 정책적으로 배려하고 조장한 정부와 여성 정책은 모종의 '불공정' 행위를 한 것으로 비난받는다. 경찰이 되는 데 필요한 요건이자 능력인 남성의 몸을 갖지 못한 여성들은 그 능력의 부족을 정치적 집단행동과 국가의 힘으로 대신한 셈이기 때문이다. 이

18 이러한 주장들은 여성을 생물학적 범주로 환원할 뿐만 아니라 이러한 생물학적 차이 자체를 경찰의 업무를 수행하는 데 필수적인 자격 요건, 즉 진정직업자격(bona fide occupational qualification)으로 취급하고 있다. 김정혜, 「경찰공무원 성별구분모집의 정당성에 대한 고찰」(《법학논집》 22권 2호, 2017), 67-104쪽.

러한 전개에서 성차별의 오래된 논리이자 방식인 생물학적 본질주의는 경쟁과 불안의 풍경 속에서 자라나는 공정성 담론과 결합하면서 여성 혐오를 만들어낸다.

한편 이러한 '여성경찰 무용론'의 반대편에는 경찰의 업무가 '체력'만으로 정의되거나 수행될 수 없는 다양한 업무와 서비스를 포함하며, 특히 여성 대상 범죄가 늘어가는 상황에서 피해자들을 상담하고 사건을 조사할 담당자로서 여성경찰의 필요성이 증대하고 있음을 강조하는 입장이 있다.[19] 특히 여성경찰이 (성추행 시비 없이) 여성 시위 참여자들을 통제하는 데 필요하다든지, 여성경찰이 (젠더 감수성을 갖고) 여성 피해자를 상담 및 조사하는 데 더 적절할 것이라는 논리는 여성경찰 채용의 필요성을 주장하는 사례와 근거로 자주 제시되며, 실제로 이러한 기대와 논리에 따라 실무 현장에서 여성경찰의 업무가 결정되기도 한다.[20] 그러나 여성경찰의 필요성과 업무를 여성의 신체적 동일성이나 문화적 동질성에 기대어 정당화하고자 하는 이러한 시도 또한 '여성경찰 무용론'과 마찬가지로 '여성' 범주에 대한 본질주의적 접근을 반복할 뿐 아니라, 이러한 본질주의적 담론이 '성평등' 정책의 기획 및 집행 과정 속에서 제도적으로 반복되고 재생산된다는 점에서 새로운 모순과 문제를 예고한다. 보수 개신교의 반-동성애 실천을 통해 만들어지는 '양성평등'과 '성평등'의 대립 구도에서도 반복되고 있는 성평등(gender equality)

19 "민갑룡 '여경 확대 긍정적… 치안 수요 맞춰 경찰 내 인력 변화해야'", 《국민일보》, 2018. 07. 30.

20 전지혜, 『경찰채용시 성별구분모집관행에 관한 연구』, 서울대학교 여성학협동과정 석사학위 청구 논문, 2007.

에 대한 기계적 접근은, 기존의 젠더 위계를 해체하고 전복하기 위해 고안된 여성 정책들이 모순적으로 젠더 이분법과 이성애중심주의를 정상화하는 장면들을 만들어내고 있다.[21] 여성들이 동일한 성(same-sex)이며 따라서 이들 사이에서 성적 차이나 욕망, 혹은 지배와 폭력 또한 원천적으로 발생할 수 없다는 이성애중심적인 상상력은 '불법촬영 편파수사 규탄시위'와 같은 '여성시위' 현장에 여성경찰들이 배치되는 근거가 되면서 이성애규범성과 생물학적 본질주의를 재생산한다. 또한 (생물학적) 여성이 (사회문화적) 여성으로 살아가면서 경험하는 성적 폭력과 차별의 경험들이, 그 경험에 대한 비판적 해석과 성찰의 과정이나 노력 없이, 경험 그 자체로 젠더 감수성의 기반이 될 것이라는 기대는 페미니스트 의식(feminist consciousness)의 역동적이고 복합적인 속성을 단순화한다. 특히 경찰 조직이나 법조계 등에서 여성경찰이나 여성검사 등에게 성폭력·가정폭력 사건들을 우선적으로 배치하거나 여성 및 아동 피해자 상담을 '전문성'의 이름으로 담당하게 하는 방식의 업무 배치는, 여성경찰에게 접대나 홍보 등의 '여성적' 업무의 수행을 요구했던 과거의 성차별적 관행과 구별되지만 또 유사한 성별 이분법을 수행한다. 이러한 현실은 경찰 조직이나 사법 정의 시스템 자체의 남성중심적 세계관과 성차별적 구조가 여전히 유지되는 가운데 제도적이고 관료화된 방식으로 경찰 조직의 외부에서 부과되는 '양성평등 정책'이 갖는 한계와 모순을 보여주면서, 여성 정책의 제도화 이후의 페미니즘을 고민하게 만든다.

페미니즘에 대한 남성들의 적대감은 다른 한편으로는 한국 사회에서

21 유정미, 앞의 논문, 17쪽.

여성가족부의 여성 정책이 갖는 위상을 반영한다. 예를 들어 2000년대 이후 작성된 여성과 여성 정책 관련 기사들에서 여성가족부는 편파적으로 여성의 입장과 이해관계만 주장하면서 젠더 갈등을 유발하는 무능하고 편향된 정책기구로 비난받고 있다.[22] 지난 20년간 국가 주도하에 추진되어 온 성평등 정책 및 성주류화 전략은 대중적 인식에서뿐 아니라 제도적 차원에서도 제대로 뿌리 내리지 못하고 있다. 여성 정책의 제도화와 더불어 진행된 여성 정책의 성장은 '성주류화', '성인지 정책', '젠더 감수성' 등과 같은 일련의 용어들을 익숙하게 만들었지만 정작 이 과정에서 성평등은 각종 통계 수치와 지표 등으로 도식화되면서 관료화되는 결과를 만들어내기도 하였다.[23] 페미니즘과 여성 정책이 상대적으로 긴 역사적 궤적 속에서 두꺼운 대중적 지지층을 형성하고 정치적 의제로 자리 잡은 영미나 유럽 국가들과 달리 IMF 이후 빠르게 재편되는 노동시장의 구조와 가족 질서의 변동과 맞물리면서 '성평등'이 국가 정책의 공식 언어로 수용된 한국 사회에서 여성 정책과 여성가족부는 여전히 모호하고 유동적인 위상을 갖는다. 이는 단지 여성 정책과 여성가족부에 위임되는 정책적 권한과 자원이 부족한 현실뿐 아니라 여성가족부의 기능과 목적이 정치적, 경제적 변화에 따라 휘발적으로 재정의되는 현실에서 확인된다. 2000년대 들어 저출산 · 고령화의 위기 담론이 부상하고 건강가족기본법이 제정되면서 여성부가 여성가족부

22 정사강 · 홍지아, 「국가 페미니즘, 여성가족부, 여성혐오」(《미디어, 젠더, 문화》 34권 1호, 2019), 209-253쪽.

23 황영주, 「강건한 "국가," "페미니즘"의 약화」(《21세기 정치학회보》 19집 1호, 2009), 329-352쪽.

로 변경되고, 청소년 (보호) 관련 업무를 담당하게 된 변화라든가, 보다 최근에는 정책 용어에서 성평등을 폐기하고 이성애규범적 질서에 부합하는 '양성평등'만을 사용해야 한다는 보수 개신교의 요구가 실제로 여성 정책에 미치는 영향력 등은 그 대표적인 사례가 될 수 있다. 2014년 제정된 '양성평등기본법'은 1995년에 제정되어 19년간 여성 정책의 인식론적 기반을 정의했던 '여성발전기본법'의 온정주의적 관점을 대체하는 것으로 평가되지만, 동시에 '성평등'을 젠더 불평등의 구조에 대한 비판적 개입과 해체의 과정이 아닌 기성 사회 질서 안에서 (생물학적으로 정의되는) 여성들과 남성들 간에 일어나는 동등한 기회나 자원의 분배로 축소하는 한계를 보이기도 했다.[24] 일련의 흐름 속에서 여성 정책은 구조화된 불평등을 시정해 나가는 공적 개입과 변화의 과정으로 인식되기보다는 "여성들에게 주어지는 '우대'정책"으로 취급된다.[25]

(2) '역차별'의 감각과 '이퀄리즘'이라는 유사-페미니즘

반페미니즘 정서의 확산과 더불어 남성을 더 이상 권력의 주체가 아닌 '권력화된 페미니즘'의 피해자로 보는 '역차별'의 감각 또한 빠르게 확산되고 있다. 시사인의 '20대 남자' 특집 기사에 따르면 "20대 남성에게 페미니즘은 무엇보다 권력의 문제"로 인식된다.[26] 여성

24 배은경, 「젠더관점과 여성정책 패러다임」(《한국여성학》 32권 1호, 2016), 1-45쪽.

25 신경아, 「젠더갈등의 사회학」(《황해문화》 97호, 2017), 16-35쪽.

26 "20대 남자, 그들은 누구인가", 《시사인》, 2019. 04. 15.

에 대한 구조적 차별이 더 이상 존재하지 않는다고 믿거나 혹은 구조적 차별이 있더라도 그 해결책은 페미니즘이어서는 안 된다고 믿는 20대 남성들은 때로는 공격적인 여성 혐오를, 때로는 '역차별' 주장과 공정성에 대한 호소를, 그리고 때로는 '젠더 이퀄리즘'으로 명명되는 새로운 모순적인 유사-페미니즘(pseudo-feminism)의 조합을 만들어 낸다.

20대 남성들은 또래 여성들의 페미니즘 실천과 제도화된 여성 정책 모두를 가장 강력하게 견제하고 반대하는 집단으로 지목된다. 이들은 아직 노동시장의 성차별이나 이성애 결혼 및 가족제도가 여성들에게 요구하는 희생을 직접적으로 경험하지도, 그렇다고 아버지 세대의 남성들처럼 가부장제의 공고한 남성 연대와 그것이 주는 권력을 확실하게 누리지 못한, 그리고 이에 더해 세대적 · 계층적 계층화의 가장 아래층에 있지만 시대의 변화와 더불어 일어나는 '성평등'의 압력을 가장 직접적으로 체감하는 집단이다.[27] 이러한 맥락 속에서 20대 남성들은 현재 자신들이 경험하는 "다중적 압력" 즉, "헤게모니적 남성성으로부터의 실제적 압력('젊은 남성 쥐패는 기득권 꼴마초 남성')", "기성 젠더 구조에 의한 성적 규범으로부터의 압력('남자로 사는 고통')", 그리고 "부흥하는 페미니즘의 도전으로부터 나오는 압력('그거에 들러붙는 게 꼴페미')"를 호소하며 '피해자' 혹은 '약자'로서의 정체성을 만들어가게 된다.[28] 달리 말해 가부장제의 실질적 혜택은 다 누렸지만 이제 와서 정

27 김수아 · 이예슬, 「온라인 커뮤니티와 남성-약자 서사의 구축」(《한국여성학》 33권 3호, 2017), 67-107쪽.

28 김성윤, 「"우리는 차별을 하지 않아요"」(《문화과학》 93호, 2018), 93-119쪽.

치적 논리에 따라 20대 남성들에게 성평등을 요구하는 586 세대의 남성들과 그들이 베푸는 정책적 기회 속에서 혜택을 받으면서도 오히려 구조적 차별의 '피해자'임을 주장하는 20대 여성들 사이에 끼인 20대 남성들은 더 이상 특권(privilege)의 주체가 아닌 정치적 게임의 '희생양'이나 '피해자'라는 인식이 생겨난다.

20대 남성들은 반페미니즘의 전사들인 동시에 기성 세대의 가부장적 남성성으로부터 이탈하는 새로운 남성성의 주체들이기도 하다. 페미니즘에 대한 이들의 태도는 모순적이면서도 다원적이다. 이들은 성평등과 페미니즘 자체를 반대하기보다는 그것이 이미 이루어졌다고 말하거나, 그것을 이루기 위한 방법론으로서의 '그 페미니즘'은 틀렸다고 말하면서 반페미니즘의 대열에 합류한다. 성평등이 시대적 명제로 부상하고 실제로 자신들의 삶에 영향을 미치는 현실 앞에서 20대 남성들의 반응은 다양하게 나타난다. 일부는 남성의 우월성에 대한 신념을 고수하며 '골수 마초이즘'을, 또 다른 일부는 모종의 양보와 타협을 통해 남성의 권위를 유지하는 '온정적 가부장주의'를, 그리고 또 다른 일부는 가부장제가 남성들에게 요구하는 지배적 남성성으로 스스로를 해방시키는 '루저' 혹은 '초식남'의 모델을 선택하면서 새로운 남성성의 각본을 찾아나간다.[29] '일간 베스트' 유저들처럼 스스로를 '루저'로 정체화하면서 동시에 여성 혐오를 일용할 자존감의 원천으로 삼았던 이들이 있지만, 반대로 변화하는 젠더 관계를 인식하고 '아버지처럼 살지 않겠다'고 다짐하거나 그것이 이제는 적절하지 않은 규범과 기대임을 스스로 수긍하고 보다 합리적인 관계를 추구하는 남성들, 나아가 생계 부양

29 김성윤, 앞의 논문, 100쪽.

자로서의 남성의 역할을 비판적으로 거부하고 육아와 가사노동에 적극적으로 참여하면서 보다 평등하고 개인화된 친밀성의 각본을 추구하는 남성들이 있다.[30] 새로운 남성성의 모델들과 친밀성의 각본들의 등장은 노동시장과 가족 구조의 변동 속에서 기존의 가부장적 질서가 재배열되고 있으며, 20대와 청년 세대의 여성들과 남성들이 단지 그 변화에 적응할 뿐 아니라 나아가 적극적으로 새로운 젠더 규범과 정체성, 그리고 생애 전망을 모색하고 만들어가고 있음을 보여준다.

오늘날 반페미니즘 대열에 동참하는 이들은 반드시 여성이 남성보다 본질적으로 열등하다거나 차별받아 마땅하다 믿지는 않는다. 오늘날의 반페미니즘은 여성의 진보와 페미니즘의 성공을 말하거나, 여성 혐오가 아닌 '진정한' 양성평등을 이야기한다. 김성윤이 짚어내듯 페미니즘과 다문화주의에 반발하는 이들이 "우리는 차별을 하지 않아요."[31]라고 당당하게 말하게 되는 것은 단순한 변명이나 허위의식의 반영이 아니라 실제로 그들이 이해하고 지향하는 평등과 정의를 담은 진실된 주장으로 해석되어야 한다. 이들은 평등과 정의를 부정하지 않는다. 다만 그것이 자신의 특정한 경험이나 입장 및 이해관계에 부합하지 않을 때 '평등'과 '정의'가 아닌 것으로 취급한다. 예를 들어 이들은 여학생이 지적으로 부족하다 여기지 않지만 대학 총여학생회는 불필요하며 대학 페미니즘이 학내 성폭력 사건과 같은 '인권' 문제만 책임져야 한다고 주장한다. 이들은 피부색이나 출신 국가 자체가 개인의 능력이나 인간

30 엄기호, 「신자유주의 이후, 새로운 남성성의 가능성/불가능성」, 권김현영 외, 『남성성과 젠더』(자음과 모음, 2011).

31 김성윤, 앞의 논문, 95쪽.

됨을 규정한다 여기지는 않지만 자신이 만나거나 들어본 특정한 경험 속에서 이주노동자나 타인종의 차이는 '사실'이라 여긴다.[32] 전 지구화에 따른 이동과 접촉의 시대에는 무지와 편견에서 비롯되는 혐오나 편견과 구별되는 경험과 지식에 토대를 두는 혐오와 차별의 감각이 자라난다. 마찬가지로 페미니즘이 이미 정책과 일상의 언어로 익숙해진 오늘날의 반페미니즘 정서는 여성의 열등성이 아니라 여성이 더 이상 피해자가 아니라 남성과 대등한 개인이라는 페미니즘 이후의 페미니즘, 즉 포스트페미니즘 신화에 뿌리를 둔다. 이들은 페미니즘이 여성과 남성을 지나치게 구별함으로써 성별 이분법을 강화할 뿐 아니라 상황과 맥락에 관계없이 여성을 피해자로 단정하면서 남성을 배척하면서 젠더 갈등을 조장하고 진정한 남녀평등으로 가는 길을 막는다고 말한다. 페미니즘이 진정한 평등을 원한다면 '여성'의 입장과 이해관계만을 주장할 것이 아니라 여성과 남성 '모두가' 평등한 사회를 만들기 위해 노력해야 한다는 조언도 곁들여진다. 즉 페미니즘이 오히려 여성을 피해자로 정형화하거나 남성을 차별하는 반면, '양성평등'이나 '젠더 이퀄리즘', 혹은 (페미니즘의 대안으로서의) '인권'이 진정한 평등과 정의를 가능하게 할 것이라는 주장이다. 이처럼 전복된 평등과 차별의 공식에서 사회문화적 권력 관계 속에서 구성된 불균등하고 배타적이며 이분법적인 차별의 구조로서의 젠더는 두 개의 생물학적 성으로 대체되며 평등은 구조와 맥락이 상실된 개인 및 집단 간의 경쟁과 자원배분의 문제로 축소된다.

몇 해 전 나무위키에서 등장하여 논란이 되었던 '젠더 이퀄리즘'이라

32 김성윤, 같은 논문, 106쪽.

는 신조어와 그것이 보여주는 남녀평등한 세계에 대한 상상력은 반페미니즘이 페미니즘의 언어를 선택적으로 수용하고 재구성하면서 페미니즘을 탈정치화하는 대표적인 사례를 보여준다. 반페미니즘 논쟁에서 새롭게 조합된 이 용어는 학문 용어도 정책 용어도 아니며, 그렇다고 사회운동에서 사용된 적도 없는 인터넷 공간에서 퍼진 신조어이다.[33] 그런 이유에서 페미위키는 이를 "젠더 이퀄리즘 날조 사건"으로 명명하기도 하였다.[34] 2016년 8월 2일 나무위키 페이지에서 처음 등장했다고 알려진 '젠더 이퀄리즘'이라는 용어는 어디에서도 존재하거나 활용된 적 없는 가상의 가치관 및 실천을 마치 서구 페미니즘의 역사에서 실재했던 개념이나 지향인 것처럼 주장하고 인용하면서 인터넷 상에서 빠르게 통용되었다. 결국 6개월간의 논란 끝에 2017년 1월 나무위키 측은 '젠더 이퀄리즘'을 '나무위키 성평등주의 날조 사건'으로 수정하고 원글 작성자의 접근을 차단하는 결정을 내렸다. 이런 점에서 '젠더 이퀄리즘'의 등장과 논란은 인터넷 공간을 매개삼아 빠르게 확산되는 가짜뉴스 및 탈진실의 정치학의 한 사례를 보여주기도 한다. 컨텐츠의 생산과 편집에 쉽게 참여할 수 있는 위키피디아나 나무위키 등의 등장은 기존의 유언비어나 '찌라시' 등과 구별되는 유사-지성주의적 태도를 가진 탈진실 주장들이 확산되는 데 기여하였다.

'가짜 뉴스'가 그 자체로 모순적인 조합이면서도 정확히 그것이 생산

33 "페미니즘 비판하던 '이퀄리즘'은 누리꾼이 만들어낸 '창작품'", 《경향신문》, 2017. 01. 31.

34 페미위키 엔트리 '젠더 이퀄리즘' 참조. https://fmwk.page.link/FGMohttps://fmwk.page.link/FGMo

되고 확산되는 역학적 기제를 보여주듯 '젠더 이퀄리즘' 또한 그러하다. 가짜 뉴스가 거짓임에 불구하고 '사실'과 '진실'로 경험되기 위해 뉴스의 문법과 형식을 빌려쓰는 것과 마찬가지로 '젠더 이퀄리즘'은 반페미니즘의 정서에 뿌리 내리지만 스스로를 '진정한 양성평등'으로 주장한다. '젠더 이퀄리즘'이라는 용어 자체가 이미 그간 성평등, 양성평등, 남녀평등 등으로 번역되어 온 젠더 이퀄리티(gender equality)에 대한 왜곡된 참조를 보여준다. 참고로 유사한 사례는 퀴어문화축제와 차별금지법에 반대하는 보수 개신교 집단에서 내세운 '양성평등'과 그것의 비문법적 번역어인 투 섹스 이퀄리즘(two sex equalism)에서도 발견된다. 흥미로운 지점은 두 집단 모두 페미니즘의 용어를 거부하기보다는 왜곡하면서 수용하는 전략을 보인다는 점이다.

성평등의 대의는 수용하지만 성차별의 현실과 구조는 부정하는 '젠더 이퀄리즘'의 문법은 대립과 갈등의 과정 없이 이루어지는 양성평등한 세계를 상상한다. 2016년 8월에 처음 게시된 '젠더 이퀄리즘'은 '메갈리아'와 '워마드'로 대변되는 20대 여성들의 페미니즘 실천을 비판하면서 대안으로 '젠더 이퀄리즘'을 제안하였다. 이 글에 따르면 페미니즘과 '젠더 이퀄리즘'의 차이는 "기존의 페미니즘이 주로 여성에 중심을 두고 그들의 관점에서 느끼는 억압과 불평등을 해소하려 했다면 이퀄리즘에서는 심리학적으로 인간 고유의 본능에서 비롯된 '나와 남을 구분 지으려는 일명 타자화(他者化) 현상'을 지양하고자 모든 성별을 동등한 주체이자 객체로 두고 동일한 인간으로 대우하여 불평등을 해소하려고" 하는 데 있다.[35] 페미니즘이 성차별을 주장하고 이를 근거

35 나무위키 엔트리 '나무위키 성평등주의 날조 사건' 참조. https://namu.

로 "여성 권리의 향상과 남성 권리의 박탈"을 요구하는 반면, 이퀄리즘은 "여성의 권리나 지위가 낮다고 단정하지 않는다"는 입장을 가지며, 또한 "같은 여성이라도 환경과 개개인의 차이가 있을뿐더러", "평균적으로 여성의 권리가 낮다 하더라도 이는 모든 사람이 평등하게 대우받는 것으로 해결될 수 있다고 보는 것"이라 설명된다. 성차별과 여성 억압을 주장하는 페미니즘에는 "이미 여성을 남성과는 다른 객체로 타자화하는 시각이 담겨 있으므로 오히려 남녀차별을 심화시킨다"는 주장도 덧붙여진다. 이러한 논리를 적용해 볼 때 여성도 남성과 동등하게 군복무의 의무를 질 것을 주장하는 것이나 낙태에 있어서는 중립을 유지하거나 남녀 모두 처벌받을 것을 주장하는 것이 성평등의 사례가 된다. 유사한 논리는 디지털 공간을 떠도는 '젠더 이퀄리즘 십계명'에서도 나타난다. 이 계명에는 "여성을 도와주지 마라", "여성을 위해 비용을 지불하지 마라", "여성에게 같은 일을 가르쳐라", "이성 간의 언행에 신경 써라", "의무와 책임을 알게 하라", "페미니즘과 마초이즘(남성우월주의)을 버려라", "여성을 객관적으로 판단하고 대우하라" 등이 십계명으로 제시되며, "여성은 남성과 같은 일을 해나갈 수 있는 존재다", "이성 간에는 생각이나 언행의 차이가 있을 수 있다", "성별에 상관없이 객관적으로 판단하고, 대우해야 진정한 평등을 구현할 수 있다" 등이 부연된다.

'젠더 이퀄리즘'이 상상하는 평등한 세계에는 차별과 혐오가 이중적

wiki/w/%EB%82%98%EB%AC%B4%EC%9C%84%ED%82%A4%20%EC%84%B1%20%ED%8F%89%EB%93%B1%EC%A3%BC%EC%9D%98%20%EB%82%A0%EC%A1%B0%20%EC%82%AC%EA%B1%B4

으로 부재하다. 먼저 '젠더 이퀄리즘'은 성평등의 대의명분에 동의하면서 여성에 대한 차별과 혐오가 부당함을 인정한다. "여성에게 같은 일을 가르쳐라"라든지 "여성을 객관적으로 판단하고 대우하라"는 명제는 사회적 관계에서 여성을 남성과 같게, 혹은 대등하게 취급해야 함을 주장한다. 그러나 페미니즘에서 '같음' 혹은 '평등'의 요구가 이미 존재하는 여성에 대한 차별과 혐오를 극복하기 위한 변혁적 실천이라면, '젠더 이퀄리즘'에서 이는 반대로 여성에 대한 차별과 혐오를 부인하는 방식으로 일어난다. 여성을 남성과 같게 대우해야 하는 이유는 여성이 남성과 다르거나 '열등'하지 않기 때문이며, 이는 역설적으로 여성이 차별과 혐오의 대상이 아니라는 전제 및 결론으로 이어진다. '진정한 평등'은 '여성'을 정치적 범주로 주장하고 조직하는 페미니즘이 아니라 "여성을 남성과는 다른 객체로 타자화"하기를 거부하고 성적 차이를 초월하여 여성과 남성을 똑같이 취급하는 실천에서 시작되고 완성된다. '젠더 이퀄리즘'에서 '젠더'는 사회문화적으로 구성된 차이로서의 여성성과 남성성도 의미하거나 그 차이를 배타적이고 위계적인 범주로 구성해 내는 구조적 힘을 의미하지도 않는다. 여성이 차별받지 않기 때문에 여성을 차별적으로 대우하지 않아야 한다는 모순적이지만 그럴듯하게 들리는 이 평등의 문법은 페미니즘의 언어를 선택적으로 차용하면서 페미니즘의 급진적 정치성을 제거한다. 차별과 억압을 통해 구성되는 정체성의 범주로서의 '여성'과 그 차별과 억압에도 불구하고 살아가고 저항하는 행위자로서의 '여성들' 사이의 구별이 사라지면서 여성의 권리와 해방, 그리고 이를 위한 사회적 변화를 요구하는 페미니즘이 여성을 '타자화'하는 역설적 결론에 도달하게 된다. 결론적으로 '젠더 이퀄리즘'의 문법은 페미니즘의 언어를 적절히 차용하면서 생물학적 본질주의와 온정적 가부장제를 재생산한다. "이성간의 언행에 신경써라"라는 조언이 드러내듯, '젠더 이퀄리즘'의 세계에는 '이성(hetero-sex)'의 범주 및 관계가 불변의 변수로 존재한다. 달리 말해 '젠더 이퀄리즘'에서 '젠더'는 사실상 생물학적 본질로 전제되는 두 개의 성(sexes)으로 정의되며, '이퀄리즘'은 공적 영역에서의 차별과 혐오는 해소되었지만 사적 영역에서의 이성애적 관계와 친밀성은 남아 있는, 여성과 남성 간의 조화로운 공존의 세계를 상상한다. '젠더 이퀄리즘'은 젠더 갈등이 사라진 공적 영역과 이성애 로맨스와 친밀성의 가능성은 남아 있는 사적 영역의 조화로운 배치를 통해 페미니즘 없는 양성평등을 꿈꾼다.

3 페미니즘 없는 (양)성평등

성평등을 더 이상 국가나 남성들이 베푸는 온정이나 시혜적 조치가 아닌 당연한 시민적 권리로 인식하고 요구하는 여성들과 반대로 이를 국가와 여성이 공모하여 만들어내는 남성에 대한 역차별과 불공정행위로 인식하는 남성들 사이에서 젠더 갈등은 확산된다. 미투 선언과 불법촬영 편파수사 규탄시위, 그리고 낙태죄 폐지 운동의 흐름 속에서 등장한 '여성에게 국가는 없다', '사법부도 유죄', '여남경찰 9:1로 채용하라' 등과 같은 구호들은 민주화 이후의, 그리고 여성 정책의 제도화 이후의 한국 사회에서 페미니즘과 국가의 관계를 새롭게 고민하게 정의해야 할 필요성을 보여준다. 일련의 사례들은 우리 시대의 페미니즘이 권리와 주권의 주체로서의 여성-시민의 위치와 가능성을 새롭게 의미화하고 주장하고 있음을 보여준다.

노동시장과 가족 구조에서의 계층적, 성적, 세대적 불평등이 강력하게 작동하는 가운데 더해지는 페미니즘의 대중화와 성평등 정책의 가시성은 젠더 갈등을 계층 및 세대 간의 불평등의 대리전으로 만들기도 한다. 20대 남성들은 스스로를 기성 세대 남성들과 20대 여성들 간의 정치적 거래의 희생물로 인식하면서 페미니즘을 (부당한) '권력'의 행사로 비판한다. 반페미니즘 담론에서 나타나는 공정성과 (진정한) 양성평등으로서의 '젠더 이퀄리즘'에 대한 주장은 성적 차이를 생물학적 차이로 환원하면서 제도적 개입이나 사회적 변화 없이 사적 영역에서의 개인적 노력과 실천으로 구현되는 (양)성평등을 상상하고 있으며, 이러한 상상에서 페미니즘의 사회적 의미와 정치적 급진성은 삭제된다.

후기 자본주의로의 이행과 더불어 기존의 성별 권력관계에는 변동과 균열이 일어나고 있다. 그러나 이러한 변화는 일방적으로 여성에게 유리하게 작용하거나 남성의 권력을 해체하지는 않는다.[36] 영미 국가들의 사례들을 참조한다면 포스트-포디즘의 질서는 기혼 여성 노동력을 저렴하고 유연한 노동력으로 동원하면서 전통적인 성별분업을 약화시키지만 이러한 과정은 노동시장 내부의 계층화의 세분화와 심화, 그리고 복지와 사회적 안전망의 약화와 더불어 일어났다. 서비스 산업, 문화 산업, 돌봄 노동 분야 등의 성장은 여성 노동력에 대한 수요를 늘리는 한편, '여성'을 특정한 종류의 노동자, 예를 들어 유연하고 창의적인 노동자로 구성하고 활용한다. 여성은 스스로를 차별과 억압의

36 Linda McDowell, "Father and Ford Revisited", *Transactions of the Institute of British Geographers* 26(4), 2001, pp. 448-464 ; Linda McDowell, "Life without Father and Ford", *Transactions of the Institute of British Geographers* 16(4), 1991, pp. 400-419.

희생자로 인식하기보다는 역능과 변혁의 주체로 구현하도록 요구받는다.[37] 포스트페미니즘과 신자유주의 담론의 만남 속에서 탄생하는 새로운 젠더 질서는 보다 자유롭고 유연한, 그리고 개인화된 불평등의 시대를 예고한다.

오늘날의 한국 사회에서 페미니즘과 젠더 갈등, 그리고 (양)성평등이 논의되는 방식은 분명 역사적, 사회적, 문화적으로 특정하고 구체적이다. 정책을 매개로 하여 수용되고 확산된 성평등 담론은 종종 정치적 상황에 따라 그 실제적 의미와 효과가 달라지며, 많은 경우 통계적인 수치로 환원되거나 성평등 '지표(index)'로 번역된다. 그러나 지표는 그 자체로 현실을 대변하기보다는 적극적으로 해석되고 응용되어야 하는 기호들에 가깝다.[38] 다른 한편 언론과 디지털 공간에서 대중적으로 회자되는 성평등은 본질주의 담론과 결합하거나 탈맥락화되고 파편화된 신자유주의적 공정성의 담론과 혼재된다. 페미니즘을 '불공정' 행위로 비판하는 반페미니즘의 문법은 국가와 공권력을 매개로 하여 일어나는 성평등 정책의 도입과 실천을 반대하면서 페미니즘을 개별 여성들의 노력과 성취를 통한 유리천장 극복과 동일시하는 포스트페미니즘의 담론을 변주한다. 평등을 사회적 실천이 아닌 개인적 성취의 대상으로 정의하는 '젠더 이퀄리즘'과 유사-페미니즘의 세계관은 페미니즘의 사회성과 공공성을 삭제한다. 페미니즘이 '사회적인 것'과 만나는 지점을 상상하고 언어화하는 시도들이 지속되어야 한다.

37 Angela McRobbie, "Reflections on Feminism, Immaterial Labor and the Post-Fordist Regime", *New Formations* 70(1), 2011, pp. 60-76.

38 김경희, 「성(불)평등의 측정가능성과 한계」(《한국여성학》 34권 4호, 2018), 35-68쪽.

구조적 불평등은 가시화되기 어렵지만 이를 극복하기 위한 개인적인 노력들이나 제도적 실천들, 즉 여학생들의 성적과 스펙, 대학 총여학생회나 여학생 휴게실의 존재, 지하철과 주차장 등의 여성 전용 공간, 여성 비례대표, 그리고 양성평등 채용정책 등은 기존의 남성 중심적인 사회질서에서 초가시성(hyper-visibility)을 획득한다. 예를 들자면 노동시장에서의 성차별은 관습적이고 규범화되어 있으며 이를 가시화하기 위해서는 소송이나 폭로와 같은 특별한 노력들이 필요하다. 그러나 전자의 구조화된 폭력은 규범화되어 비가시화되지만 이를 수정하기 위한 개인들의 지난하고 끈질긴 노력은 특별하거나 '과도한' 저항으로 인식된다. IMF 이후 일어난 구조조정에 따른 대량의 해고와 불법 · 편법을 동원한 노동시장의 유연화는 피할 수 없는 현실이나 나아가 긍정적인 변화로까지 수용되지만 부당해고나 직장 내 성희롱에 따른 피해를 구제받기 위한 소송이나 집단행동은 5년에서 10년이 넘는 제도적, 비제도적 과정들을 거치면서 '사회 갈등'으로 명명된다. 교육과 노동시장에서 남성들이 누려온 오래된 특권들은 질문되지 않지만 이를 수정하기 위해 도입되는 (양)성평등 채용 정책은 역차별과 불공정으로 비난받는다. 덧붙이자면 실제로 공무원 채용 등에서 적용되는 양성평등 채용 정책의 수혜자 집단에서 여성들보다 남성들이 더 많았다는 2016년의 보도는 '역차별' 주장과 '양성평등' 정책이 만나는 또 다른 단면을 보여준다.[39]

청년 세대의 젠더 갈등은 포스트 87, 그리고 포스트 IMF 체제가 만들어낸 경제적, 문화적 변화와의 관계 속에서 해석되어야 한다. 포스트

39 "공무원 양성평등채용, 남성이 여성보다 혜택 더 본다",《아시아경제》, 2016. 08. 12.

IMF 체제에서 가속화된 여성의 노동시장 진출은 페미니즘의 성과라기보다는 유연하고 저렴한 여성 노동력을 필요로 하는 자본주의와 국가의 필요에 따른 결과였다. 어떤 면에서 DJ 정부에서부터 본격적으로 시작되었던 (부녀자 보호 정책이 아닌) 여성 정책은 포스트 87 세대 여성운동의 시민사회 진출과 포스트 IMF 체제가 가져온 경제구조 변동이 맞물리는 지점이었다. 1980년대 중반 이후 노동자 임금투쟁과 더불어 조금씩 확립되기 시작했던 '중산층 이성애 가족'의 규범은 IMF와 더불어 '위기'를 맞았지만, 그 위기는 (당시의 많은 영화와 드라마에서 나타나듯) 여성들의 성장과 반란으로 초래된 것은 아니었다. 덧붙이자면, 여성들이 그 위기의 피해자가 아니라고도 할 수 없다. 경제위기는 여성들, 특히 기혼 유자녀 여성들과 중년 여성들을 저렴한 비정규직 노동자로 만들고 돌봄 노동과 임금 노동의 이중부담을 안겼기 때문이다. 중장년의 남성 노동자들을 좌절하고 분노하게 하였던 경제위기는 여성들과 청년 세대의 삶에도 많은 변화와 부담을 남겼다. 결국 현재의 재생산의 위기는 누적된 세대간, 성별간, 계층간 불평등 심화의 결과이기도 하다.

우리 시대의 젠더 갈등은 여성과 남성 모두가 대안적인 생애 서사를 필요로 하고 있으며, 또한 새로운 시민권의 모델을 요구하고 있음을 보여준다. 군대와 회사가 남성 시민권의 토대가 되고 출산과 양육이 여성(이등) 시민권의 토대가 되는 구도는 이미 변화하고 있다. 미투 선언과 혜화역 시위가 경제적, 정치적 평등을 요구하였다면, 낙태죄 헌법 불합치 결정은 출산이 여성 시민권의 조건이 아닌 시민으로서의 권리의 대상이자 영역임을 인정하였다. 젠더 갈등은 여성과 남성 간의 갈등으로 치부되기보다는 우리 사회의 중층적 차별과 모순들, 그리고 그 변화의 가능성이 동시에 표출되는 장면으로 이해되어야 한다. 달리 말해, '젠더 갈등'은 남녀 간의 갈등 자체가 아니라, 젠더라는 규범과 힘과 행위의 축을 통해, 혹은 그것이 형성하는 저항의 장에서 일어나는 변화의 과정, 양상, 가능성, 효과 등을 진단하고 분석하는 범주로 이해되고 적용되어야 한다. 이를 통해 우리는 젠더 갈등을 보다 복합적이고 넓은 맥락, 즉 세대 · 계층간 재분배, 신자유주의적 재편과 젠더 질서의 변화, 사회 재생산의 위기 등과의 관계 속에서 이해할 수 있게 될 것이다.

21세기 한국 사회의 세대 논쟁에는 전통적인 세대 연구의 방법에서 조망되지 않았던 새로운 문제들이 전개되고 있다. 청년 세대가 세대적 주체로 제대로 자리매김하지 못하는 21세기 한국의 경제적 상황은 과거 전례가 없는 노년 세대의 정치적 부상과도 연관되며 표면적으로는 청년 세대와 노년 세대의 세대 갈등이 첨예화되고 있는 것으로 보인다. 장기화되고 있는 경제적 불황이 미래에 대한 전망을 지속적으로 암울하게 만들면서 청년 세대와 노년 세대 간의 불신과 혐오가 심각해지고 있는 것이다. 특히 2016년 겨울 대통령 탄핵 사건을 계기로 세대 갈등은 한국 사회의 대표적인 갈등으로 부상하였다. 그렇지만 현재 한국에서 전개되고 있는 세대 갈등을 냉철하고 이성적인 시선으로 들여다본다면, 누군가에 의해 조장되는 면이 농후하다는 것을 알게 된다. 무엇보다 특정 사안들을 세대 프레임으로 보게 만들어 자신들의 정치적 이익을 노리고 있는 세대 게임 세력들이 현재 세대 갈등의 상황을 증폭시키고 있는 것이다. 이와 같은 '세대 게임'의 양상을 대중들이 이해하여 세대 갈등 상황에 대해 주저하고 의심하면서 이성적인 냉정함을 갖는 것이 필요하다. 또한 세대 간 소통과 교류를 시도하고 특정 세대에 대한 관심과 이해를 마련하는 것이 한국의 사회적 분열과 혐오의 악순환을 끊을 수 있는 시작이 될 것이다.

세대 갈등에서 세대 게임으로

— 21세기 한국 세대 논쟁의 특징

김종수

1 들어가면서

2000년대 이후 한국 사회에서 전개된 세대 논쟁의 앞자리에는 386 세대가 자리하고 있다. 1998년 김대중 대통령이 취임하자 세대교체론을 내세우며 정치 일선에 등장하기 시작한 386 세대는 2002년 12월 노무현 대통령의 당선 이후 한국 사회의 주류 교체론의 중심에 있었다. 뒤이은 2004년 17대 총선에서도 학생 · 노동운동 출신의 386 세대가 의원으로 대거 선출되며 한국 정치계의 세대교체를 이뤘다는 평가를 받았다.[1] 나이 든 세대로부터 젊은 세대로의 세대 간 권력 이동을 386 세대의 활약을 통해 한국 사회는 분명하게 체험하였다.

386 세대가 586 세대로 불리고 있는 2019년 현재, 한국의 세대 논쟁

1 박재홍, 『세대차이와 갈등: 이론과 현실』(경상대학교출판부, 2017), 115-116쪽 참조.

에서 주목을 받는 세대는 일명 '88만원 세대'로 불리는 20-30대 청년 세대와 '어버이연합', '박사모'의 중심 구성원인 노년 세대이다. 1990년대 후반부터 계속되는 경제적 불황이 야기한 취업 전쟁 때문에 이전 세대와 다르게 생애주기별 인생을 설계하기 힘들게 된 청년 세대의 현재 삶의 조건은 '88만원 세대'라는 세대 명칭이 등장했던 2007년과 비교해 나아지지 않았다. 오히려 국가의 무능함과 기성 세대의 무지함을 비난하는 뜻을 담고 있는 '헬조선'이라는 단어가 말해 주듯, 청년 세대의 대사회적 정서는 매우 비관적이다. 한편 사회의 부양 대상으로 여겨졌던 노년 세대는 청년 세대의 사회적 불만에 대한 구체적인 혐오의 대상으로 부각되며 고령 사회로 진입한 한국 사회의 주요 갈등 축으로 자리 잡았다. '혐로사회(嫌老社會)', '약육노식(弱肉老食)'이라는 신조어가 표현하듯 21세기 한국 사회가 노년 세대를 대하는 멸시와 혐오의 분위기는 더욱 심화되고 있다. 그러던 것이 지난 2016년 박근혜 대통령 탄핵을 촉구하는 촛불집회에 대응한 맞불집회를 통해 노년 세대의 정치적 결집이 이루어지면서 한국 사회의 세대 갈등은 더욱 심화되고 있는 것으로 보인다.

사실 개성적 자아를 존중하는 분위기보다는 집단적 이해 관계에 따라 사회 현상을 설명하는 것에 익숙한 현대 한국 사회에서는 역사적 경험에서 비롯된 어떤 특성을 공유하고 있다고 가정되는 '세대'를 중심으로 시대의 변화를 설명하는 것에 친숙하다. "특정 집단의 존재를 전제하고 그와 다른 새로운 집단의 출현을 설명하거나, 같은 세대에 속하는 사람들이 갖는 공통점과 이들이 다른 세대에 속하는 사람들과 갖는 차이점을 설명하기 위해 고안된"[2] 세대 개념은 현대 한국 사회처럼 급변

2 최샛별, 『문화사회학으로 바라본 한국의 세대 연대기』(이화여자대학교출판문화원,

하는 사회의 변동 요인을 구체적으로 이해하는 데 요긴하다. 무엇보다 집단적 정체성을 탐색하는 데에도 세대는 중요한 연구 대상이다. 과거처럼 '민족'으로 수렴되는 집단 정체성 논의는 세계화의 시대에 잘 맞지 않는 것 같고, '계급'을 중심으로 전개하기에는 이념적인 부담감이 강하다. "이데올로기적으로 '건강'하고 숙명의 무게를 덜어낸 세대는 말 그대로 한국 정체성 시장에서 가장 잘 팔리는 상품"[3]이 되었다.

전통적으로 세대를 따지는 연구에서 중요한 대상은 청년이었다. 1950년대 문학계에서 20대의 이어령이 「우상의 파괴」를 들고 나와 기성 문인들에 반기를 들었던 것이나, 1960년 4월 혁명에서 "기성세대 물러가라"는 구호를 들고 나온 것도 청년들이었고, 앞서 서술했던 바처럼 새로운 정치계를 구축하려는 386 세대 역시 청년이었다. 사회 변동과 역사 발전의 역동성을 낳는 요인 중 하나인 세대 현상에서 나이 든 세대와 새로운 세대가 특정 시점에서 함께 살아가다가 세월이 흐르면서 사회의 주도권이 새로운 세대에게 넘어가고 사회는 이러한 변화에 발맞춰 재편성하게 된다. 인구학적 신진대사의 순환이 가져오는 사회 변동은 필연적인 것인데, 부단한 인구 교체의 세대론적 함의는 '새로운 만남(fresh contact)'과 '망각(to forget)'의 순기능으로 이해된다. 젊은 층의 혁신이 가져오는 변동으로 사회는 '새로운 만남'을 가져오는 것이며, 기존 세대가 역사의 무대에서 사라지면서 이들에게 익숙했던 문화 요소는 '망각' 속에 묻히게 되는 사회 현상으로 세대교체는 이루어지는

2018), 19쪽.

3 전상진, 『세대 게임: '세대 프레임'을 넘어서』(문학과지성사, 2018), 296쪽.

것이다.[4] 세대교체 과정에서 발생하는 세대 갈등은 필연적인 것이며 이 갈등의 결과가 사회 변동의 내용이 된다.

그런데 21세기 한국 사회의 세대 논쟁에서는 사회 변동 과정의 필연적인 세대 갈등으로는 설명이 되지 않는 문제들이 전개되고 있는 것으로 보인다. 무엇보다 '새로운 만남'의 주체인 20대 청년들이 가지고 있는 세대적 의식에 대한 심도 있는 규명이 이루어지지 않거나 또는 왜곡되어 인식되고 있어서 21세기 한국 사회의 엄연한 주체로 간주되지 않는 현상이 심화되고 있다. 청년 세대를 세대적 주체로 자리매김하지 못하게 만드는 사회문화적 요인에 대한 이해가 필요해 보인다. 또한 인구학적 세대교체 과정에서 '망각'의 사회 현상으로 설명될 수 있는 노년 세대의 정치적 부상도 21세기 한국 사회의 세대 연구가 해결해야 할 문제이다. 과거에는 사례로 찾아볼 수 없었던 노년 세대의 정치 세대화는 우리 사회에서 매우 낯선 사건이고 그들을 정당한 정치 세대로 볼 수 있는지도 의문이 들기 때문이다. 무엇보다 경제적 불황 탓에 안정적인 사회 진입이 어려운 청년 세대와 경제적 빈곤과 사회적 소외 때문에 힘겹게 살아가는 노년 세대 간의 세대 갈등은 세대 갈등의 문제에 관한 새로운 이해를 요구한다.

위와 같은 21세기 한국 사회의 독특한 세대 갈등의 문제는 현대 한국 사회가 경험해 보지 못했던 저출산, 고령화라는 인구학적 조건과 그에 따른 사회경제적 부조화가 일차적인 원인일 것이다. 주지하다시피 한

4 인구 교체의 세대론적 함의에 대한 것은 칼 만하임(Karl Mannheim)이 『세대문제(*The problem of Generation*)』(1928)에서 전개한 것이다. 이와 관련해서는 박재흥, 앞의 책, 35-37쪽 참고.

국 사회는 2001년부터 초저출산(1.3명) 사회이자 2000년부터 전체 인구 대비 노인 인구가 7% 이상인 고령화 사회에 진입하였다. 그후로도 상황은 심화되고 있어서 2018년 현재 출산율은 0.98%, 노인 인구 비율은 14.3%인 고령 사회에 진입하였다. 생산 가능 인구의 감소와 부양 인구의 증가에서 비롯되는 사회적 부의 재분배 문제를 둘러싸고 청년 세대와 노년 세대는 직접적인 이해 당사자가 되었다. 공적 연금제도의 시행 과정에서 동질적인 이해관계를 가진 수급자 집단이라는 강력한 이익집단이 형성되고, 그에 따른 세대간 형평성 문제가 대두되고 있는 상황이다.[5] 뿐만 아니라 한국의 경제가 지속적으로 침체기에 빠져 있는 것도 세대 갈등의 문제를 심각하게 야기하는 요인이다. 고용 없는 성장 시대에 진입한 지 10여 년이 넘었고, 대기업 위주의 국가 경제 정책이 개선되고 있지 않으며, 비정규직을 양산하는 일자리 질의 약화와 같은 문제는 청년 세대의 불만과 불안을 강화하고 있다. 여기에 노동시장에서 세대별, 특히 청년 세대와 노년 세대가 차지하는 기회 구조가 다른 점도 세대 갈등의 요인이기도 하다.[6]

21세기 한국 사회의 세대 갈등의 문제는 한국 사회가 직면한 인구학적 조건과 그에 따른 사회경제적 불황과 형평성 문제가 제대로 해결되지 못한 채 지속, 심화되는 상황에서 이 갈등이 지나치게 첨예화되고 장기화되면서 불신과 혐오가 깊어지고 있다는 데에 그 심각성이 있다. 이것은 정치적 이념 문제와 결부되면서 상대 진영을 공격, 고립시키기

5 박길성, 「한국 사회의 세대 갈등: 연금과 일자리를 중심으로」(《한국사회》 12-1, 2011), 3-25쪽 참고.

6 최유석, 『세대 간 연대와 갈등의 풍경』(한울, 2016),17쪽 참고.

위해 세대의 여타 구성원들의 동원을 극대화하려는 정치공학적 고려에 쉽게 연루된다는 특징이 있다. 특히 세대 간에 벌어지는 정치적인 갈등의 국면에서 "386 세대는 친북좌파, 노년 세대는 보수꼴통이라는 낙인찍기(labelling)는 상호 불신과 분열의 골을 심화시키고 차별과 배제를 정당화하는 이데올로기로 작용한다는 점에서 특히 경계해야 한다."[7] 여기에는 그동안 세대 연구에서 진행했던 세대의 명칭, 범위, 속성을 탐구하는 작업과는 다르게 세대 담론의 소통 방식에 주목하는 접근법이 필요하다.

이 글은 21세기 한국 사회에서 전개되고 있는 세대 논쟁의 양상을 파악하기 위해서 2007년에 등장한 '88만원 세대' 담론부터 시작한다. 청년 세대의 일방적 착취 구조로 이해되는 88만원 세대론이 제기한 문제가 12년이 지난 2019년 현재에는 어떻게 변화되었는지 살펴보는 것은 역사적으로 세대론의 중심에 있던 청년 세대의 21세기 위상을 이해하는 데에 도움이 될 것이다. 또한 21세기 세대 갈등의 정점을 알리는 '헬조선' 담론의 등장 배경을 따지고, 기성 세대에 대한 적대감이 노년 세대에 대한 혐오로 진행된 과정을 추적하여 청년 세대가 봉착한 세대적 불안 의식을 파악한다. 그리고 2016년 대통령 탄핵 사건을 계기로 정치세대화를 형성한 노년 세대의 사회적 조건을 들여다 본다. 이와 함께 정치적 효용에 조종되는 세대 갈등의 메카니즘을 '세대 게임'이라는 개념으로 설명하는 논의를 통해 사회 분열과 혐오의 악순환을 끊을 수 있는 가능성을 탐색하도록 한다. 마지막으로 21세기 한국 사회의 세대 갈등을 완화하기 위한 모색의 시도로서 최근 대중들에게 주목을 끈 영화를

7 박재홍, 『세대차이와 갈등:이론과 현실』(경상대학교출판부, 2017), 138쪽.

바탕으로 청년 세대와 노년 세대의 삶과 내면을 들여다봄으로써 각 세대에 대한 성찰적 이해를 도모하고자 한다.

2 21세기 한국 사회의 세대 갈등 담론의 전개

(1) '88만원 세대'론——세대 착취 구조의 정치경제학

서론에서 언급했듯이 2000년대 초반 386 세대에 의한 정치권의 세대 교체가 진행되면서 한국 사회의 세대 논쟁은 정치적 갈등에 집중된 양상을 보였다. 이 갈등은 사회 변동 과정에서 전개될 수 있는 새로운 세대에 의한 자연스러운 변화로 이해될 수 있는 세대 갈등의 과정이었다. 그런데 2007년에 우석훈과 박권일이 쓴 『88만원 세대』에서는 권력의 주도권을 놓고 기성 세대와 청년 세대가 펼쳤던 세대 갈등의 양상과는 차원이 다르게, 10-20대가 사회에 제대로 진입할 수조차 없게 되어버린 한국 사회의 세대 착취를 다루었다. 21세기 한국 사회의 본격적인 세대 갈등을 촉발하고 그 갈등의 양상이 사회 변동의 거시적 틀로 이해되기보다는 세대 간 착취에 따른 새로운 세대의 파멸을 예상하는 '88만원 세대' 논쟁이 등장하게 된 것이다.

모두가 잘 알 듯이 '88만원 세대'라는 세대 명칭은 20대의 저열한 경제 상황에서 도출되었다. 2007년 당시 우리나라 전체 비정규직의 평균 임금이 약 119만 원이었고, 20대 임금 비율(정규직 대비 비정규직 임금 비율)이 74%여서 당시 20대 비정규직 평균 임금은 약 88만 원으로 산출되었다. 1997년 IMF 구제금융 이후 경제적 불황이 지속된 한국 사회에서 신자유주의 경제 구조가 심화되면서 청년 세대의 안정적인 사회 활동이 불가능하게 된 2007년 한국 청년의 삶을 상징적으로 말해 주는 '88만원 세대'라는 세대 명칭은 거대 기업들의 '독과점화가 강화'되어 '승자독식의 시대'를 살아갈 수밖에 없는 청년 세대의 절망을 담고 있는 것이다. 88만원 세대와 함께 언급된 '패자부활전이 없이 이긴 자가 모든 것을 차지하는 것을 두고 볼 수밖에 없는 세대'(승자 독식 세대), '열심히 노력하면 잘 될 것이라는 희망이 도저히 실현될 수 없는 세대'(희망 고문 세대), '싸워 이긴 자만이 살아남을 수 있는 세대'(배틀 로얄 세대) 등 10-20대를 지칭하는 세대 명칭은 미래가 절망적이라는 공통점을 가지고 있다.

이렇게 절망적인 미래를 단정할 수밖에 없는 한국의 상황을 상세 설명하고 있는 것이 『88만원 세대』의 내용이다. 10-20대 젊은이들이 지불해야 할, 계층적 형평성도 고려되지 않는 비싼 대학등록금과 저임금 착취를 당하는 청년 아르바이트의 신분적 불안은 여전히 사라지지 않고 있다. 10-20대들이 가져야 할 것을 앞 세대가 많이 가지고 있다는 기성세대 독점 문제는 해소되지 않을 뿐만 아니라 "1318 마케팅"의 주 타깃으로서 10대들에게 가해지는 기성 세대의 "세대 착취 현상"[8]은 심화되고 있다. 사회에서 자리잡은 기성 세대들에게는 큰 문제가 없지만 생산과 유통 과정에서 강화되는 독과점 현상은 청년들의 삶을 더욱 황폐하게 만들고 있다. 더욱 큰 문제는 국가가 이러한 상황을 적극적 대처 없이 방치하여[9] 각자도생을 조장하는 상황이 10-20대 청년 세대의 미래를

8 우석훈 · 박권일, 『88만원 세대』(레디앙, 2007), 63쪽.

9 『88만원 세대』의 저자들은 영국, 독일, 프랑스, 미국, 일본과 비교했을 때 한국이 청년 세대에 대해 얼마나 무관심하고 방치하고 있는가를 상세하게 설명하고 있다.

비관적으로 만들고 있다는 것이다.

"88만원 세대"의 세대 논쟁은 앞선 386 세대와 달리 권력이 아니라 "취업 기회를 두고 벌어지는 세대 간 배분적 갈등"으로 이해되고 "청년 실업과 비정규직 문제를 세대 간 경쟁의 맥락에서 쟁점화함으로써 기성세대에게 청년들의 고통에 공감하고 해법을 마련하도록 강하게 촉구한" 의의를 지니고 있다고 평가된다.[10] 그리고 세대 간 불균형을 둘러싼 적절한 의사소통이 제대로 이루어지지 않은 채 이 같은 문제를 개인적인 차원으로 치부하고 있는 우리 사회의 심각성을 제기하였다는 의의도 지닌다. 『88만원 세대』는 해방 후 60여 년 동안 빠르게 전개해 온 한국의 경제적 성장과 사회적 변화 속에서 10~20대 청년 세대를 위한 최소한의 사회 안전망이 없다는, 청년 세대의 원활한 사회 안착을 위한 사회적 시스템의 부재를 절감하는 청년 세대를 위한 사회경제적 반성의 기회를 마련하였다.

그런데 주목해야 할 점은 2007년에 『88만원 세대』에서 제기되었던 문제들이 12년이 지난 지금 개선되기는커녕 오히려 심화되고 있다는 것이다. 이 책이 간행되던 시기인 2006년에 한국의 국민소득은 2만 불에 도달하였는데, 2018년 4분기에 한국은 12년 만에 국민소득 3만 불을 넘어섰다. 12년 동안의 산술적인 경제 성장은 사회의 많은 부분에 영향을 주고 있는 듯하다. '88만원 세대' 논쟁이 벌어지던 2007년도에 최저임금이 시급 3,480원으로 8시간 기준 일급으로 계산하면 27,840원이었던 것이 2019년에는 최저임금 시급 8,350원으로 8시간 기준 일급 66,800원으로 2.4배가량 증가하였다. 그렇지만 "한국 사회의 가장 큰 문제는 청소

10 박재홍, 앞의 책, 102쪽 참조.

년 노동에 대해 진지한 사회적 논의가 없고, 따라서 사회적 합의도 없다는"[11] 당시 저자들의 문제 제기는 여전히 나아지지 않은 채 비극적인 사건이 반복되고 있다.

예를 들어 오토바이 배달일을 하는 청소년들의 사망 사고나 사고 발생시 배상 책임 때문에 청소년들이 경제적으로 큰 곤란을 겪는 일이 여전하다. 이들은 근로기준법이 적용되지 않는 특수 고용 형태여서 사고 시 치료비는 물론 오토바이 배상까지 배달 일을 하는 청소년이 감당해야 한다. 질병관리본부가 조사한 바에 따르면 2011-2016년까지 23개 의료기관의 응급실 이용 환자 중 배달 오토바이 사고 환자 중 15.2%가 15-19세 청소년이었다.[12] 또한 2017년 제주도에서 현장 실습 도중 기계에 목이 끼어 사망한 특성화 고교생 이민호 군의 예에서 보듯이 특성화 고등학교 학생이 사업장에서 안전사고로 사망하는 사고가 여전히 발생하고 있다. 그리고 2016년 5월 구의역 스크린도어 교체 작업 도중 사망한 김 군의 경우나 2018년 12월 태안화력발전소 비정규직 노동자 24세 김용균 씨의 사망 사고가 말해 주듯이 비정규직 청년 노동자들이 죽음으로 내몰리는 문제는 현재에도 계속 이어지고 있다. 여기에 개미지옥에 있는 것으로 비유된 "고졸자나 여성 비정규직의 경우"도 대졸자나 남성 비정규직보다 더욱 심각한 경쟁 상태에 내몰린 채 위험한 근무 상황은 개선될 조짐이 보이지 않는다. 21세기 한국의 청년들이 봉착한 절망적 사회 분위기를 상징적으로 드러내는 '88만원 세대'라는 세대 명칭

11 우석훈 · 박권일, 앞의 책, 60쪽.

12 박보희, "한번은 무조건 다친다—목숨걸고 달리는 배달 청소년들", 《머니투데이》, 2018. 12. 07.

이 12년이 지난 지금도 여전히 20-30대 청년들의 세대를 일컫는 말로 유효한 까닭은 문제제기 당시 제기되었던 세대 착취의 구조적 문제가 개선되고 있지 않기 때문일 것이다.

한편 12년 전 『88만원 세대』에서 10-20대의 미래 삶을 전망하면서 "공무원 조직의 연공서열제는 20대에게 엄청난 메리트가 될 수 있는 마지막 탈출구"[13]라는 예측은 보기좋게 들어맞았다. 2017년 현대경제연구원이 발표한 「공시의 경제적 영향 분석과 시사점」에 따르면 한국에서 공무원 시험 준비를 하는 학생은 2011년 약 18만 5천 명에서 2016년에는 약 25만 7천 명으로 38.9%가량 증가하였다. 2019년 현재 20대인 1990년대생을 "9급 공무원 세대"[14]라고 부르게 된다면, 그것은 '88만원 세대'의 소박하지만 절박한 희망이 투영된 20대의 또 다른 세대 명칭이 될 것이다.

(2) '헬조선' 담론의 등장과 노년 세대 비하의 심화

경제적 불황이 지속되고 있는 한국 사회에서 사회에 첫발을 내디뎌야 하는 20대 청년들의 삶이 녹록지 않다는 것은 2007년 '88만원 세대'처럼 이들을 지칭하는 신조어들이 계속 양산된 것에서도 알 수 있다. "이태백", "캥거루족", "민달팽이족", "낙타세대" 등 우스꽝스러운 신조어의 난무는 위기에 처한 청년 세대의 상황을 역설적으로 대변한다.[15] 이 가운데 자신들의 처지를 빗대어 자신들이 살아가고 있는 한국에서

13 우석훈 · 박권일, 같은 책, 106쪽.

14 임홍택, 『90년생이 온다』(웨일북스, 2018), 10쪽.

15 방희경 · 유수미, 「한국언론과 세대론 전쟁」(《한국언론학보》 59권 2호, 2015), 38쪽.

더 이상 기대할 것이 없음을 암시하는 신조어 '헬조선'은 2007년 제기된 세대 간 갈등의 국면이 2015년 그 정점에 달했음을 말해 준다. 2015년 최대 유행어인 '헬조선'에는 근대 국가인 한국의 미개함을 국가의 무능함과 함께 드러내고 있는 신조어이다. 여기에는 정부의 무능력함을 비판하지 못한 채 정부 입장을 옹호하는 한국 사회의 기성 세대에 대한 부정적인 인식도 담겨 있다.

'88만원 세대'가 10-20대가 처한 세대 착취적 구조의 정치경제학적 시선에 입각하여 형성된 담론이라면, '헬조선'은 청년 세대들이 기성 세대에게 보내는 강렬한 적대감으로 형성된 담론이라는 점에서 세대 갈등의 정점에 해당한다고 할 것이다. 사실 88만원 세대나 삼포 세대, N포 세대와 같은 명칭은 청년 세대가 처한 경제적, 신분적 어려움을 기술적으로 표현한 것이라 볼 수 있다. 이 같은 명칭에는 표면적으로는 세대 갈등이 드러난다기보다 청년 세대의 자조적인 처지가 강하다고 할 수 있다. 반면에 지옥을 뜻하는 영어 'Hell'과 한국의 전근대 국가 명칭인 '조선'이 합쳐진 '헬조선'에는 적대적인 갈등 요소를 담지하고 있다. 2015년에 유행한 헬조선 담론의 핵심적인 내용은 '한국은 근대 사회로서 기능을 하지 못하고 있으며, 정부의 무능함과 구성원의 의식이 모두 미개하고, 현재 청년 집단은 취업 난민이라기보다는 사회 전반에 걸친 강도 높은 착취 구조의 희생자로서 헬조선을 탈출하거나 노예로 살아갈 수밖에 없는 존재이다. 이 같은 헬조선에서 행복하게 살려면 금수저로 태어나야 하며 흙수저들은 '노오력'을 통해 신분 상승을 요구받지만, 이 '노오력'의 요구치는 무한하여 사실상 신분 상승은 불가능하다'로 정리할 수 있다.[16]

16 이우창, 「헬조선담론의 기원: 발전론적 서사와 역사의 주체 연구 1987-2016」, 《사회와

2015년에 유행한 헬조선 담론을 청년 세대가 적극적으로 호응했다는 것은 세계적인 K-POP 그룹인 '방탄소년단'의 노래에서도 확인할 수 있다. '방탄소년단'이 한국 대중들에게 처음으로 폭넓은 사랑을 받은 노래 「쩔어」에서는 "3포 세대 5포 세대 / 그럼 난 육포가 좋으니까 6포 세대 / 언론과 어른들은 의지가 없다며 우릴 싹 주식처럼 매도해 / 왜 해보기도 전에 죽여, 개넨 enemy enemy enemy"라고 노래한다. 사회의 주류 세력이 청년 세대에게 보내는 무시와 멸시에 대해 청년들은 그들을 '적'으로 규정하고, 자기 세대를 향해 "절대 마, 포기. you know you're not lonely"[17]라며 연대의 손을 내민다. 또한 「뱁새」 같은 노래에서는 태생적으로 차이가 나는 경제적 조건에서 비롯된 수저 계급론을 들고 나와 '금수저'에 대한 비난을 퍼붓고 '뱁새' 신분인 '이 세대'는 "알바 가면 열정페이"에 희생되고, 회사에서 '상사들은 행패'부리는 이 사회를 두고 "이건 정상이 아냐 / 이건 정상이 아냐"라고 노래한다. 특히 '황새'에게 "아 노오력 노오력 타령 좀 그만둬"[18]라고 비난하며, 현실 불가능한 '노오력'을 강요하는 시대에 대해 반항한다. 노력을 하더라도 상황이 나아질 리 없는 '노오력주의', 물려받는 것으로 모든 것이 결정되는 '수저 계급론', 취업과 연애, 결혼과 출산 그리고 친구 관계와 희망마저 포기한 'N포 세대'와 같은 청년 세대의 절망적 처지를 함축한 신조어들은 개선의 여지가 보이지 않는 한국 사회를 지옥으로 간주하는 헬조선과 함께 21세기 세대 논쟁의 중심어가 되었다.(인용한 '방탄소년단'의 노래 가사에서 확인할 수 있

철학》 32, 2016), 110-111쪽 참고.

17 방탄소년단, 「쩔어」, 『화양연화』 part1. 2015. 04.

18 방탄소년단, 「뱁새」, 『화양연화』 part2. 2015. 11.

듯이 현재 청년 세대들의 자기 규정 방식에는 비관적 유희가 담겨 있다. "육포를 좋아하니까 6포 세대"라는 가사나 비유 자체부터 희화화되는 "뱁새"라는 단어에서도 풍기듯이, 이 세대는 희망 없는 비관적 처지를 유희적으로 인정하면서 이 세대를 절망에 빠뜨리는 기성 세대에 대한 적대감을 드러내고 있다.)

한편 헬조선 담론에 담긴 기성세대에 대한 청년 세대의 불신과 적대감은 '노년 세대'에 대한 비하와 혐오의 정서로 집중, 확장된다. 한국보다 먼저 고령화 사회에 접어든 일본에서 유행한 '혐로 사회, 약육노식, 노인충'이라는 노인 혐오 용어가 한국에 소개되면서 한국에서의 유사한 세대 갈등이 경계되었다. 가뜩이나 기성 세대에 대한 청년 세대의 적대감이 팽배한 상황에서 OECD 국가 중 65세 이상 노인 빈곤율이 49.6%에 달하는 노인 빈곤율 1위 국가인 한국에서의 청년과 노인 간 세대 갈등은 필연적인 것으로 이해되기도 한다. 노년 세대에 대해 미디어를 통해 보도되는 노인 범죄, 자살, 노년 세대의 행태는 핵가족 형태에서 성장한 청년 세대들에게 부정적으로 인식되어 왔기 때문이다. 특히 청년 세대는 노년 세대에 대해 "자신의 권리를 침해하기 때문에, 그리고 이들이 기본적인 매너와 상식을 지키지 않기 때문에" 혐오한다는 인식이 강하게 자리하고 있으며 "젊은 세대가 처해 있는 취업의 어려움과 같은 현실적인 문제와 결합하여 늙는다는 것에 대한 불안과 공포를 불러일으킨다."[19] 젊은 세대를 중심으로 광범위하게 확산된 노인 혐오의 정서는 세대 간 소통과 교류를 시도조차 하지 않는 상태로 고착화되

19 최샛별, 『문화사회학으로 바라본 한국의 세대 연대기』(이화여자대학교출판문화원, 2018), 229-231쪽 참조.

며 세대 갈등을 만성화한다. 또한 한국 전쟁과 근대화 과정을 겪으며 국가 발전에 이바지했다고 생각해 온 노년 세대는 사회적 소외와 배제의 상태에 빠지면서 심각한 박탈감을 안고 살아가고 있다.

(3) 정치적 효용으로서의 세대론, 혹은 세대 프레임 벗어나기

한국 사회에서 노년 세대에 대한 혐오 정서가 사회적으로 확산되고, 급변하는 사회에 미처 적응하지 못한 채 사회적 소외를 겪게 되는 노년 세대에 관한 이해는 2016년 겨울 박근혜 대통령 탄핵 사건을 전후로 하여 새로운 국면을 맞이한다. 최순실의 국정농단이 폭로되면서 국가 지도자로서 무능하고 무책임한 박근혜 대통령을 규탄하는 촛불집회가 계속되자 이에 반기를 들고 박근혜를 옹호하고 나서며 맞불집회가 개최되는데 여기에 참여한 대다수는 노년 세대였다. 탄핵 문제를 놓고 진보와 보수의 이념 대립 양상으로 번지던 것이 정치 집단화된 노년 세대의 부상으로 탄핵 정국은 청년과 노년의 정치 대립, 세대 투쟁으로 비춰졌다. 탄핵 정국에서 맞불집회에 참가한 정치 노년 세대들은 그동안 노인으로 살아오면서 갖게 된 고충과 사회적 고립, 노년 세대가 공통적으로 환기하는 1970년대에 대한 향수를 바탕으로 응집되는 공통 경험을 바탕으로 만들어졌다.[20] 맞불집회에서 이들이 외친 구호가 '쿠데타'와 '계엄령'이었던 것을 상기한다면 이들의 정치적 요구는 세대 교체가 아니라 세대 유지라고 할 것이다.

박정희 시대에 대한 강한 향수를 공통된 정서로 가지고 있는 노년 세

20 전상진, 『세대 게임: '세대 프레임'을 넘어서』(문학과지성사, 2018), 215쪽 참조.

대의 정치 세대화는 그간 자신들이 이룩한 사회적 공헌에 대한 청년 세대의 무시에 대해 복수해 주고 싶고, 경제적 빈곤의 불안을 잠시나마 잊을 수 있는 심리적 보상과 관계된 것이다. 그렇기에 맞불집회 장소에 노년 세대가 언론이나 촛불집회에 참가한 사람들에게 보인 편집병적 현실 부정, 시대착오적 사고, 억지스러운 행동과 요구들은 청년 세대를 비롯한 대다수 시민들에게 공존하기 힘든 별종으로 받아들여지며 세대 간의 혐오와 적대의 악순환을 강화하고 있다.

그런데 사회학자 전상진은 탄핵을 두고 전개된 광장의 대립에서 정치적 사건에 처해 등장한 노년 세대의 정치 세대화를 청년 세대와 노년 세대의 세대 갈등이라고 주장하는 것에 문제를 제기한다. 대통령 탄핵 사건을 세대 갈등으로 몰고 가는 것은 문제 인식이 잘못되었다는 것이다. 그는 촛불집회는 세대 싸움이 아니라 "민주주의와 법치주의의 문제임을 인식"[21]하여야 한다고 주장한다. 그는 노년 세대의 정치 세대화를 바탕으로 세대 갈등을 부추기고 특정 세대를 자신의 지지층으로 만들려는 전략과, 문제 해결에 힘쓰기보다는 책임을 회피하고 전가하기 위해 반대 세력을 비난하려는 의도를 가진 누군가가 세대 갈등을 부추기고 있다고 말한다. 그러면서 전상진은 '세대 게임'이라는 개념을 들고 와서 21세기 한국 사회의 세대 문제에 대한 새로운 인식틀을 제안한다. 그가 말하는 '세대 게임'은 게임을 관장하는 플레이어가 있기 마련이고 이들은 세대 당사자들에게 세대 갈등을 조장하고 부추겨 지자자의 환심을 사거나 어떤 세대를 비난함으로써 책임을 회피하고 전가하며 자신의 정치적 이익에만 관심이 있다는 것이다. 예를 들어 박근혜 대통령

21 전상진, 앞의 책, 275쪽.

탄핵 국면에서 정치 집단화된 노년 세대의 부상은 세대 게임의 플레이어들이 활성화한 노년 세대의 분노와 배신의 정치 감정에 의한 것이다. 또한 21세기 한국 정치계에서는 진보 세력이 청년친화적 세대 게임을, 보수 세력이 고령자 친화적 세대 게임을 선호하였다. "노무현 신화"가 전자의 예라면 '선거의 여왕 신화'는 후자의 전형적인 예이다.[22]

이처럼 세대 게임은 대중들이 당면한 문제를 "세대 프레임"[23]으로 바라보게 만드는 것으로서 대중들은 세대 갈등이라는 강렬한 불빛에 현혹되어 엉뚱한 곳만 주시하게 된다. 문제의 해결책을 찾지 못하지만 어쨌든 자신은 무엇인가를 하고 있다는, 자신의 기분에 따라 움직이는 것에 만족할 뿐이지 발생한 문제에 대한 이성적인 해결과는 전혀 관련이 없다.

21세기 한국 사회의 중심 갈등 중 하나인 세대 갈등[24]은 세대 간의 극

22 전상진, 같은 책, 252쪽 참조.

23 전상진은 세대 게임을 설명하기 위해 커뮤니케이션 이론가 파울 바츨라비크(Paul Watzawick)의 우화를 가져온다. 우화의 내용은 이렇다. "술 취한 행인이 가로등 아래에서 뭔가를 찾고 있어 그를 돕기 위해 경관이 다가갔다. 행인이 찾는 열쇠는 아무리 찾아도 없는데 경관이 '여기서 열쇠를 잃어버린 것이 맞냐'고 묻자 취객은 '아니요, 여기가 아니라 저기에서 잃어버렸다'고 말한다. 그런데 '저기는 가로등이 없어서 너무 어둡고 안 보이면 못 찾는다'고 대답한다. 열쇠가 가로등이 비추는 곳에 있지 않다는 것을 알면서도 불빛을 벗어나려 하지 않는다. 어차피 찾지 못할 테니까." 전상진, 같은 책, 22-23쪽 참고. 이를 세대 갈등과 관련하여 본다면 사회 현안을 세대 문제로 해석하는 프레임이 가로등 역할을 하고 있는 것이다.

24 사회통합위원회에서 주관한 조사에서 사회 갈등의 심각성에 대한 시민들의 체감지수가 높게 나왔는데 사회 통합에 대한 부정적 영향이 심하다고 답한 응답자 수가 계층 갈등의 경우 3/4, 이념 갈등과 노사 갈등의 경우 2/3, 세대 갈등의 경우 1/2에 달했다. 기존 사회 갈등과 달리 세대 갈등이 최근 주목받고 있다. 노대명, 「미완의 민주주의와 사회권의 위기」(《기억과 전망》 22, 2010), 63-108쪽 참고.

심한 분열과 혐오의 악순환으로 치달아 가고 있다. 저출산과 고령화라는 인구학적 구조에서 비롯하는 사회경제적 문제에서 기인한 것이기도 하지만 혼란스러운 세대 갈등 상황을 냉정하게 바라보게 되면 우리 사회가 당면한 문제의 해결점을 근본적이고 이성적으로 모색하기보다는 누군가에 의해 조장되고 부추겨지는 세대 프레임 속에서 대중들이 허우적대고 있음을 알 수 있다. 전상진이 지적하듯 세대 갈등에 적극 참여하기보다는 전개되고 있는 세대 갈등 상황에 대해 '주저하고 의심하면서' 정치적 효용에 조종되는 세대 게임의 논리를 이해하는 것이 우리에게 필요한 것이다. 21세기 한국 사회에서 극단적인 세대 갈등이 야기하는 분열과 혐오의 악순환을 끊을 수 있는 가능성은 이성적인 냉정함을 되찾는 것에서부터 시작된다.

이와 함께 21세기 한국 사회에서 세대 갈등의 중심축으로 이해되는 청년 세대와 노년 세대가 처한 사회적 상황을 좀 더 면밀하게 들여다보는 것이 필요하다. 나날이 심화되는 경제적 불평등과 사회적 격변 속에서 미처 세대적 주체로 자리매김하지 못하는 청년 세대의 내면을 파악하고, 사회적 소외와 배제의 구조 속에서 심각한 박탈감을 안고 살아가는 노년 세대의 심리적 상처를 이해함으로써 세대 갈등이 야기하는 불신과 혐오를 완화할 수 있는 가능성을 발견할 수 있을 것이다. 최근에 개봉된 몇 편의 영화들은 세대적 주체로서 당당하게 자리매김되지 못하는 청년 세대들과 비참한 노후를 보내고 시대착오적 사고를 가진 것으로 이해되는 노년 세대의 내면 세계를 이해하는 데에 도움을 준다. 「버닝」(이창동, 2018)이 미래의 전망이 불투명한 청년 세대가 자신들과는 처지가 다른 부유한 사람들이 보여주는 여유와 위선에 대해 폭발하는 분노를 그리고 있다면, 「소공녀」(전고운, 2017)는 심각한 거주난을 겪는 청년 세대가 다른 사람들의 시선에 아랑곳하지 않고 자신의 취향을 유지하면서 주변 사람들에게 따뜻한 온기를 불어넣어주는 삶을 희망하고 있음을 묘사하고 있다. 이 영화들은 서울로 대표되는 도심의 세계에서 밀려나거나 기생할 수밖에 없는 청년 세대의 경제적 곤궁을 전제하고 있으면서도 청년 세대의 심리적 불안의 개연성을 묘파하고 있고 그들의 희망이 부의 축적보다는 취향의 존중이라는 개성적인 면모에 있음을 이해할 수 있다는 점에서 의의가 있다고 하겠다.

한편 「죽여주는 여자」(이재용, 2016)는 병에 시달리며 죽음조차 선택하지 못하고, 감옥에서 고독하게 죽어가는 노년 세대의 무기력하고 비참한 노후를 그리고 있고, 「미스 프레지던트」(김재환, 2017)는 빈곤한 삶에서 국민을 구출했다고 믿는 박정희 대통령에 대한 강한 흠모와 믿음으로 현재의 삶을 견디고 있는 노년 세대의 정서를 묘사하고 있다. 이 영화들은 서울 한복판에서 살지만 그늘지고 소외된 곳에서 거주하는 노년들이 노후에도 연명하기 위해 몸을 팔거나 죽음을 앞둔 두려움에 떨고 있음을 사실적으로 그리고 있고, 노년들이 과거에 경험했던 국가적 단합의 열정을 회상하며 현재의 상대적 박탈감과 사회적 소외에서 벗어나고 싶어하는 노년의 욕망이 정치적 세력화와 연결되어 있음을 알 수 있게 해준다는 점에서 의의가 있다.

3 맺음말

개인의 개성적 면모에 대한 관심보다는 집단적 이해 관계에 따라 특정 시기 사회 현상을 설명하는 것에 익숙한 현대 한국 사회에서 역사적 경험을 중심으로 어떤 특성을 공유하고 있다고 가정되는 '세대'를 중심으로 시대의 변화를 설명해 온 것에 친숙하다. 그래서 그동안 한국에서 세대 연구는 세대의 명칭, 범위, 특정 세대의 속성을 탐구하면서 현대 한국의 변화상을 규명해 왔다. 특히 1990년대 이후 '민족'으로 수렴되는 집단 정체성에 관한 논의가 세계화 시대에 잘 맞지 않는 것 같고, '계급'으로 설명하기에는 이념적인 부담감이 크기 때문에 '세대'를 중심으로 한국인의 정체성을 규명하려는 논의가 활발하게 전개되어 왔다.

근대 유럽에서 세대 연구의 선구자로 알려진 칼 만하임이 주장하듯이 인구학적 신진대사의 순환이 가져오는 사회 변동은 필연적이며 구세대와 신세대의 세대 교체 과정에서 발생하는 세대 갈등 역시 자연스러운 것이다. 그런데 21세기 한국 사회의 세대 논쟁은 전통적인 세대 연구의 방법에서 조망되지 않았던 새로운 문제들이 전개되고 있다. 청년 세대가 세대적 주체로 제대로 자리매김하지 못하는 21세기 한국의 경제적 상황은 과거 전례가 없는 노년 세대의 정치적 부상과도 연관되며 표면적으로는 청년 세대와 노년 세대의 세대 갈등이 첨예화되고 있는 것으로 보인다. 장기화되고 있는 경제적 불황이 미래에 대한 전망을 지속적으로 암울하게 만들면서 청년 세대와 노년 세대 간의 불신과 혐오가 심각해지고 있는 것이다. 특히 2016년 겨울 대통령 탄핵 사건을 계기로 세대 갈등은 한국 사회의 대표적인 갈등으로 부상하였다. 그렇지만 현재 한국에서 전개되고 있는 세대 갈등을 냉철하고 이성적인 시선으로 들여다본다면, 누군가에 의해 조장되는 면이 농후하다는 것을 알게 된다. 무엇보다 특정 사안들을 세대 프레임으로 보게 만들어 자신들의 정치적 이익을 노리고 있는 세대 게임 플레이어들이 현재 세대 갈등의 상황을 증폭시키고 있는 것이다. 이와 같은 '세대 게임'의 양상을 대중들이 이해하게 될 때 사회적 분열과 혐오의 악순환을 끊어낼 수 있게 될 것이다.

사실 21세기 한국 사회는 모든 세대가 심리적으로 위축되고 심각한 스트레스를 겪는 피로사회이다. 대학 입시 때문에 10대 청소년들은 발랄한 상상력을 발휘할 기회조차 많지 않고, 20-30대 청년들은 경제적 불황에 따른 취업난 때문에 자신들의 꿈을 잃어가는 'N포 세대'가 되었으며, 직장 내에서 살아남기 위해 야근과 특근을 마다하지 않는 40-50대는 불안한 노후를 걱정하고 있다. 60대 이상 노년들은 사회적 소외와 배제의 분위기 때문에 심각한 박탈감과 비참한 죽음에 대한 두려움을 안고 살아간다. 21세기 한국에서 살아가는 모든 세대가 피로하고 위축된 상황이기 때문에 집단적으로 예민하여 자신들의 불안과 원한을 다른 세대에게 투사함으로써 스스로를 정서적으로 위안하고자 하는 생리가 만연해 있는 것이 사실이다. 이러한 때일수록 세대 갈등 상황에 대해 주저하고 의심하면서 이성적인 냉정함을 갖는 것이 필요하며, 세대 간 소통과 교류를 시도함으로써 특정 세대에 대한 관심과 이해를 갖는 것이 무엇보다 중요함을 인식해야 할 것이다.

도시는 한 순간도 멈춰 있지 않는다. 도시는 늘 변한다. 우리가 알아차릴 수 없을 만큼 사소한 변화들이 대부분이지만, 때로는 삶의 전반을 강타할 만큼 커다란 흔들림이 도시 전체를 덮치기도 한다. 전 세계를 뒤흔들고 있는 코로나 바이러스처럼 불과 몇 개월 만에 근대 도시라는 거창한 현상을 의심하게 만드는 일도 있다.

수년 전, 혹은 수십 년 전에는 생각하지 못한 일들이 도시라는 곳에서 일어난다. 마치 물에 퍼져나가는 잉크방울처럼 변화의 방향은 시시각각 변한다. 학자들은 이런 변화를 다시 거슬러 올라갈 수 없다는 의미에서 비가역, 단순한 방향을 가지지 않는다는 뜻으로 비선형이라 부른다. 게다가 도시의 성쇠는 그 도시의 근면함과 상관없어 보일 때도 많다. 때로는 믿어 의심치 않았던 도시의 번영이 상상할 수 없었던 국가적, 지구적 사건들에 의해 무너지기도 한다. 이제는 도시가 하나의 총체라 말하는, 작은 태아에서 시작해 성장한 어떤 개체인 듯이 묘사하는 직관적인 상식도 의심받고 있다. 어쩌면 우리는 거대한 과정의 일부를 떼어내 도시라 부르고, 경험하고, 종국에는 원래 있었던 것인 양 믿어버린 것은 아닌가? 그리하여 '누가 죽어가는 이 도시를 좀 살려주시오!' 라고 생각하게 된 것은 아닌가.

도시쇠퇴 이데올로기와 도시재생

—재생을 넘어 전환으로

김동완

1 들어가며

(1) '도시재생'의 시대

우리는 도시재생 시대에 산다. 담론을 들여와 논의하기 시작한 지 20여 년, 정부 사업으로 도시재생이 등장한 지 10여 년 만의 일이다. 항간에는 얼마나 가겠냐는 의심도 있었다. 정책 수명 5년에 익숙해질 참이었으니 그럴 만도 하다. 그런데 여야가 바뀌고, 위정자가 바뀌어도 도시재생의 기치는 굳건하다. '뉴딜(New Deal)'이란 슬로건이 붙기도 했다. 더는 부정하기 어려운 시대정신인 것처럼 보인다. 대부분의 사람에겐 기사에서 자주 보는, 혹은 어느 회사 면접 자리에서 나올 법한 시사용어가 하나 더 생긴 일이겠지만, 이 분야 연구자들에게는 거대한 시장이 열린 희대의 사건이다.

도시재생 연구 동향을 메타 분석한 김환배 · 이명훈(2016)의 연구에 따르면 2001년부터 2015년 사이에만 91종의 주요 국내 학회지에 467편의 논문이 실렸다. 2016년 도시재생 뉴딜 사업 선언 이후에는 논문의 양이 훨씬 늘었다. RISS라는 연구 지원 플랫폼에 들어가서 "도시재생"을 검색해 보라. 지금 검색한 결과 국내 학술지 논문 수는 1,972건이다. 아마 이 글을 읽는 독자가 손수 찾아보는 그때엔 2천을 훨씬 넘어섰을지도 모르겠다. 좋으나 싫으나 도시 연구자에게 도시재생 연구는 숙명인 것 같았다.

처음 도시재생이 내 귀에 들어온 건 2006년 무렵이다. 영미권 학자들이 창조 계급(creative class),[1] 창조 도시(creative city)[2]에 관한 글을 쏟아낼 때였다. 도시재생은 창조 계급이나 창조 도시를 견인하는 조건이었다. 거꾸로 도시재생에 필요한 무기가 창조성이었다 해도 크게 틀리지는 않을 것이다. 그렇다면 그때 미국, 영국, 캐나다 등에서 창조성 개념에 열을 올린 이유가 무엇일까? 플로리다가 분명히 지적하고 있듯이 그들 사회에서 창조 경제와 창조 계급이 등장한 것은 선택이 아닌 필연이었다.[3] 탈물질적 가치의 확산과 산업구조의 고도화라는 곱상한 표현 뒤에는, 노동집약적 산업부터 첨단 제조업까지 한국, 대만, 중국 등에 내어준 그네들의 몸부림이었다. '창조'라는 낭만적 이미지 너머에는 '생존'이라는 구조적 변수가 있었다. 비슷한 시기에 유행했던 도시재생은 '쇠퇴하는 도시'에 대한 위기감이 만들어낸 생존의 기술이었다.

산업지리, 혹은 경제지리의 구조는 늘 변한다. 변화는 전 지구적인

1 리처드 플로리다, 이길태 옮김, 『창조적 변화를 주도하는 사람들』(전자신문사, 2002) 참조.

2 찰스 랜드리, 임상오 옮김, 『창조도시』(해남, 2005) 참조.

3 리처드 플로리다, 같은 책 참조.

동시에 국가적, 지역적, 국지적이다. 복잡해 보이지만 어려운 이야기는 아니다. 일례로 애플의 아이폰을 생각해 보자. 애플은 누가 보아도 전 지구적인 스케일에서 움직이는 기업이다. 애플의 대표 상품 아이폰을 생산하는 폭스콘은 대만의 기업이다. 그리고 폭스콘의 공장 중 하나는 중국 정저우에 있다. 정저우의 폭스콘 노동자나 그의 가족들, 그리고 그들이 지탱하는 지역 주민들에게 아이폰은 매우 지방적인 제품이다. 만약 아이폰 판매가 저조해지거나, 애플 본사에서 생산 네트워크를 변경하거나, 폭스콘에서 다른 국가에 있는 공장으로 생산라인을 이전한다면 정저우 주민의 삶은 직접적으로 영향을 받는다. 정저우 공장의 영향을 받았던 주민들에게는 큰 변화다. 반대로 그 라인이 이전해 간 곳의 주민들에게도 큰 변화다. 이 과정 전체는 최소한 지리적 차원에서 좋다/나쁘다로 판단할 수 없다. 가치평가는 주관적이다. 경계 짓고 구획해야만 평가할 수 있다. 그런 의미에서 진단과 평가는 영토적이다. 어느 영토에 설 것인지 구획하고 입장을 정해야 가능하다.

도시의 쇠퇴, 장소의 쇠퇴를 가늠하는 평가와 판단은 영토의 문제이며, 때문에 권력의 문제이다. 영역을 나눈 다음에는 어떤 기준을 선택할 것인지가 문제다. 어떤 장소나 도시의 쇠퇴는 누구나 납득하는 당연한, 혹은 우연한 결과가 아니다. 도시나 장소에 대한 판단 기준은 그곳에 살아가는, 혹은 그곳을 알고 있는 사람의 수만큼이나 다양하다. 특정 개념을 적용해서 판단하는 데에는 정치가, 권력이 작동한다. 사람들이 쇠퇴했다고 믿도록 만드는 작업이 그리 간단하지는 않다. 여기에는 지식, 제도, 미디어 등이 필요하다. 이 과정은 정치적이며, 자연히 권력관계를 내재한다. 그래서 질문해야 한다. 바로 지금 여기서 쇠퇴는 왜, 어떻게 문제시되었는가?

(2) 도시쇠퇴의 이데올로기적 성격

1970-1980년대 민중미술가로 이름을 날린 오윤은 「가족 II」(1982)라는 작품을 남겼다. 화면을 정면으로 응시하는 가족 모두가 굳게 입술을 다문 채 표정 없이 서 있는 이 작품이 「행복의 모습」이란 제목을 걸었던 전시에 걸렸다는 점은 역설적이다.[4] 그림은 여공, 버스 안내원, 깡깡이공, 수험생, 중식 배달원, 일용직 노동자 등 다양한 직업을 가진 도시의 자녀와 그 가운데 농촌의 부모를 대비시켜 가족의 해체를 이야기한다. 그림에서 재현된 산업화는 자식 세대의 이주를 일으킴으로써 전통적 가족 모델을 해체했다. 농촌의 부모와 도시의 자녀라는 새로운 공간 패턴이 1980년대 가족의 전형으로 자리 잡는다. 이촌향도와 가족의 공간 분리, 여기까지가 익히 들어온 이야기의 전형이다.

그런데 과연 1960년대까지의 농촌, 어촌은 전혀 도시적이지 않은 곳이었을까? 그림의 아버지처럼 모든 경제 활동을 농업에 의지하는 시대였을까? 질문을 바꿔보면, 우리가 흔히 아는 산업 도시가 1960년대 이전에도 도시의 명성을 날렸을까? 요즘 쇠퇴 도시에도 이름을 올리고 있어 헷갈릴지 모르겠지만, 지금 우리가 농촌이나 어촌이라 생각하는 지역에도 목포나 군산처럼 꽤 잘 나가던 도시들이 있었다. 이 도시들은 1960년대 이래 산업화의 세례를 받지 못하고 인구를 잃었던, '쇠퇴하던' 도시였다. 인구를 잃고 고용을 잃고—도대체 무엇을 의미하는지 알

4 오윤은 이 작품을 '현실과 발언'의 제3회 동인전(1982. 10. 16~22, 덕수미술관) 「행복의 모습」에 출품했다. 그의 작품에 관해서는 전병윤(서울대학교 석사학위 논문, 2012, 58쪽)을 참고했다.

수 없는 표현이지만—활기를 잃던 도시다. 물론 시간을 더 거슬러 올라가면 상주, 나주, 원주 같은 도시는 더 일찍이 '쇠퇴했던' 도시다. 그렇다면 과거의 쇠퇴와 현재의 쇠퇴, 20세기의 도시쇠퇴와 21세기의 도시쇠퇴 사이에는 어떤 차이가 있는가? 별 관심 받지 못하던 과거의 쇠퇴와 시대적 소명이 된 현재의 쇠퇴 사이에는 어떤 차이가 있는가? 경제성장과 계층 상승의 희망이 있던 젊은 한국과 인구 감소, 고령화 위기에 놓인 수도권 일극(一極)의 한국엔 분명한 차이가 있다. 다만 희망과 위기는 그 자체로 존재하는 것이 아니라 인식의 간극이다. 국민적 인식은 정치와 언어의 공간이다. 그리고 희망과 위기의 근거가 되는 지리적 단위가 도시나 지역, 동네일 경우에는 특별히 그렇다.

보통 경제가 성장한다거나 쇠퇴한다고 할 때 특별한 단서가 없으면 쇠퇴의 단위는 국가다. 국가 경제의 쇠퇴에 대한 보편의 감각은 아마도 GNP/GDP, 고용률, 소득 등의 하락일 것이다. 우리는 이미 익숙한 국가의 지표 하락을 통해 쇠퇴한다고 느끼게 된다. 이들 지표의 하락과 자신의 삶을 구체적으로 연결시키긴 어렵지만 그렇게 믿는 것은 우리 모두에게 정상적인 일이다. 그것은 국가 영토의 견고함에 있다. 물리적으로나 제도적으로 국가의 경계는 현존하는 어떤 경계보다 강고하다. 그 경계를 유지한 시간만큼 우리 의식 속에 그리는 영토에 대한 이미지도 뚜렷하다. 이 지리적 단위를 나타내는 지표 변화를 나와 우리의 문제로 여기는 것은 지극히 당연하다. 그런데 지역이나 도시를 두고 평가하는 것은 국가 단위의 평가와는 차원이 다른 이야기다. 후에 자세히 논의하겠지만 지난 수년간 도시쇠퇴를 진단했던 지표에는 인구, 고용, 건물 노후도가 있다. 거칠게 말하면 인구와 고용이 줄고, 건물이 낡았으면 그 도시가 쇠퇴했다는 것이다. 수년 전부터는 빈집을 새로운 쇠퇴의 지표로 보려는 시도도 크게 늘었다. 그러나 쇠퇴의 단위, 쇠퇴의 경계는 복잡한 문제다. 국가의 경계와 달리 도시의 경계는 모호하다.

도시는 명확한 경계를 가지고 있지 않다. 수많은 네트워크가 가로지르는 위에 자리 잡은 어떤 밀도, 상태, 상호작용 등이 도시의 실체다. 자신이 살고 있는 도시를 생각해 보라. 경계를 획정하기 쉽지 않을 것이다. 도시의 경계를 정하는 일이 이럴진대 도시 내에서 특정 구역의 쇠퇴를 단정할 수 있겠는가. 문제의 본질은 '쇠퇴하는 도시'가 아니라 산업의 지리, 경제의 지리에 발생한 변화다. 글로벌, 국가, 지역, 도시 등에서 나타나는 이른바 공간 분업의 변화가 주조해 낸 도시적 현상이다. 정치지리학의 오랜 교리처럼 경계 짓는 행위는 인위적이고 정치적이다. 선긋기에 따라 쇠퇴하는 지역이 될 수도, 답보하고 있는 곳이 될 수도 있다. 구획하는 정치 행위 자체가 잘못이고 비판받아야 한다는 말이 아니다. 다만 쇠퇴를 경고하는 종소리가 온전한 진실을 전해 주지는 않는다는 의미다. 이런 의미에서 도시쇠퇴는 만들어진 현실이다.

공간에 관한 정치적 구도는 여기/우리와 저기/그들의 대립, 혹은 경쟁이다. 이른바 지역주의 정치 구도는 이런 논리에 기대고 있다. 그러나 쇠퇴 도시의 정치와 정책은 현재의 여기/우리를 과거의 여기/우리와 대면시킨다. 쇠퇴의 정치에서 인구, 고용, 건물의 시계열 지표는 여기 사는 우리의 쇠락을 증명한다. 국가가 하향식으로 추진하는 도시재생은 이 판의 간판 프로그램이다. 이 게임에서 국가는 전국에 균일한 기준을 적용한다. 때로는 시군구, 읍면동 행정경계를 활용해 외부에서 평가하도록 하고, 때로는 지방정부 스스로 일부 구역을 지정해 쇠퇴를 증명하도록 한다.

(3) 도시재생, 복고의 깃발인가?

도시재생은 국가가 주도하는 '도시쇠퇴' 진단에 대한 국가적 대응이다. 쇠퇴와 재생의 대응이 아니라 쇠퇴 진단과 재생 사업의 대응이다. 말장난 같지만 둘 사이에는 큰 차이가 있다. 전자의 대응은 저만치 이미 존재하는 둘의 관계지만, 후자는 어떤 작용의 관계를 말한다. 물론 진단과 재생의 주어는 국가다. 정부와 공기업이 주도한 진단에, 정부가 주도한 도시재생 사업이다. 2013년 도시재생 테스트베드 사업부터, 더 멀리는 2000년대 중반 연구 사업부터 지금까지 그리 짧지 않은 시간 동안 진단-재생의 국가적 작용이 있었다. 또한 그만큼 많은 논의와 연구가 있었다.

수많은 연구가 쌓여 있는 도시재생 연구 분야를 일괄 정리하기는 어렵겠지만, 거버넌스, 경제적 성과, 역사 · 문화 자원 활용 방안, 지속가능한 시스템 개발 등 네 가지 범주로 좁혀볼 수 있다.[5] 도시재생을 성공시키기 위한 거버넌스 구조가 무엇인지, 마찬가지 이유에서 역사 · 문화 자원을 어떻게 이용할 것인지, 도시재생 사업의 경제적 성과는 무엇인지, 끝으로 도시재생을 지속하기 위한 방안은 무엇인지를 논구하는 글이 도시재생 연구의 큰 흐름이다. 대체로 도시재생 과업을 수행하는 방식에 연구의 초점이 있다. 여느 정책 연구 영역과 마찬가지로 도시재생을 달성하기 위해 필요한 최적의 대안을 찾는 일이 도시재생 연구의

5 기존 도시재생의 유형에 관한 논의는 다음의 글을 참조했다. 박종문 · 김지혜 · 윤순진, 「도시재생에 대한 국제 연구 동향과 국내 정책결정자 담화 분석」(《도시행정학보》, 31(2), 2018), 31-59쪽.

본령처럼 보인다. 검색 리스트를 가득 채운 도시재생 관련 논문은 거의 모든 학문 분야를 망라하며, 다루지 않은 주제가 없어 보인다. 그런데 이상하게도 중요한 질문 하나는 모두 비껴간다. 바로 도시재생의 목적이다. 도대체 왜 우리는 도시를 재생시켜야 하는가? 계획의 목적, 그 최종 상태는 무엇인가?

우리에게 도시를 재생한다는 것이 무슨 의미인가? 그리고 우리는 왜 도시재생을 해야 하는가? 하루가 멀다 하고 미디어가 전하는 도시재생 현장의 불만은 결국 도시재생의 목적에 관한 합의의 부재에서 기인한다. 오랜 기간 정부 사업으로서 도시재생을 추진했던 국책기관의 한 연구자는 도시재생의 성찰에 관한 글에서 다음과 같이 쓰고 있다. "도시재생특별법 제정 후 5년째로 접어든 도시재생 현장에서 직간접적으로 고군분투하고 있는 주체들을 만날수록 서로에게 공통적으로 던지는 질문이 있다. '왜 나는 도시재생을 하고 있지?'라는 질문이다."[6] 개인적 술회지만 이만한 증언이 또 있을까. 이것은 수년 전 김혜천이 당시의 연구와 실천을 평가하며 쓴 논문 서두에 던졌던 질문이며, 조명래가 서구 사례를 소개하기에 급급한 한국의 정책 토양을 비판한 배경이기도 하다.[7]

지금까지 도시재생의 의미나 성공에 대한 근본적 논의는 중앙정부의 강력한 정책 드라이브에 밀려나 있었다. 그리하여 지금 우리가 손에 쥐고 있는 도시재생의 목적은 소위 도시재생법이라 부르는 '도시재생활성화및지원에관한특별법'(이하 재생법)의 무색무취한 언술뿐이다. 그 법에서 말하는 도시재생의 목적은 "인구의 감소, 산업구조의 변화, 도

6 이영은, 「도시재생의 목적, '성장'인가 '지속'인가?」(《공간과 사회》 65, 2018), 6쪽 참조.

7 도시재생의 목적에 관한 비판은 다음 연구를 보라. 조명래, 2011. 김혜천, 2013.

시의 무분별한 확장, 주거환경의 노후화 등으로 쇠퇴하는 도시를 지역 역량의 강화, 새로운 기능의 도입 · 창출 및 지역자원의 활용을 통하여 경제적 · 사회적 · 물리적 · 환경적으로 활성화시키는 것"(재생법 2조 1항)이고, 재생의 대상은 인구 감소, 산업 쇠퇴, 교외화, 도심 공동화 등을 겪고 있는 도시다.

모호한 표현이지만 모호함을 이유로 비난하려는 것은 아니다. 대체로 법률적 정의가 가지는 특성이기도 하거니와, 해외 연구에서도 이런 식의 정의가 드물지 않기 때문이다. 국내 도시재생 문헌에 곧잘 인용되는 프랑코 비안치니(Franco Bianchini)도 도시재생을 "경제적, 환경적, 사회적, 문화적, 상징적, 정치적 차원을 포괄하는 복합적 개념"이라고 말한다.[8] 그만큼 어렵고 복잡한 주제이기 때문에 포괄적이고 개방적인 개념화가 불가피하다. 또한 모호함은 개별 장소들이 가지는 특성과 맥락을 반영하는 개념화 전략이기도 하다. 그러나 한국과 같이 국가 주도로 설계한 전국적 정책이 하향식으로 균일하게 집행될 때는 별개의 문제다. 모호한 정책 목표에도 불구하고 도시재생을 일사불란하게 진행할 수 있었던 배경에는 무엇이 있을까?

우리는 그 단초를 쇠퇴에 대한 명쾌한 정의에서 발견할 수 있다. 국가 도시재생 사업이 지향하는 공간은 불분명하지만, 문제시 하는 공간은 명료했다. 그것이 목표로 하는 상태가 아니라 벗어나고자 하는 상태를 구체적으로 그렸다. 본고에서는 지금껏 모호하게 남아 있는 도시재

8 Franco Bianchini, "Culture, conflict and cities: issues and prospects for the 1990s", F. Bianchini & M. Parkinson(Eds), *Cultural Policy and Urban Regeneration: the West European experience*(Manchester: Manchester University Press, 1993), 211쪽 참조.

생의 목표 대신 처음부터 선명했던 문제적 공간에 주목한다. 쇠퇴 담론이 생산하는 공간을 개념적으로 독해하고, 그것의 이데올로기 특성을 해석함으로써, 도시재생 사업에서 진술된 적 없는 공간 생산을 설명하는 것이 이 글의 목적이다.

(4) 개념, 그리고 방법[9]

원활한 논의를 위해 이 글이 취하는 세 가지 주요 개념을 소개한다. 바로 공간 선택성(spatial selectivity), 영역(혹은 영토, territory), 스케일(scale)이다. 세 개념은 모두 사회적 공간을 이해하는 틀로서, 흔히 공간에 대해 가지고 있는 빈 용기의 이미지에 대한 비판적 개념이기도 하다. 먼저 공간 선택성은 마틴 R. 존스(Martin R. Jones)와 닐 브레너(Neil Brenner) 등 국가의 공간성을 연구하는 학자들이 봅 제솝(Bob Jessop)의 전략 선택성 개념을 공간에 적용해 고안한 개념이다.[10] 전략과 프로젝트의 선택성이 국가의 성격을 규정한다는 제솝의 논리를 따라 공간의 사회적 성격과 형태 역시 그 공간에 투사되는 전략과 프로젝트에 의해 규정된다는 논리이다. 거꾸로 이 개념에 따르면 특정한 전략과 프로젝

9 이 부분은 다소 학술적인 개념과 방법을 설명하는 대목이다. 연구자가 아니라면 읽기 중에 생략해도 무방하다.

10 Martin Jones, "Spatial selectivity of the state? The regulationist enigma and local struggles over economic governance", *Environment and Planning A*, 29(5), 1997, 831-864쪽; Neil Brenner, *New state spaces: urban governance and the rescaling of statehood*(Oxford University Press, 2004); 봅 제솝, 유범상 · 김문귀 옮김, 『전략관계적 국가이론』(한울, 2000) 등 참조.

트는 특정한 공간을 선택하거나 특정한 공간 형태를 필요로 한다는 앙리 르페브르(Henri Lefebvre)식의 독법[11]도 가능하다.[12] 여기서 선택은 명시적인 것만을 의미하지 않는다. 보편적 전략이나 프로젝트처럼 보이는 경우에도, 혹은 특수한 지리적 선호를 표명하지 않는 경우에도 공간 선택성은 발현할 수 있다.

자연스레 질문은 선택당하는 공간을 어떻게 구획하느냐로 이어진다. 분절 없는 공간이라면 선택한다는 의미가 없다. 우리가 호명하는 공간을 임의로 선택 대상으로 삼을 수도 있지만, 사회학적으로 의미 있는 공간들을 구별해 낼 매개변수가 있다면 훨씬 효과적으로 개념을 운용할 수 있을 것이다. 여기서 등장하는 매개변수가 영역(혹은 영토, territory)과 스케일(scale)이다. 영역에 대한 선택성은 역사적으로 불균등 발전론에서 다뤄왔던 것이기 때문에 상대적으로 이해하기가 쉽다. 어느 지역, 어느 도시가 성장하고 쇠퇴했느냐의 문제는 대체로 영역 매개변수를 통해서 설명해 왔고, 대부분의 사람들이 보편적으로 가지는 심상 공간이다. 반면 스케일은 일상적인 용례를 상당히 넘어서는 개념으로 확장되었기 때문에 설명을 요한다.

스케일(scale)[13] 개념은 인문지리의 전통에서 기원하는 것으로 이제는

11 이런 방식으로 전개되는 르페브르의 논리에 대해서는 다음의 책을 참고할 것. 앙리 르페브르, 양영란 옮김, 『공간의 생산』(에코리브르, 2011).

12 브레너에 따르면 공간 선택성은 "전략 경쟁의 산물인 국가 정책이 영토 공간상에 특정한 지리적 영역과 스케일을 목표로 차별화시키는 공간의 특권화와 접합 과정"이다. Brenner, 앞의 책, 89쪽 참조.

13 스케일의 번역어 역시 다소 애매한데, '규모'라 번역하기도 하고 '스케일'이라는 표현을 그대로 쓰는 경우도 있다. 본 연구에서는 규모라는 번역어를 쓰기보다는 스케일이

사회과학 전반에 두루 쓰이고 있다. 스케일은 본래 규모나 척도를 뜻하지만, 다양한 사회관계의 공간적 플랫폼으로서 개념화된다.[14] 지방, 도시, 국가 내 지역, 국가, 초국가적 지역, 전 지구(global)까지 스케일이 포괄하는 공간은 다양하다. 스케일에 대한 엇갈리는 입장들이 있지만 40여 년간의 논쟁과 연구를 통해서 대체로 합의되는 바는 다음 두 가지이다. 첫째 스케일은 절대적인 실체가 아니라는 점이다. 브레너에 따르면 "각각의 지리적 스케일은 수직으로 '뻗어 있고' 수평으로 '산개한' 사회 공간적인 과정 · 관계 · 상호 의존의 더 큰 격자망에서 그 스케일이 역사적으로 차지해 온 위치"[15]에 따라 구성된다. 사회적 공간을 다루는 여느 연구에서와 마찬가지로, 어떤 스케일도 주어진 것은 없으며, 모두 사회적 산물이다.

둘째, 스케일은 관계적이다. 사회적 공간이 연속적이고 매끈하다면 스케일 개념은 필요 없다. 세상에 스케일이라 부를 수 있는 공간 범주가 하나밖에 없다면 구태여 이름 붙일 이유도 없다. 사회가 울퉁불퉁하

라는 표현을 사용하도록 한다. 규모라고 표현했을 때 물리적인 크기로 뜻이 축소되는 경향이 있어 스케일이라는 표현으로 대신한다.

14 스케일에 대한 학술적 정의에 대해서는 다음의 고전적 논문들을 참고할 것. Peter Taylor, "A materialist framework for political geography", *Transactions of the Institute of British Geographers*, 7(1), 1982, 15-34쪽; Neil Smith, "Geography, difference and the politics of scale", Joe Doherty, Elspeth Graham, & Mo Malek(eds.), *Postmodernism and the social sciences*, *Springer*, 1992, 57-79쪽; Richard Howitt, "A world in a grain of sand: towards a reconceptualisation of geographical scale", *The Australian Geographer*, 24(1), 1993, 33-44쪽.

15 Neil Brenner, "The limits to scale? Methodological reflections on scalar structuration", *Progress in human geography*, 25(4), 2001, 606쪽 참조.

듯이 사회적 공간도 불연속적이고 얼룩덜룩하다. 각각의 스케일을 구성하는 사회적 관계들이 있고, 스케일 간의 관계가 다시 사회를 지탱하는 공간적 구조가 되므로 스케일은 관계적이다. 하나의 스케일에 가지는 의미와 역사는 스케일 분업 구조를 통해서만 이해할 수 있다.[16] EU 등장 이후 도시, 지역, 국가, 초국가적 지역 등 스케일 간 분업 구조가 크게 뒤바뀐 유럽의 경험이 대표적이다.

어떤 국가나 사회의 공간 선택성은 영역 조직과 스케일 간 분업 구조를 통해 그 모습을 드러낸다. 영역적으로 어떤 분포를 보이는지, 스케일 분업 구조가 어떻게 형성되는지 검토함으로써 비로소 공간 선택성을 규정할 수 있다. 물론 영역이나 스케일 외에도 공간 선택성을 표현할 수 있는 다른 개념도 있다. 이를테면 네트워크 분석에서 위세나 중심성도 좋은 매개변수가 될 수 있다. 다만 근대적 권력, 특히 균형이나 분권 같은 국가 권력의 언어가 영역-스케일의 틀을 따르는 경우가 많아 본 연구에서는 이들의 특장을 취하기로 한다.

글의 구성은 다음과 같다. 우선 도시재생의 사전 작업이었던 쇠퇴 진단 과정을 검토한다. 쇠퇴 진단은 국가가 기획한 일련의 도시재생 실천을 이끌었던 최초의 과업이다. 여기서 생산한 논리가 재생 사업 전반을 정당화했을 뿐만 아니라 이후의 진행 과정을 뒷받침하는 논리적 토대라는 점에서, 도시재생 정책 일반이 조형하는 공간의 형태, 즉 공간 선택성을 이해하기에 적실한 대상이다. 본 연구에서는 국가가 도시재생 사업에 본격 개입하는 2007년 무렵부터 진단 작업이 마무리되는 2013년까지 발간된 주요 보고서를 검토함으로써 쇠퇴 담론이 겨냥한 공간, 나

16 Brenner, 앞의 글, 605쪽 참조.

아가 그로 인해 생산된 공간을 살펴볼 것이다. 이외에 서울대학교 산학협력단에서 작성한 쇠퇴 도시 진단평가 보고서, 국토연구원 보고서 등을 참고자료로 활용한다. 또한 한국언론진흥재단의 빅카인즈 뉴스 분석 프로그램을 활용, 도시재생 관련 키워드를 분석해 국가 개입 이후 도시재생 담론의 변동을 간략히 추론한다. 글의 후반부에서는 쇠퇴 담론의 공간 선택성이 도시재생 사업에 미친 세 가지 이데올로기 효과를 검토할 것이다.

2 문제로서 도시쇠퇴, 그리고 도시재생

(1) 쇠퇴를 문제시하다: 국가 과업으로서 도시재생의 시작

도시재생 논의가 언제부터 시작되었는지 특정할 수는 없다. 다만 1990년대 말 경실련 도시개혁센터에서 발간한 책 『시민의 도시』(1997)나 몇몇 신문 지면에서[17] 도시재생을 공론화하기 시작한 것으로 보인다. 학계의 논의도 비슷한 시기에 시작해 2000년대 이후 활발해졌다는 견해가 일반적이다.[18] 1990년대 말부터 2000년대 초반까지 담론으로만 존재하던 도시재생은 2007년을 기점으로 정부 사업으로 변모했다.

정부 개입 초기 도시재생 사업의 지형은 현재와 달랐다. 당시에는 중

17 "21세기 문화상품이 승패를 좌우", 《매일경제》 1998. 04. 30. "새천년도시 〈1〉 시작하면서—人本 바탕 생태 중심 삶터로", 《부산일보》 1999. 06. 14.

18 박종문 · 김지혜 · 윤순진, 앞의 글; 김혜천, 앞의 글 참조.

앙정부가 아니라 인천시를 위시한 지방정부가 도시재생 사업을 주도했다. 특히 인천시는 2000년대 초반부터 인천발전연구원의 연구용역을 진행하며 도시재생 프로젝트를 빠르게 가시화했다.[19] 도시재생 분야에서 인천시가 두각을 보이던 2006년 건설교통부는 소위 10대 선도정책과제(Value Creator-10 사업)[20]을 발표한다. 이 R&D 사업을 계기로 흐름이 뒤바뀐다.

2007년 1월 국토해양부는 낙후 시가지와 구 도심지를 재생할 목적으로 대한주택공사 내에 '도시재생사업단'을 설치하고 1,500억 원의 예산 투입을 선언했다. 같은 해 7월에는 한국건설교통기술평가원에서 도시재생사업단의 향후 연구 로드맵을 작성한 보고서 『도시재생사업단 상세기획연구』[21]를 최종 제출하며 본격적인 R&D 사업의 추진을 예고했다. 도시재생사업단이 이후 사업 추진 과정에서 차지했던 주도적 지위와, 그 구성원들의 역할을 고려할 때 이 보고서의 의미는 매우 크다. 실제로 도시재생사업단은 상세기획연구에서 제안한 과제를 연차별로 수행, 도시재생 사업 전반의 R&D를 담당했고, 사업단에 참여한 연구진이 향후 수년간 도시재생 관련 학술대회나 학술 논문의 대부분을 주도

19 인천의 도시재생 연구용역에 대해서는 인천연구원 웹페이지(http://http://www.ii.re.kr)에서, 인천의 도시재생 사업 추진 실태에 대해서는 한국언론재단(https://www.kinds.or.kr)에서 쉽게 확인할 수 있다.

20 국토해양부의 VC-10 사업(연구개발사업)은 '도시형 자기 부상열차', '차세대고속철도', '해수담수화플랜트', '최고층복합빌딩', '지능형 국토정보', '초장대교량', '항공기 인증', '도시재생', 'U-Eco City', '스마트하이웨이'로 구성되어 있었다. 조명래, 앞의 글, 40쪽 참조.

21 이 연구보고서는 National Digital Science Library에서 찾아볼 수 있다.(http://www.ndsl.kr/; 최종접속일. 2019년 5월 14일)

했다.[22]

보고서는 도시재생사업단의 핵심 과제 네 가지를 제안한다. 그중 제2, 제3, 제4 핵심 과제는 각각 주거지 정비 관련 기법, 입체-복합 건설 기법, 성능-환경 복원 기술 등 개발 기법과 건설 기술을 포함하고 있다.[23] 반면 '쇠퇴 도시 유형화와 유형별 재생 기법 개발'이라는 제1주제는 향후 도시재생 전반을 정당화하고 재생의 골격을 구성하는 내용이었다. 보고서 상에서 '쇠퇴 도시 유형별 재생 기법 및 지원 체제 개발'이라고 되어 있는 제1 핵심 과제는 세 가지 세부 과제를 제안한다. 첫 번째는 도시쇠퇴 실태 조사와 해외 도시재생 시스템 조사다. 이를 위해서는 쇠퇴를 정량화할 수 있는 기준을 마련하고, 전국 시군구의 쇠퇴도를 평가해야 했다. 평가 결과는 쇠퇴 도시를 유형화해 각 유형에 적합한 재생기법을 마련하도록 하는 세부 과제로 이어졌다.

제1과제인 쇠퇴 진단에 주목하는 이유는 이 작업이 도시쇠퇴를 국가적 의제로 설정하는 한편 동질적 기준으로 전국의 도시를 평가하는 근거가 되었기 때문이다. 국가가 도시쇠퇴를 문제시하는 한편 쇠퇴를 바라보는 국가의 시선을 체계화하는 작업이었다. 이를 통해 전국을 동질적 평면 위에 놓고 정량 지표 중심으로 쇠퇴 지역을 지목할 수 있었다.

22 김혜천, 앞의 글, 4쪽 참조.

23 각 핵심 과제별 세부 과제는 다음과 같다. 먼저 제2과제는 주거지 정비 기법과 저비용 주택기술 개발을 세부 과제로 삼고 있었다. 동네 단위의 주거 환경 개선이 이 과제의 중심이다. 입체-복합 건설 기법 개발은 고층 개발을 위한 빌딩 건설 공법과 이를 사업화하기 위한 모델 개발로 구성되었다. 앞선 주거 지역 재생 기법에 비해 상업-업무 지역에 주안점이 있었다. 마지막 성능-환경 복원 기술 과제는 도시 구조물과 도시 환경 복원 기술, 도시 복합 에너지 시스템, 도시 안전 기술 개발에 초점을 두었다.

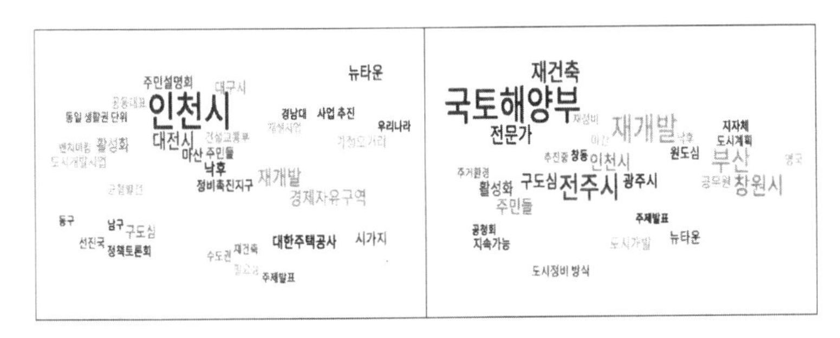

2000년 1월 1일~2007년 12월 31일, 총 267건

2008년 1월 1일~2012년 12월 31일, 총 4,108건 중 1,000건

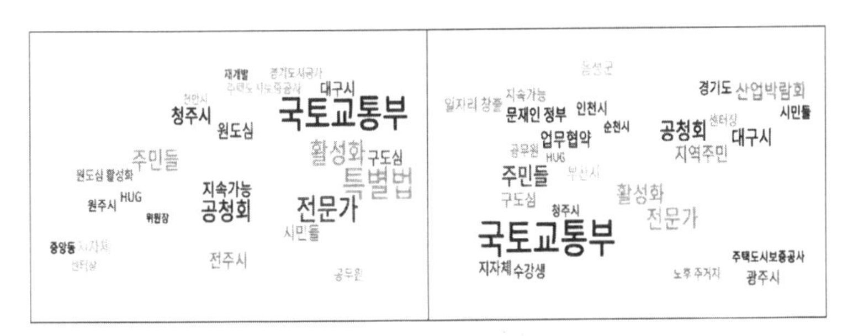

2013년 1월 1일~2017년 4월 30일

2017년 5월 1일~2019년 4월 30일

〈그림 1〉 주요 시기별 도시재생 연관어 분석. 출처: 한국언론진흥재단 빅카인즈 뉴스 분석

이처럼 2007년을 분기점으로 도시재생은 국가적 과업이 되었다. 그전까지 인천, 서울, 부산, 광주 등 대도시 지방정부가 주도하던 도시재생 사업의 성격이 바뀐 것이다.

〈그림 1〉은 한국언론진흥재단 빅카인즈 뉴스 분석 시스템을 활용해 연관어 분석을 시행한 결과이다. 시기는 크게 넷으로 나누었다. 첫 번째 시기는 2000년부터 2007년 사이로 지방정부가 도시재생을 주도하던 때이다. 두 번째는 2008년부터 2012년 사이 도시재생 사업을 국토해양부에서 적극 검토하던 시기이다. 세 번째는 재생법 제정 이후 박근혜 정부 시기이고, 네 번째는 문재인 정부로 바뀐 후 2019년 4월까지의 기간이

다. 전체 기사가 267건인 첫 번째 기간을 제외하고는 모두 1000건의 기사를 추출해 분석하도록 했고, 키워드에 대한 연구자의 편집은 없었다. 결과에서 우선 언급할 것은 기사량의 급증이다. 매체 수가 증가했으므로 숫자 자체를 액면 그대로 평가할 수는 없지만 증가세가 가파르다. 특히 마지막 구간은 가장 짧은 기간인데도 가장 많은 기사 건수를 기록하고 있다.

키워드에서 가장 인상적인 변화는 R&D 사업 시행 이후 국토해양부가 클라우드 상에서 가장 큰 키워드로 등장한 점이다. 이전에 인천시가 핵심 연관어였던 것과 비교하면 큰 변화이다. 이후 국토해양부, 국토교통부의 위치는 확고하게 유지되고 있다. 이와 관련해 2013년 재생법 제정 이후를 보여주는 세 번째와 네 번째 시기에, 중요 연관어로 등장한 '전문가'는 시사하는 바가 크다. 도시정부의 정치 과업이었던 도시재생이 중앙정부가 추진하는 균일한 행정 체계로 편입되었다는 측면에서 이해할 수 있다. 덧붙여 지역 범주의 부재도 특기할 사항이다. 예측 가능한 문제이긴 하지만 첫 번째와 네 번째 구간에 각각 수도권과 경기도가 작은 비중으로 등장한 것을 제외하면, 지역 범주의 연관어는 나타나지 않는다. 도시의 쇠퇴, 재생에 관한 담론 장에서 지역 범주는 밀려나 있는 모양새다. 전통적으로 지역이 불균등 발전과 공간 격차의 주요 범주였다는 점을 생각하면, 지역 범주의 부재는 재생 담론에서 지역적 정치 과정이 개입하지 못하고 있음을 방증한다.

(2) 쇠퇴 도시(심), 개념의 효과

우리는 이상에서 검토한 쇠퇴 진단을 쇠퇴 공간의 사회적 생산 차원에서 볼 수 있다. 지방정부가 쇠퇴 구역을 식별하던 작업이, 국가 스케일에서 쇠퇴 도시를 가려내는 과업으로 변화했다. 이것은 과거 낙후 지역 진단과는 다른 방식이었다. 낙후 지역은 공시적 차원에서 불균등이나 격차를 진단하는 개념이지만, 쇠퇴 지역은 통시적 차원에서 특정 도시에 한정된 경향성을 의미했다. 때문에 쇠퇴 진단은 기존의 지역 간 격차, 혹은 불균등 발전 논의와는 다른 방식으로 공간을 규정했다. 격차와 불균등이 상대적 평가 틀이라면, 쇠퇴는 절대적 평가 틀이다. 현재의 상태를 평가하는 기준이 외부에 있지 않고 도시의 과거에 있는 것이다.

격차는 지역 간, 도시 간에 비교 가능한 정량 지표를 세우고 그것의 차이를 비교하는 개념이다. 쇠퇴 진단과 마찬가지로 현상을 정량화해 기술한다. 그럼에도 불구하고 쇠퇴와 달리 도시 간, 지역 간 비교를 개념의 본질이기 때문에 상대적 박탈과 결핍을 다룬다. 우리 사회에서 흔히 보아왔던 정치적 쟁점이 되기에 충분하다. 도시, 지역, 국가, 나아가 글로벌 스케일에 이르기까지 구조적인 공간 선택성을 문제시하던 불균등 발전은 더 근본적인 질문을 던진다. 이를테면 격차나 쇠퇴가 발생하는 원인과 논리를 찾아나가는 개념 틀이 불균등 발전이다.

쇠퇴와 재생의 부상은 불균등 발전-균형 발전, 혹은 격차-균형의 문제 인식을 방해한다. 이는 문제 삼는 사회 공간을 해당 도시, 혹은 도심으로 국한시키기 때문이다. 국가 스케일에서 쇠퇴 지역을 가려내는 과업에서 수도권/비수도권의 구분이나 대도시/중소도시의 구분은 의미를 잃었다. 거대한 국토에 시군구, 읍면동이라는 평등한 개체들이 분포할 뿐이다. 나아가 쇠퇴라는 결과를 낳았던 불균등 발전의 구조에 대해 질문하지 않는다. 한 도시의 성장과 쇠퇴, 도시 내 특정 지구의 번영과 쇠락은 그 도시 내로 국한시킬 수 있는 대상이 아니다. 이데올로기로서 도시가 그랬듯이 쇠퇴 도시(심)는 또 다른 이데올로기로서 작동하여 실

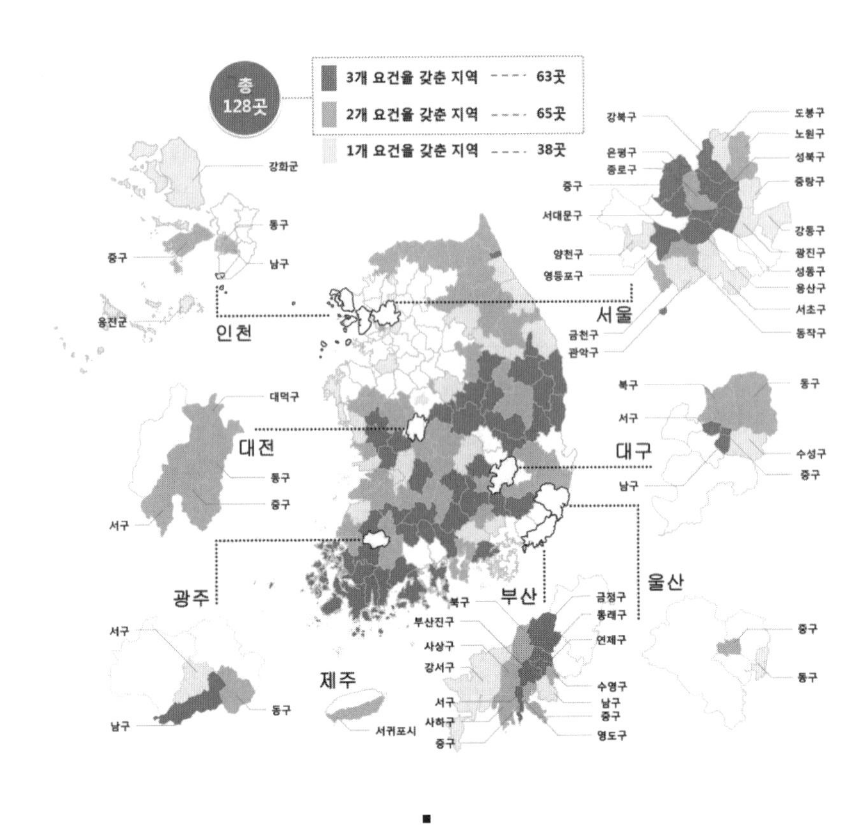

■

〈그림 2〉 도시쇠퇴 진단 결과. 출처: 국토연구원(2013 : 28)

제 공간 과정을 인식하기 어렵게 만든다. 따라서 쇠퇴의 길항으로서 재생은 도시에 국한된 쇠퇴를 도시 지평 내에서만 다루는 방식으로 정형화된다. 결과적으로 평평한 국토에 동등한 도시들이 쇠퇴를 증명하는 명암 구분표와 함께 모습을 드러낸다.

〈그림 2〉는 2013년 12월 국토연구원에서 재생법의 진단 기준에 근거하여 분석한 결과이다.[24] 그림에서 보듯이 쇠퇴의 공간은 전국 곳곳에 대

24 이 연구보고서를 선택한 것은 재생법상 기준에 따라 쇠퇴 진단을 시행하고 시각화한

도시와 중소도시, 수도권과 비수도권을 가리지 않고 분포한다. 〈표 1〉의 진단 기준을 보면, 인구와 산업의 최고점 대비 감소율과 노후 건축물 비율이 핵심이다. 도시의 절대적 변화 추이를 기준으로 하는 쇠퇴 도시 진단에서, 한 도시의 쇠퇴를 판단하는 근거는 그 도시의 과거인 셈이다.

지표		설명	측정 내용	판정
Ⅰ	인구	인구가 현저히 감소하는 지역	① 최근 30년간 인구가 가장 많았던 시기 대비 현재 인구가 20% 이상 감소한 지역	1개 이상 해당 시 요건 충족 판정
			② 최근 5년간 3년 이상 연속 인구가 감소한 지역	
Ⅱ	산업	총 사업체 수의 감소 등 산업 이탈이 발생하는 지역	최근 10년간 총 사업체 수가 가장 많았던 시기 대비 현재 총 사업체 수가 5% 이상 감소한 지역	1개 이상 해당 시 요건 충족 판정
			최근 5년간 3년 이상 연속으로 총 사업체수가 감소한 지역	
Ⅲ	건축물	노후주택 증가 등 주거 환경이 악화되는 지역	전체 건축물 중에서 준공된 후 20년 이상이 지난 건축물이 차지하는 비율이 50% 이상인 지역	

■

〈표 1〉 도시재생법상 도시쇠퇴 진단 기준. 출처: 「도시재생 활성화 및 지원에 관한 특별법」 시행령(안) 제20조

연구이기 때문일 뿐, 특별한 선정 이유가 있지는 않다. 이 보고서는 재생법이 제시하는 기준에 따라 쇠퇴를 진단하고 선별한 여러 연구 중 임의의 하나라는 점을 밝혀둔다. 국토연구원, 『경제기반 강화를 위한 도시재생방안』(국토연구원, 2013)을 참고.

그런데 도시재생 R&D 사업 결과로 2010년 제출된 보고서의 진단 지표는 위의 기준과 상당히 다르다. 당시 서울대 산학협력단에서 제출한 용역보고서에는 도시의 현재 상태를 공시적으로 진단하는 지표가 다수 포함되어 있다.[25] 때문에 결과에 있어서도 지역 간 격차가 드러날 수밖에 없었다. 2010년에 사용된 진단 지표를 살펴보면 다음과 같다.

〈시 진단 지표〉

인구사회 지표(7개): 순이동률, 노령화 지수, 평균 교육 년수, 독거노인 가구 비율, 인구 1000명당 기초생활보장수급자, 인구 1000명당 소년소녀가장 가구원 수

산업경제 지표(10개): 인구 1000명당 종사자 수, 사업체당 종사자 수, 제조업 종사자 비율, 고차서비스 종사자 비율, 인구 1000명당 도소매 종사자 수, 재정자립도, 1인당 지방세액, 지가변동률, 1인당 보험료

물리환경(3개): 노후주택 비율, 신규주택 비율, 공가율

〈동/읍 진단 지표〉

인구사회 지표(5개): 노령화 지수, 노령화 지수 증감률, 5년간 연평균 인구성장률, 독거노인 가구 비율, 독거노인 가구 비율 증감률

산업경제 지표(8개): 인구 1000명당 종사자 수, 종사자 수 증감률, 사업체당 종사자 수, 사업체 증감률, 제조업 종사자 비율, 인구 1000명당 도소매업 종사자 수, 인구 1000명당 도소매업 종사자 수 증감률, 소형주택

25 서울대학교산학협력단, 『도시쇠퇴 실태자료 구축 및 종합정보 시스템 구축1』(서울대학교산학협력단, 2010) 참조.

가구 비율

주택(2개): 노후주택 비율, 신규주택 비율

2010년 보고서는—인구사회, 산업경제, 물리환경(주택) 등 대범주는 재생법령과 같지만—단위 인구당 비교 가능한 진단 지표를 다수 포함하고 있다. 때문에 도시재생법의 기준에 기초한 2013년의 분석 결과와는 다른 형태로 나타났다. 권역별 비교가 가능하도록 결과를 시각화하고, 권역별 차이를 시 · 동/읍 결과와 함께 기술했다. 즉, 전통적인 지역 비교의 틀 속에서 도시와 지역을 연결해 이해하도록 하고 있다. 그러나 재생법 기준의 진단에서 쇠퇴를 대표하는 단위 공간은 도시이며, 그 속에서 진행 중인 원도심 쇠퇴가 가장 주요한 문제로 등장한다.[26] 결과적으로 재생법이 구성하는 쇠퇴의 공간은 평평한 지도에 낱낱이 부유하는 도시들로 재현된다.

3 이데올로기로서 쇠퇴 도시(심): 세 가지 측면

쇠퇴 도시는 도시재생 담론을 통해, 혹은 도시재생을 위해 국가가 기획한 개념이다. 전문가 담론으로서 쇠퇴 도시는 세 가지 차원에서 강력한 이데올로기로 작동하며 현재의 공간 구조 재편에 동원되고 있다. 우선 쇠퇴를 정의함으로써 여전히 굳건한 성장 지향성을 정당화한다. 쇠퇴하는 여러 공간을 진단하고 평가하는 말들이 넘쳐나는 동안에도, 여

26 국토연구원의 보고서를 참고할 것.(국토연구원, 2013: 29쪽).

전히 도시의 다른 공간에서는 성장 지향의 개발 행위가 조용히 진행 중이다. 비정상으로서 쇠퇴 공간이 정상으로서 성장 공간을 규정하는 도시재생의 논리 속에서 쇠퇴 공간을 정상화시킬 방법 역시 개발과 성장이라는 역설이 발생한다. 또한, 쇠퇴하는 원도심으로 논의를 제한해 여러 스케일에 연결되어 있는 도시 과정의 실제 구조를 보지 못하게 한다. 이는 도시를 고립된 공간으로 재현함으로써, 실제 도시 과정에 영향을 주는 지역적, 국가적, 지구적 연계를 배제한다. 문제 인식의 오류는 적실한 대안 모색에 장애가 된다. 아울러 쇠퇴 도시 담론은 국토 불균등 발전의 구조를 인식의 틀에서 배제함으로써, 국가 전반의 정치적 이슈를 도시 행정적 과제로 전환시킨다. 이는 균형과 불균형의 문제에 대한 정치적 감각을 무디게 하고, 도시 정치와 지역 정치의 가능성을 행정의 틀에 가둔다.

(1) 21세기의 비정상, 쇠퇴 지역

푸코(2004)는 그의 책 『광기의 역사』에서 정상과 비정상을 나누는 기준에 대해 질문한다. 중세까지 신비한 존재로 대우받던 광인이 어떻게 정신질환자가 되었는지 추적하여 푸코가 발견한 것은 광기를 질병으로 진단하는 지식, 그리고 지식 체계를 구성하는 담론의 장이다. 이러한 지식권력의 작동은 근대 도시사에서도 낯선 장면이 아니다. 대표적으로 도시 슬럼에 대처하는 국가의 반응은 광기를 통치하는 권력의 면모를 적나라하게 보여준다.

마이크 데이비스(Mike Davis)는 『슬럼, 지구를 뒤덮다』에서 슬럼이 어떻게 구획되는지, 어떤 과정을 거쳐 제거 대상이 되는지 설명한다.[27] 원래 슬럼은 '사기'나 '불법 거래' 등 사회에 해악을 끼치는 행위를 뜻했다. 데이비스에 따르면 1830~1840년대 콜레라가 서구 도시에 창궐한 후 빈민 거주지를 슬럼이라 칭하기 시작했다. 19세기 중반을 지나면서 유럽과 북미 전역의 도시가 슬럼을 문제시 했으며 '슬럼'='타락'이라는 도식을 정립했다. 슬럼은 타락한 곳이기 때문에 한시바삐 그곳을 제거해서 빈민을 구원한다는 익숙한 논리는 그렇게 탄생했다.

개발연대 한국의 국가적 시선에서도 슬럼은 크게 다르지 않았다. 해방 이후부터 서울은 급격한 인구 증가로 만성적인 주택 부족에 시달렸다. 도시계획사가로 유명한 손정목은 그의 책에서 "돌이켜보면 20세기 후반기의 서울 도시계획은 무허가 건물과의 싸움 바로 그것이었다"고 적고 있다.[28] 1970년대까지 서울시 당국이 슬럼을 정의했던 방식은 불량, 사회 병리, 도시 발전 저해 요소, 구호 대상 등이다.[29] 당시 슬럼은 구호의 대상인 동시에 제거의 대상이었다. 그도 그럴 것이 슬럼을 구성하는 집단은 잠재적인 '반사회 집단',[30] 혹은 '잠재적 범죄 인구'[31]로 여겨졌고, 그 지역은 '전염병의 온상'[32], 혹은 '범죄 지역'[33]으로 규정되었

27 마이크 데이비스, 김정아 옮김, 『슬럼, 지구를 뒤덮다: 신자유주의 이후 세계 도시의 빈곤화』(돌베개, 2007), 36-37쪽.

28 손정목, 『한국 도시 60년의 이야기 1』(한울, 2005), 85쪽 참조.

29 김광중 외, 『주택개량재개발 연혁연구』(서울연구원, 1996), 72쪽 참조.

30 김윤환, 「69년도 도정방향」(《지방행정》 18(183), 1969) 78-84쪽.

31 채원식, 「도시와 범죄」(《도시문제》 2(10), 1967), 9쪽 참조.

32 《경향신문》 1963년 12월 21일자, 《동아일보》 1969년 7월 14일자.

33 채원식, 앞의 글.

다. 이런 인식에서 만들어진 관찰 가능한 진단 지표가 '불량'과 '무허가'이다. 개발연대의 국가는 두 가지 기준으로 비정상적인 슬럼을 구획하고 말소했다.

그런가 하면 다른 한편에서는 '불량'한 주거 환경에 살아가는 저소득 계층을 구원한다는 온정주의 시각도 있었다. 미국의 도시 운동가 제인 제이콥스(Jane Jacobs)의 견해를 빌리면, 이는 도시계획이라는 근대국가의 공간 개입 과정에서 드물지 않은 일이다. 그녀는 "슬럼과 슬럼 주민에 대한 전통적인 도시계획의 접근법은 철저히 온정주의적"이라며, 그 온정주의로 인해 "불가능할 정도로 심대한 변화"를 꾀한다고 지적한다.[34] 도시에서 전문가들의 이념과 그것의 재현에 대한 지적은 공간 생산에 대한 르페브르의 주장[35]과도 일치한다. 도시계획 전문가의 지식 세계에서 '불량', '쇠퇴', '낙후'의 공간은 도시의 건강한 조직을 위해서, 혹은 그곳에 살아가는 주민을 위해서 제거해야 할 대상이었다. 멀리는 오스망의 파리 개조나 미국의 도시미화운동이 그랬고, 가까이는 1970년대 한국의 불량 무허가 주택이 그랬다.

이처럼 특정 공간을 문제시하는 국가 개입에는 그 공간에 대한 우려와 비난이 함께 있었다. 쇠퇴 지역에 대한 도시재생의 과업 역시 개선과 활성화다. 쇠퇴 공간으로 진단받은 수많은 장소들에 대한 우리의 시각도 크게 다르지 않다. "쇠퇴한 원도심"을 활성화시켜야 한다는 언사는 이제 관용 어구가 되었다. 불량주택, 슬럼가를 청소해야 한다는 도식처럼 쇠퇴한 원도심은 그냥 두고 볼 수 있는 대상이 아니게 되었다.

34 제인 제이콥스, 유강은 옮김, 『미국 대도시의 죽음과 삶』(그린비, 2010), 363쪽 참조.

35 앙리 르페브르, 앞의 책.

재생은 재개발과 달리 쇠퇴 지역을 제거하는 방식이 아니라 하더라도, 기존의 상태로는 정상적 삶을 진행할 수 없으니 큰 수선이 필요하다는 논리에서는 유사하다. 쇠퇴라는 현상 기술적 개념이 죽은 것을 되살린다는 사명을 뒷받침하는 것이다. 쇠퇴한 도시 지역을 새로운 도시 프런티어(frontier)[36]라고 부를 수 있는 이유는 그곳에 문명의 기운을 불어 넣어야 한다는 온정주의적 이데올로기가 작동하는 탓이다. 문명과 야만이라는 오랜 구도에서 문명에 선 자에게 주어진 구원의 임무, 문명화 사명은 역설적으로 야만의 시련에 놓인 어린 양을 필요로 한다.

여기서 허버트 갠스가 보스턴 도시계획 당국에 던진 비판을 생각해 볼 필요가 있다. 그는 보스턴 웨스트엔드 지역을 '슬럼'이라 규정하는 시당국을 비판하면서 '임대료가 낮은 안정된 지역'이라며 병리현상과 연결시키지 말아야 한다고 주장했다.[37] 제이콥스는 보스턴의 한 도시계획가와 노스엔드 지역에 관해 나눈 대화를 인용하면서 더 신랄하게 비판한다.[38] 간단한 통계수치만으로 '최악의 슬럼'이라는 도시계획가에게 제이콥스는 다른 통계 지표를 확인해 보라며 왜 노스엔드를 최악이라 비난하는지 반문한다. 과연 그들은 불행한가? 쇠퇴하는 지역에 재활과 개선이 필요하다면, 그것은 누구를 위한 것이어야 하는가? 안전한 통학로를 요구하는 마을에 벽화 사업을 벌이는 블랙코미디는 재생의 프론티어로 생산된 쇠퇴 지역의 현주소이다.

36 Neil Smith, *The new urban frontier: Gentrification and the revanchist city*(Routledge, 2005) 참조.

37 Herbert Gans, "The Human Implications of Current Redevelopment and Relocation Planning", *Journal of the American Planning Association*, 25(1), 1959, 15-26쪽 참조.

38 제인 제이콥스, 앞의 책, 29쪽 참조.

(2) 도시 스케일의 덫: 도시재생의 스케일 선택성

〈그림 3〉는 2018년 국토해양부에서 추진한 도시재생 뉴딜 사업 공모에서 정부에서 제시한 유형별 예시이다. 사업구역 외부는 도시재생 사업에서 주요한 고려사항이 아니라는 것을 한눈에 알 수 있다. 실제로 선정된 대부분의 도시재생 뉴딜 사업 계획은 위의 예시와 동일한 형식을 취하고 있다. 마치 도시재생 구역은 그 지역에서, 심지어 그 도시 내에서도 섬처럼 그려진다. 해당 구역의 쇠퇴 정도를 인구, 건물, 사업체에 따라 정리하고 재생의 필요성을 호소하는 한편, 도시의 자원과 역량을 동원하는 방식이다. 도시의 쇠퇴를 도시 자체의 문제로 개별화해 평가하는 구조에서는 다른 방법을 찾기가 어렵다. 쇠퇴 진단의 기본 단위가 고스란히 재생의 기본 단위가 되는 현실은 '도시의 덫'이라 할 만하다.

'덫'이라는 표현의 시작은 국가-영토에 대한 인식론적, 방법론적 성찰에서 시작했다. 국민국가와 영토가 사회과학 전반을 지배하는 공간 범주가 되어 도시, 지역, 글로벌 등 다른 스케일을 주변화시켰다는 것이다. 존 애그뉴(John Agnew)는 국가 스케일을 절대화시키는 인식론적 오류를 "영토의 덫(territorial trap)"으로 비유했다.[39] 그런데 현재 도시재생의 공간적 상상은 거의 대부분이 도시 스케일에 갇혀 있다. 문제 인식이나 해결책 도출 모두 개별 도시에 한정한다. 그런데 과연 그러한가? 우리는 혹시 '도시의 덫'에 빠져 있지 않은가? 문제는 이렇다. 울

39 John Agnew, "The territorial trap: the geographical assumptions of international relations theory", *Review of International Political Economy*, 1(1), 1994, 53-80쪽 참조.

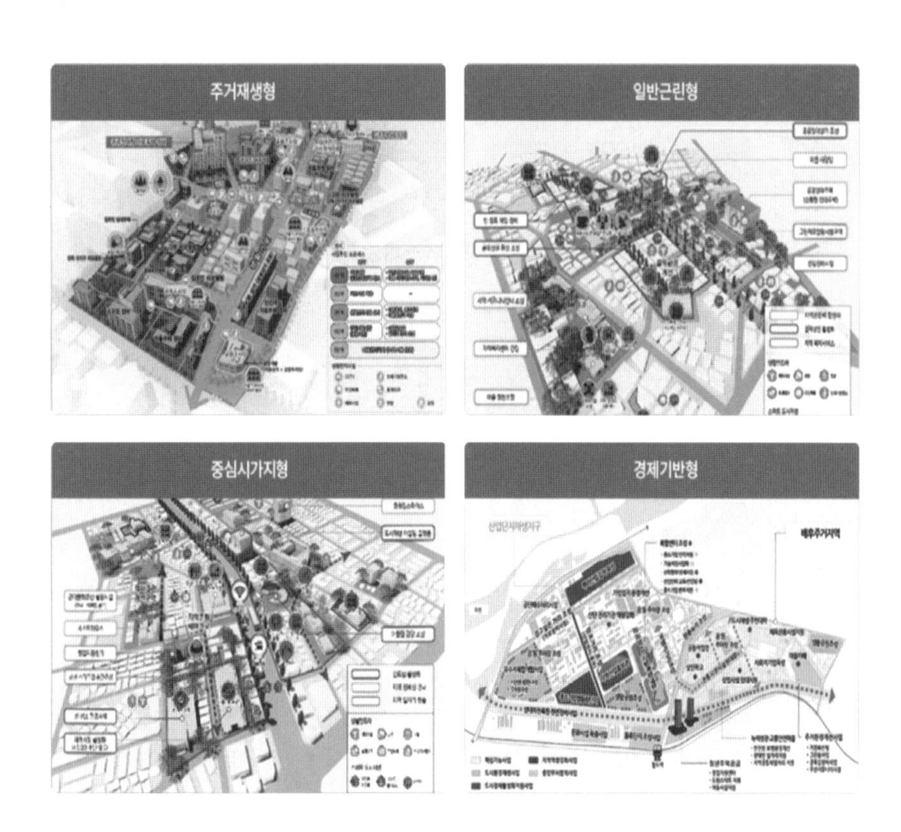

〈그림 3〉 도시재생 뉴딜 사업 유형별 예시. 출처: 도시재생 종합정보체계(http://www.city.go.kr)

산, 창원, 마산, 포항 등 국내 굴지의 산업도시들이 성장할 수 있었던 배경에는 지방의 정치 행위자들뿐만 아니라 국가적 공간 계획이나 국제적 냉전 네트워크, 나아가 글로벌 기업의 전략적 의사결정까지 자리 잡고 있었다는 사실이 잘 밝혀져 있다.[40] 또한 지역 클러스터의 형성과

40 산업도시의 성쇠와 지정학적 질서에 대해서는 다음의 연구를 참고했다. 박배균·장세훈·김동완, 『산업경관의 탄생: 다중스케일적 관점에서 본 발전주의 공업단지』(알트, 2014); Hsu, Jinn-Yuh, Gimm, Dong-Wan & Glassman, Jim, "A tale of two industrial zones: A geopolitical economy of differential development in Ulsan,

성장에 글로벌 네트워크의 역할이 중요하다는 글로벌생산네트워크론(GPN: Global Production Network)도 도시의 경제지리를 설명하는 중요한 근거로 쓰이고 있다.[41] 이러한 연구 성과들이 공유하는 결론은 도시적 변동이 다른 스케일로부터 고립해 존재하지 않는다는 것이다.

'도시의 덫'은 비단 한국만의 문제는 아니다. 도시 중심적인, 혹은 로컬 지향적인 진단 때문에 발생하는 스케일 불일치의 문제는 여러 학자들에 지적되어 온 바다.[42] 스테판 홀(Stephen Hall)은 영국 블레어 정부의 공간 정책이 중앙정부의 적극적 지원 없이 도시나 지역 수준에 문제를 국한시켜, 지방 당국자들이 사면초가에 처했다며 비판한다.[43] 불균등과 결핍을 낳는 핵심적인 구조 변화가 국가 스케일, 혹은 글로벌 스케일의 사회관계들인데 지방정부에 문제를 떠넘겼다는 주장이다. 또한 애쉬 아민(Ash Amin)은 문제도 해결책도 로컬에서 찾는 담론들이 국가 정책의 영토를 지방의 도시나 공동체로 국한시키는 '결함'이라 지적한다.[44]

South Korea, and Kaohsiung, Taiwan", *Environment and Planning A*, 50(2), 2018, 457-473쪽; Choi, Young Jin & Glassman, Jim, "A Geopolitical Economy of Heavy Industrialization and Second Tier City Growth in South Korea: Evidence from the Four Core Plants Plan", *Critical Sociology*, 44(3), 2017, 405-420쪽.

41 이용숙, 「세계화 시대의 지역경제 발전: 클러스터론과 세계생산네트워크론의 비교」(《공간과 사회》 69, 2006), 227-254쪽.

42 Simon Pinnegar, "The question of scale in housing-led regeneration: Tied to the neighbourhood?", *Environment and Planning A*, 41(12), 2009, 2911-2928쪽.

43 Stephen Hall, "The 'third way' revisited: New labour, spatial policy and the national strategy for neighbourhood renewal", *Planning Practice and Research*, 18(4), 2003, 265-277쪽.

44 Ash Amin, "Local community on trial", *Economy and Society*, 34(4), 2005, 612-633쪽.

쇠퇴와 재생의 담론은 도시 스케일에 진단/해결의 인식과 실천을 가뒀다. '도시의 덫'에 빠진 도시재생은 도시의 성쇠를 도시의 내적 문제로 돌려놓았다. 도시쇠퇴의 결과는 부각되었지만, 도시에 영향을 주는 지역, 국가, 글로벌 스케일의 다층적인 연결망이 생략되는 것이다.

(3) 도시라는 과정, 그리고 불균등 발전: 도시재생의 영역 선택성

에드워드 글레이저(Edward Glaeser)의 『도시의 승리』가 인기다.[45] 저자는 도시라는 인류사적 발명품이 어떻게 발전해 왔는지, 어떤 도시가 승리의 역사를 구가했는지 긴 역사를 훑으며 서술하고 있다. 그에 따르면 디트로이트 같은 운 나쁜 도시는 실업자가 넘쳐나지만 뉴욕은 인재를 잘 유인해 승리의 역사를 쓸 수 있었다고 한다. 글레이저는 가난한 도시라도 인재를 모을 수 있으면 도시 승리의 행진에 동참할 수 있다는 희망을 던지기도 한다. 이런 식의 주장은 지난 수십 년 동안 주기적으로 등장했지만, 소수 대도시의 승리와 다수 도시의 패배라는 도식을 바꾸지는 못했다.[46] 과거 창조 도시나 문화 도시 담론에서도 유사한 논리

45 에드워드 글레이저, 『도시의 승리』(해냄, 2011).

46 2015년 11월 23일 영국《가디언》지는 UN Desa의 데이터를 활용하여 50만 명 이상이 거주하는 세계 700개 도시에 대한 분석을 실시했다. 그 결과 대도시 불균형이 심각한 것으로 나타났다. 2012 년 현재 이들 도시 거주 인구는 세계 인구의 33%를 차지했지만, 총 생산량의 55% 이상을 생산하고 있었다. 미래 전망에서도 이 집중도는 더 커질 것으로 전망한다.(출처: 가디언 웹사이트. https://www.theguardian.com/cities/2015/nov/23/cities-in-numbers-how-patterns-of-urban-growth-change-the-world; 최종접속일 2019년 5월 9일)

를 곧잘 볼 수 있었다. 마치 세계라는 바다에 도시 섬이 떠 있는 것 같은 이러한 심상 공간에서는 지역도, 국가도 자기 자리를 찾지 못한다. 가장 강력한 도시라는 런던, 뉴욕, 도쿄는 각각 영국, 미국, 일본의 수위 도시들이다. 그리고 각 도시의 성장 이력은 국가의 성격 차이만큼 다르다. 이런 이미지는 도시를 둘러싼 사회 공간적 관계를 은폐한다는 측면에서, 나아가 각 도시의 경쟁력만을 강조한다는 측면에서 분명한 이데올로기이다.

도시를 설명하고 이해하는 오랜 방식에서도 이와 유사한 도시 이데올로기를 발견할 수 있다. 도시를 촌락, 혹은 농촌과 대비시켜 실체로 파악하는 방식은 도시사회학의 전통이다. 독일의 사상가 게오르그 짐멜(Georg Simmel)과 그에 영향을 받은 도시생태학파는 도시를 사회문화적 측면에서 구분 짓는 특성들에 몰두했고 지금까지 그 영향은 이어지고 있다. 대표적으로 루이스 워스(Louis Wirth)는 규모, 밀도, 이질성의 세 요소를 통해 도시와 촌락의 문화적 형식을 구분하려는 시도를 하였다.[47] 그러나 최근 도시 연구 분야에서 논쟁이 일어나면서 도시/농촌의 이분법에 대한 비판이 거세졌다. 특히 프랑스의 도시 이론가 앙리 르페브르(Henri Lefebvre)의 *Urban Revolution*(2003)이 영어로 번역되면서 논쟁은 더욱 치열해졌다. 르페브르는 도시를 의미하는 프랑스어 단어 *ville*(영어의 city)와 *urbain*(영어의 urban)을 구분해 사용했는데, 전자는 역사적인 의미에서 집단 정주를 제공했던 전통적 도시로, 후자는 펼쳐진 공간에 형태나 경계가 불분명한 '도시 조직(urban fabric)'이라는 의미로

47 Louis Wirth, "Urbanism as a Way of Life", *American journal of sociology*, 44(1), 1938, 1-24쪽.

사용했다. 그는 존재론적 실체로서 도시는 역사의 뒤안길로 사라졌고, 근대 도시는 전 지구적 사회 과정으로 확장했기 때문에, 개별 실체로서 도시 담론은 이데올로기라 주장했다.[48]

최근 르페브르의 주장을 근거로 도시 이론 분야를 주도하는 주요 다론 중 하나가 '행성적 도시화(planetary urbanization)'이다.[49] 행성적 도시화 시각에서 도시는 하나의 과정이자 관계망이다. 국가의 영토성이 빈틈없이 구획하고 있지만 그 경계를 가로지르는 관계망은 끊임없이 작동한다. 최근 중국으로 쓰레기 반출이 막힌 여러 도시가 겪고 있는 어려움을 생각해 보라. 도시를 드나드는 순환망은 도시 간에는 물론이고 국경을 넘기도 한다. 전 지구적 도시화라는 입장에서 보면 도시의 번영이나 쇠퇴를 주장하는 언어는 그 자체로 이데올로기이다.[50] 도시는 독자적으로 존재하는 것이 아니라, 도시 과정의 일부인데, 그것을 하나의 실체로 규정하는 개념 자체가 실제를 인식하지 못하게 하는 이데올로기라는 것이다.

48 Henri Lefebvre, *The urban revolution*(Minneapolis: University of Minnesota Press, 2003), 57쪽 참조.

49 행성적 도시화에 대해서는 Brenner and Schmid("Planetary urbanization" in X. Ren & R. Keil(eds.), *The Globalizing Cities Reader*, Routledge, 2017, pp. 479-482. Merrifield("The urban question under planetary urbanization", *International Journal of Urban and Regional Research*, 37(3), 2013, pp. 909-922. Wachsmuth("City as ideology: Reconciling the explosion of the city form with the tenacity of the city concept", *Environment and Planning D: Society and Space*, 32(1), 2014, pp. 75-90를 참고할 것.

50 David Wachsmuth, "City as ideology: Reconciling the explosion of the city form with the tenacity of the city concept", *Environment and Planning D: Society and Space*, 32(1), 2014, 75-90쪽.

본 연구에서 위의 행성적 도시화론자들의 논의 전체를 지지하는 것은 아니다. 그럼에도 불구하고 도시 공간의 성쇠를 고립시켜 이해할 수 없다는 그들의 주장은 도시의 덫에 빠지지 말 것을 주문하고 있고, 이 주장은 지금 우리의 도시 논의에 적실해 보인다. 이데올로기로서 쇠퇴 도시는 쇠퇴 도시를 거대한 도시 과정에서 분리시킨다. 구조가 사라진 개별 도시 간에는 협력이 아닌 경쟁의 논리가 쉽게 작동한다. 세간에서 도시재생을 '제로섬 게임', 혹은 '치킨 게임'이라 칭하는 이유는 일차적으로 국가 공간 내에서 서로 연계되어 있는 도시들이 국가 공모사업에 개별 플레이어로 경쟁하고 있는 탓이다.

쇠퇴와 재생에서 나타나는 '도시의 덫'은 불균등에 대한 인식과 지역 개념의 부재로 나타난다. 불균등 발전에 대한 인식은 대부분 지역 범주를 등장시킨다. 불균등 발전은 기본적으로 평면적인 영역의 불균질함에 대한 인식이기 때문에 하향식 접근, 상향식 접근 모두에서 영역을 가정하게 마련이다.[51] 그런데 도시재생과 관련한 담론과 실천 어디에서도 도시를 포괄하는 지역, 혹은 광역에 대한 문제인식이 없다. 다시 말해 쇠퇴나 재생에 있어 도나 권역은 읍/면/동이나 시/군/구의 합계 총량으로서만 기능할 뿐, 쇠퇴의 단위나 재생의 단위로는 배제되어 있다. 현재의 도시재생 체계에서 시도지사는 시/군/구의 전략계획을 승인하거나, 중앙정부로부터 받은 재원을 할당하는 정도의 역할을 시행할 뿐이다. 물론 지역 범주를 반드시 행정구역과 일치시켜 생각할 필요는 없

51 국가의 하향식 접근에서 지역의 기능에 대해서는 Friedmann and Weaver(1979)를 로컬에서 상향식 접근을 통해 지역을 구성하는 실천에 대해서는 김동완(2009), 지방정책과 지역정책이 불균등 문제에 적용될 때 나타나는 차이에 대해서는 새비지 · 와드(1996: 215)를 참고할 것.

으나 가장 강력한 지역 범주로서 행정구역조차 큰 역할을 못하는 현실은 도시재생에서 지역의 배제를 잘 보여준다.

이처럼 도시재생에서 쇠퇴의 문제는 철저히 도시 내부에 갇혀 있다. 쇠퇴하는 도시 외부의 맥락과 환경은 조사도 진단도 하지 못하고 있다. 연대해야 할 도시 간에 경쟁을 벌여야 하는 상황이다. 도시쇠퇴를 도심쇠퇴로, 도시재생을 (구)도심재생으로 다룰 수밖에 없는 거대한 게임이 벌어지고 있는 형국이다. 관건은 국가가 일률적으로 정의한 도시쇠퇴를 근본적으로 다시 정의하는 일이다. 스케일을 뛰어넘고, 도시 경계를 넘는 도시 과정의 너른 지평 속에서 쇠퇴의 문제를 다시 바라보아야 한다.

4 응집의 해체, 그리고 전환: 쇠퇴와 재생의 (재)정치화

2014년 일본에서 한 권의 책이 출판된다. 일본 '창성(創成) 회의' 좌장 마스다 히로야(增田寛也)가 쓴 『지방 소멸』이다.[52] 그는 이 책에서 지방 소멸 이후 도쿄권만 살아남는 '극점 사회'를 전망하며 일본의 어두운 미래를 조심스레 이야기한다. 도쿄 일극의 일본 사회는 도쿄의 낮은 출산율 때문에 더욱 고령화될 것이고, 종국엔 소멸하게 된다는 우울한 그림이다. 꽤 대담한 주장이지만 근거는 간명하다. 마스다 히로야는 '극

52 국내에는 이듬해인 2015년에 번역 출판되었다(마스다 히로야, 2015). 지방소멸이라는 표현의 과격함이 주는 문제나 지방소멸에 관한 대응 방향에 대해서는 일본 사회 내부의 논쟁이 진행중이다. 이에 관해서는 김은혜, 「도시문제 현황과 대응 방향:일본」(여시재, 2018)을 참고할 것.

점 사회'야말로 일본이 가장 시급히 해결해야 할 과제로 평가한다.

국내에서도 이와 유사한 연구가 다수 나왔는데, 그중 비교적 최근에 나온 한 보고서를 보면 '극점 사회 한국'은 이미 현실이 되고 있다.[53] 연구에 따르면 수도권 인구 비중은 1993년 44.3%에서 2017년 49.4%로 지속적으로 증가한 것으로 나타났는데, 수도권을 행정구역 기준으로 보지 않고 경제 활동 기준으로 설정했다면 더 큰 비율로 나왔을 가능성도 있다. 이에 반해 비수도권은 광역시를 제외한 도 지역 사정이 심각했다. 특히 고용 위기 지역의 인구 유출 폭은 훨씬 컸는데, 순유출 인구 35,395명 중 63.3%(22,407명)가 수도권으로 이동했다. 보고서는 지방의 산업 기반이 무너지면서 수도권 일극 사회가 더욱 빠르게, 더욱 심각한 수준으로 진행할 수 있음을 경고한다.[54] 수도권으로 인구 이동 원인이 일자리라는 것은 잘 알려져 있지만,[55] 산업 기반 붕괴가 초래할 인구 이동을 경고하는 수치라는 점에서 이 연구가 시사하는 바는 크다.

거제나 통영에서 보듯이 지방 산업의 붕괴는 이른바 '구조적 응집'(structured coherence)[56]의 해체로 이어진다. 다소 이상한 번역의 이 개념은 도시와 도시의 배후 지역이 생산 시스템, 노동시장, 소비 및 생활 양식 측면에서 가지는 지역 특유의 조직 방식을 의미한다. 이 응집성은

53 이상호, 「한국의 지방소멸 2018」(《고용동향브리프》 2018년 7월호), 2-21쪽.

54 이상호, 앞의 글, 13쪽.

55 수도권 인구 이동 요인에 대해서는 다음 연구를 참고할 것. 전국청년정책네트워크, 『청년인구 이동 문제 진단을 위한 청년 현실에 기초한 지역격차 분석 연구』(서울시 청년허브, 2018); 강동우, 「청년층 지역이동의 특징」(《월간 노동리뷰》 2018년 5월호. 한국노동연구원), 7-18쪽.

56 David Harvey, *The urban experience*(Baltimore: Johns Hopkins University Press, 1989).

특히 노동시장을 중심으로 하는 지역성에 연관되어 있다. 지역 사회에 영향을 미치는 주요 산업과 그 산업에 관련된 기술의 집합은 노동 과정을 둘러싼 사회구조와 전통 모두를 지칭한다. 이는 "영토적 사회구조(localised social structure)"[57] 개념과도 유사하다. 영토적 사회구조는 지방 노동시장 관점에서 보는 노동의 공간 분업에 대한 것으로, '거제의 경제', '거제 지역사회' 같은 지역성이다. 하지만 이것이 도시나 지역 내의 일에 국한되지 않는다. 이 사회구조는 도시나 지역의 사회구조뿐만 아니라, 자본 순환이나 중앙정부의 정책, 다양한 수준에서 일어나는 이동 등 **여러 스케일의 사회관계**에 영향받는다.[58] 산업화의 공간 생산으로서 도시 과정의 한 지리적 부분으로 영토적 사회구조를 고려한다면 다른 영토들과의 연계나 스케일상의 분업 구조는 필연적이다.

얼마 전 출판된 거제 연구는 이러한 측면을 소상히 보여주고 있다.[59] 조선업의 도시 거제가 가지는 독특한 기술 배열과 도시 문화는 중공업 일반의 특징과 거제 조선 산업의 특성이 중첩되어 나타난다. 여기서 거제와 인근 배후 지역, 그리고 거제에 연결된 다른 도시 지역을 포괄하는 영역화된 사회구조를 생각해 볼 수 있다. 인구 감소, 고령화, 노후 건물 등의 지표는 위기의 본질이 아니다. 그것은 쇠퇴의 징후이자 징표이다. 본질적으로는 산업 침체와 위기 국면에서 발생하는 구조적 응집의 위기이다. 조선 산업의 성장만큼이나 그 위기를 설명하는 변수는 많

57 Kevin Cox & Andrew Mair, "From Localised Social Structures to Localities as Agents", *Environment and Planning* A, 23(2), 2006, 197-213쪽 참조.

58 Cox & Mair, 앞의 글, 197-198쪽; 강조는 필자.

59 양승훈, 『중공업 가족의 유토피아』(오월의봄, 2019).

다. 국가 정책상의 문제나 글로벌 조선 산업의 지리 변동도 중요한 변수다. 조선 산업체 내부적인 투자 전략 오류나 조직 운영 · 비용도 하나의 이유다.

이와 관련해 한국의 산업화와 도시화에 관한 최근 연구 성과는 도시, 지역, 국가, 글로벌 스케일 등 여러 스케일의 관계가 특정 장소에서 결합하는 방식에 대해 설명한다.[60] 가까이는 지방의 버스 회사부터 멀리는 글로벌 정유기업까지 한국 산업도시의 성쇠에 깊이 개입하고 있다. 오랜 냉전 네트워크가 긴밀하게 작동한 경우도 적지 않다.[61] 결국 산업에 따라 각 도시를 이루는 구조적 응집은 도시 내외, 나아가 지역, 국가, 글로벌 스케일로 이어지는 다양한 네트워크에 영향을 받는다. 도시의 성장과 구조적 응집은 이미 다중 스케일의 사회적 산물이다. 따라서 산업, 기술, 노동, 소비, 생활양식 등 지역사회의 영토적 질서와 그것이 놓여 있는 여러 스케일의 관계망 속에서 한 지역의 구조적 응집을 이해할 필요가 있다.

60 다중스케일을 통한 산업도시의 연구 성과에 대해서는 다음의 연구들을 참고할 것. 김동완 · 김민호, 「울산공업단지의 서막, 정유공장 건설의 정치지리」(《대한지리학회지》 49(2), 2014) 139-159쪽; 장세훈, 「구로 수출산업공단 조성의 재해석」(《대한지리학회지》 49(2), 2014), 160-177쪽; 최영진, 「지리정치경제학적 관점에서 본 창원공단 설립 전사(前史)」(《대한지리학회지》 49(2), 2014), 178-199쪽; 박배균 · 최영진, 「마산수출자유지역의 형성을 둘러싼 국가—지방 관계에 대한 연구」(《대한지리학회지》 49(2), 2014), 113-138쪽; 황진태 · 박배균, 「구미공단 형성의 다중스케일적 과정에 대한 연구: 1969-73년 구미공단 제1단지 조성과정을 사례로」(《한국경제지리학회지》 17(1), 2014), 1-27쪽.

61 냉전지정학과 도시 변동에 대해서는 다음을 참고할 것. Choi and Glassman, 앞의 글; Hsu, Gimm and Glassman, 앞의 글.

여기서 우리가 도시쇠퇴를 구조적 응집의 위기와 해체로 규정한다면, 도시재생은 구조적 응집을 성공적으로 조정하는 것이 될 것이다. 그러나 구조적 응집의 변동과 조정은 어떤 가시적 지표로 정의되지 않는다. 르페브르의 주장처럼 근대도시는 산업화와 조응하며 진행하는 일련의 과정이다.[62] 도시적 관계를 구성하는 수많은 관계가 빚어내는 조형물이자 생성 그 자체다.[63] 구조적 · 영역적 응집성을 개념화한 데이비드 하비(David Harvey)가 도시 정치에 의미를 두는 이유는 여기에 있다. 구조적 응집은 자본주의 도시과정에 기민하게 대응하며 변동하기 때문에 도시 정치의 자율성이 중요한 전제 조건이다.[64]

구조적 응집은 여러 스케일에 걸쳐 있는, 또한 도시 경계 바깥으로 이어져 있는 관계들에 영향 받는다. 때문에 구조적 응집의 훼손에 대응하는 적실한 전략은 과거로의 회귀가 아니다. 구조적 응집의 변동을 조정하고 관리하는 창조성이 필요하다. 다시 말해, 복잡한 환경 변화 속에서 통제 불가능한 미래로 나아가는 힘은 행정이 아니라 정치적 기민함이다.[65] 과거의 연구에서는 그것을 계급 간 타협의 산물로 좁게 정의

62 Lefebvre, 앞의 책.

63 Ignacio Farías, "Introduction: decentring the object of urban studies", Ignacio Farías & Thomas Bender(eds.), *Urban assemblages: How actor-network theory changes urban studies*, 2012, 1-24쪽.

64 David Harvey, "The place of urban politics in the geography of uneven capitalist development", *The urbanization of capital*(Baltimore, MD: The Johns Hopkins University Press, 1985).

65 Kevin Cox, "Territoriality, politics and the 'urban'", *Political Geography* 20, 2001, 759쪽 참조.

하지만,[66] 더 넓은 의미에서 도시 정치, 혹은 지방 정치의 잠재력과 가능성으로 이해할 수 있다. 쇠퇴와 재생을 탈정치적 행정 이슈로 다루는 방식의 한계가 드러나는 상황에서, 그것을 다시 재정치화하는 과정이 필요하다. 이를 통해 도시재생은 새로운 규범과 가치를 정립하고 그것을 통해 영토적 구조, 구조적 응집을 재조직하는 과정으로 발전할 수 있을 것이다.[67]

5 결론: 재생을 넘어 전환으로

이 글에서는 국가 주도의 쇠퇴 진단 프로그램을 비판적으로 검토하여 현재 진행 중인 도시재생 사업의 공간 생산에 대해 살펴보았다. 전국의 쇠퇴 도시를 진단하고 식별했던 국가적 기획이 왜 그리고 어떻게 쇠퇴 공간을 생산했는지 검토하여, 도시재생 실천에 작용한 이데올로기적 효과를 공간 선택성 개념으로 분석해 보았다. 영역과 스케일을 매개변수 삼아 본 연구에서 검토한 결과는 '도시의 덫', 그리고 탈정치적 도시재생으로 요약할 수 있겠다.

지금 우리의 도시는 전환점에 서 있다. 이 글의 상당 부분을 쇠퇴 담론에 대한 비판에 할애했지만 변동의 징후를 부정하는 것은 아니다. 지방의 도심은 비어가고 인구는 감소한다. 지금까지 인구 증가에 반응해

66 Harvey, 앞의 글.

67 일례로 전환 도시로 유명한 영국의 토트네스는 화석 연료 사용을 최소화하는 새로운 삶의 원리와 가치를 창출함으로써 도시 과정 전반을 재조직한 사례로 알려진다.

만들어진 여러 장치들이 작동하지 않기 시작했다. 구조적 응집에 생긴 균열, 혹은 붕괴의 징후가 곳곳에서 드러난다. 쇠퇴와 재생의 기본적인 관점은 필자 스스로도 인정하고 공유하는 부분이다. 그러나 문제를 정의하는 주체와 방식, 그리고 문제를 표현하는 언어에 있어서는 근본적인 성찰이 필요하다. 쇠퇴와 재생이라는 기본적인 문제 틀이 행정의 영역, 그것도 국가 스케일에서 주도하는 하향식 계획 논리에서 도출되었기 때문에, 불가피하게 발생하는 실천의 한계가 있다.

도시의 미래는 균일한 국가계획으로 성취할 대상이 아니다. 현재 도시재생 사업은 지방정부에서 계획하도록 하는 제도이지만, 실제로는 도시 외부에서 주어진 기준을 수용할 수밖에 없는 구조이다. 중앙정부에서 만들어 놓은 공모전 경쟁에서 승리하기 위해서는 누가 더 쇠퇴했는지, 누가 더 모범답안에 가까운지 스스로 증명해야 한다. 과거 발전국가의 공간 생산과 차이가 있다면 입지 선정 게임에 지방정부가 스스로 참가할 수 있다는 점 정도다. 여전히 지방정부는 지역의 문제가 무엇인지 스스로 결정하지 못하며, 지역 발전의 목표가 될 가치를 스스로 찾지 못한다. 이러한 과업은 각 도시의 정치 과정에서 충분히 논의가 되어야 함에도 불구하고, 지방 정치가 작동하기 어려운 제도적 한계가 여전히 견고하게 남아 있다. 특히 도시재생 사업에서는 지방정치의 자율성이 무엇보다 중요함에도, 현재 작동하는 지방정치는 개발주의 관성에 기대거나, 중앙정부의 정책 합리성에 의지한다. 그러는 동안 도시의 구성원이 갈등하고 타협할 정치적 기회는 사라지고 있다. 이제는 도시재생을 행정과 통치의 문제에서 도시와 지역의 정치적 과업으로 돌려놓을 때가 되었다.

다행히 최근 지역의 도시재생 기관에서 권한 이양에 관한 문제를 제기하기 시작했다. 재정 운용과 집행, 과업 선정과 조직 구성까지 현장의 수요에 민감하게 반응할 지원 구조를 만들고자 하는 노력의 일환이다. 그러나 거기서 그쳐서 될 일은 아니다. 중앙정부와 국회에서는 재정분권을 포함한 지방분권과 국가적 균형 발전을 설계하여 정상적인 지방정치가 작동할 제도적 구조를 마련해야 한다. 지방정부에는 공모사업 지원계획서 대신 지역사회 조사보고서가 쌓여야 한다. 이를 통해 도시 간 경쟁의 게임에서 벗어나 연대와 협력의 틀을 제도화할 필요가 있다. 쇠퇴하는 도시가 서로 경쟁하는 단거리 경주로는 새로운 실험과 발명이 불가능하다. 미래의 공간조직을 실험하는 다층적인 연대를 도모할 수 있다면, 발전주의 성장 모델을 대체할 새로운 욕망과 생활형식을 고안하는 무대로서 도시를 일신(一新)할 수 있을 것이다. 이를 위해서라도 도시재생이 아닌 도시 전환으로 문제의 틀을 바꿀 때가 되었다.

3부 자구화시대, 환대사회의 딜레마

자신이 본래 속해 있던 사회가 아닌 새로운 낯선 사회에 들어서는 자는 환대와 관련하여 어떤 권리를 주장할 수 있을까? 남의 집에 들어서는 자는 그냥 단순한 객 또는 손님으로서 집주인이 대접하는 대로 그저 아무 말 없이 주인의 대접을 받아들여야만 하는가? 지금까지 우리는 '환대'의 문제와 관련하여 윤리적 의무의 관점에서만 타자에 대한 환대를 다루어 왔다. 법적 권리의 관점에서 환대의 문제를 바라볼 가능성은 없는가?
급속하게 '이주사회'로 변한 오늘날의 우리 사회는 이들 이주자들을 우리 사회의 새로운 구성원으로서 인정하고 흔쾌히 받아들일 준비가 되어 있는가? 환대의 문제는 '성원권'의 문제와 밀접한 관련 속에 놓여 있다. 한 사회에서 구성원으로서 인정받지 못한다는 것은 '권리를 가질 권리'를 갖지 못하는 것이다. 그것은 '인권'의 기초를 박탈당하는 것과 다름없다. 인정받아야 할 권리를 인정받지 못하고 무시되는 것은 인정투쟁을 불러일으킨다.
이 글에서는 이주사회 속에서 환대의 문제를 다양한 관점에서 살펴볼 것이다. 타자의 윤리를 넘어선 타자의 권리를 우리는 어디까지 논의할 수 있을까? 우리 사회가 이주사회로 변할 수밖에 없는 상황에서 민주적 주권의 결정에서 처음부터 배제당한 자들의 권리를 어떻게 보장할 수 있는지 들여다볼 필요가 있다.

이주사회에서의 환대의 권리

서윤호

1 이주사회의 도래

세계화의 영향으로 인해 최근 우리 사회는 급속하게 이주사회로 바뀌고 있다. 먼 곳이 가까워지고 가까운 곳이 멀어지고 있다. '이주사회'는 이러한 현상을 매우 분명하게 보여준다. 오늘날의 시대를 규정하는 '이주의 시대'라는 말은 결코 과장이 아니다.[1] '전 지구적 노마드화'라는 말을 이제 우리 사회도 실감하고 있는 셈이다. 이주사회에서는 많은 것이 기존의 경계를 넘게 된다. 이른바 '탈경계'의 사유와 시대가 열리게 된다. 이와 함께 주체와 객체의 이분법도 크게 흔들린다. 이 글에서 다루고자 하는 것은 '이주사회'에서의 '환대'의 문제이다. 그것도 '권리'로

1 스티븐 카슬 외, 한국이민학회 옮김, 『이주의 시대』(일조각, 2013) 참조.

서의 환대의 문제를 다루고자 한다.[2]

지금 우리 사회에서 나타나고 있는 이주자들에 대한 관심의 증대는 우리 사회가 이들을 어떻게 받아들일 것인가 하는 주인의 관점에서 손님과 객으로서 이주자에 대한 '환대'의 문제를 다루고 있다. 이런 입장에서 묻고 있는 물음의 지평은 이렇다. 우리 사회에 타자로서 새롭게 나타난 이들을 우리는 어떻게 대해야 하는가? 우리 앞에 닥친 새로운 이주사회에서 요구되는 환대의 규범은 어떠한 형태를 갖춰야 하는가? 이러한 질문은 지금까지 경계를 잘 유지해온 정주자의 관점에서 이주자에 대한 환대의 문제를 논의하는 것이다.

그러나 이 글에서는 다른 방식의 물음을 제기하고자 한다. '타자의 권리'로서 이주자의 관점에서 당당하게 주장할 수 있는 '환대의 권리'는 불가능한 것인가? 환대는 '윤리'의 차원을 넘어 과연 '권리'의 차원에서도 주장될 수 있는가? 여기에서 '권리'로서의 환대란 무엇을 말하는가? 상대방의 호의와 윤리에 기초를 둔 불완전한 권리가 아니라, 강한 주장으로서 온전히 자신을 보호할 수 있는 완전한 권리로서 환대를 다룰 수 있는가? 환대의 권리는 사회구성원의 자격과 관련된 '성원권'과는 어떠한 관계에 있는가? 만약 이러한 물음에 긍정적인 대답이 가능하다면, 이주 인권이라는 우리 사회가 마주하고 있는 현안 문제는 지금보다 훨씬 강한 법적 보호 장치를 가지게 될 것이다.

이러한 문제의식으로부터 시작하여 여기에서는 다음의 내용들을 다루고자 한다. 먼저 환대의 문제와 밀접한 관련 속에 놓여 있는 '성

2 이는 '타자의 권리'와도 관련된 문제이다. 자세한 것은 세일라 벤하비브, 이상훈 옮김, 『타자의 권리』(철학과현실사, 2008) 참조.

원권'의 문제부터 살펴보고자 한다. 전통적으로 국적 또는 시민권이라는 형태로 다뤄온 정치적 성원권의 문제가 이주사회에서 어떠한 변화를 겪고 있는지 세일라 벤하비브와 마이클 왈저의 논의를 통해 분석해 보고자 한다. 이어서 권리로서의 '환대'의 문제를 어떻게 다룰 것인지 임마누엘 칸트와 자크 데리다의 논의를 통해 조건적 환대와 무조건적 환대의 의미와 한계를 살펴볼 것이다. 마지막으로 환대권의 재구성 가능성을 인정 이론과의 관계 속에서 전망해 보고자 한다.

2 이주사회에서의 성원권 문제

김현경은 『사람 · 장소 · 환대』에서 '성원권'과 관련하여 '환대'의 개념을 검토하고 있다.[3] 문화인류학적 관점에서 김현경은 환대의 개념을 성원권의 전제조건으로서 파악한다. 그 경우 성원권은 보편적 인권의 개념 자체와 크게 구분되지 않는다. '성원권'은 다시 말해 사람이 사람으로서 인정받을 수 있는 보편적인 '권리를 가질 권리'로서 파악된다. 이는 실상 보편적 '인권' 개념과 큰 차이가 없는 개념이 된다. 그러나 이와 같이 보편 인권 개념과 커다란 차이가 없는 방식으로 성원권 개념을 매우 넓은 의미로 사용하게 된다면, 우리 사회의 현실 문제를 분석하고 해결하는 데에는 별 도움이 되지 않는다. 그것은 기껏해야 도덕적 요청의 차원에서만 그 유효성을 주장할 수 있을 뿐이다. 보편적 인권

3 자세한 것은 김현경, 『사람, 장소, 환대』(문학과지성사, 2015), 57쪽 이하 참조.

개념에 기초한 광의의 성원권보다는 좀 더 현실적인 정치적 및 사회적 권리의 개념으로 성원권을 더 구체화해야만 우리 사회가 당면하고 있는 현실의 문제를 밝힐 수 있는 이론적 개념틀을 제공할 수 있다. 오늘날 이 문제는 주로 이주자의 '정치적 성원권'의 문제로 다뤄지고 있다.

근대 민족국가는 전통적으로 국적과 시민권이라는 법적 범주를 통해 정치적 성원권의 문제를 관리해 왔다. 그러나 급격하게 이주사회로 변화하고 있는 오늘날의 상황에서 이들 국적 또는 시민권 개념은 점차 낡은 개념으로 전락하게 되었으며, 다양한 요소들로 부분적으로 해체되는 과정에 놓이게 되었다. 지금까지는 국민의 자기 입법 개념에 기초한 민주주의의 방식으로 이방인의 정치적 성원권에 대해 일정한 제한을 가하는 것이 당연한 것으로 간주되었다. 그러나 이러한 과거의 입장이 새로운 이주의 공간에서도 여전히 유효한지 진지하게 다시 묻지 않으면 안 되는 정치적 상황이 전개되고 있는 것이다. 이주사회에서 정치적 성원권의 문제는 어떻게 새롭게 구성되는가? 이는 환대의 권리와 관련해서도 중요한 의미를 가진다. 정치적 성원권을 둘러싸고는 두 사람의 이론적 입장을 대조적으로 살펴볼 필요가 있다. 세일라 벤하비브와 마이클 왈저의 논의가 그것이다.[4]

벤하비브는 정치적 성원권의 문제를 무엇보다 보편 인권의 핵심 주제로 파악한다. 그에 따르면 성원권과 민주주의 사이에는 일정한 갈등

4 자세한 것은 서윤호, 「이주사회에서의 정치적 성원권: 벤하비브의 논의를 중심으로」(《통일인문학》 58, 2014); 「분배적 정의와 정치적 성원권: 왈저의 논의를 중심으로」(《강원법학》 42, 2014) 참조.

과 긴장의 관계가 성립하고 있다고 한다.[5] 이것은 전형적인 민주주의의 역설과 관련되는 문제이기도 하다. 오늘날의 세계는 초국가적인 자본과 금융의 등장, 경제적 세계화 및 노동시장의 유동성 강화와 더불어 초국가적 정치행위자뿐만 아니라 하위국가적 정치행위자들도 함께 다양한 형태로 등장하고 있다. 그에 따라 기존의 민족국가와 국경 및 영토 개념을 이전과 같은 방식으로 그대로 고수하는 것은 시대에 뒤떨어진 것으로 그 양상이 바뀌고 있다. 그렇다고, 선불리 국가 체제의 종말을 강하게 주장하는 것도 그다지 쉬운 일이 아니다. 경제, 군사, 기술 등 다양한 부문에서 국가주권이 가졌던 힘이 대부분 와해되고 그와 함께 국경이 수용적인 형태로 바뀌고 있다고 해도 무분별한 이주자들의 도래를 막아내기 위해서는 여전히 국경이 반드시 필요하다고 강력하게 주장하고 있는 사람들이 많기 때문이다.[6]

벤하비브는 바로 이러한 급격한 새로운 변화의 틈바구니 속에서 정치적 성원권의 문제를 다루고 있다. 그는 정치적 성원권의 문제를 둘러싸고 전개되는 보편 인권과 민주주의 사이의 간극을 단지 규범적인 차원에서가 아니라 현실적인 차원에서 보다 개방적이고 진취적으로 파악하고자 한다. 벤하비브는 한편으로는 인권에 내재하는 포괄적인 도덕적 및 정치적 보편주의와, 다른 한편으로는 주권에 본질적인 내용을 이루고 있는 개별적이고 배타적인 민주적 제한이라는 두 개의 요소 사이에 놓여 있는 이와 같은 간극을 위르겐 하버마스 식의 담론 이론을 통

5 세일라 벤하비브, 이상훈 옮김, 『타자의 권리』(철학과현실사, 2008), 72쪽 참조.

6 이철우는 이 문제를 주권의 '탈영토화'와 '재영토화'로 표현하고 있다. 자세한 것은 이철우, 「주권의 탈영토화와 재영토화」(《한국사회학》 42-1, 2008) 참조.

해 서로 상호규정하고 재의미화함으로써 현대 입헌주의의 새로운 가능성을 찾고자 시도한다.[7]

벤하비브는 맥락초월적인 입헌적 국제 규범의 정립과 민주적 다수 의지가 서로 어떻게 매개되고 결합될 수 있는지를 보여주기 위해 자크 데리다의 반추(iteration) 개념을 끌어들여 민주적 반추 과정을 제안한다. 의사결정 과정에서 배제되는 자가 비록 배제와 포함의 규칙 그 자체를 정하는 데에는 직접 참여할 수 없다고 하더라도, 지속적이고 다중적인 민주적 반추 과정을 거친다면 이러한 간극과 차이를 협상 가능한 것으로 유연하게 만들 수 있을 것이라고 벤하비브는 주장한다.[8] 다시 말해 벤하비브는 공적인 형태의 토론과 숙고 및 학습으로 이어지는 복잡한 과정들로 구성되는 민주적 반추 과정을 통해 보편 인권에 대한 요구가 다양한 법 제도와 민주주의의 공적 영역에서 논의되고 맥락화될 수 있게끔 만들 수 있다고 한다.

또 벤하비브는 전 세계적 맥락에서 이러한 민주적 반추 과정이 이루어져야 한다고 주장한다. 시민권에 관한 정책들은 더 이상 한 나라의 일방적인 자기 규정의 형태로 진행되어서는 안 되며, 세계적 맥락에서 다른 나라들에게도 일정한 영향을 줄 수밖에 없는 다국 간의 결정으로 이해되지 않으면 안 되기 때문이다. 그런 점에서 현대 사회에서 주권은 과거와 같이 더 이상 자기지시적인 개념인 것이 아니라, 국제사회의 일원으로서 책임 있는 주권 개념으로 새롭게 이해되어야 한다. 또 벤하비

7 세일라 벤하비브, 같은 책, 35쪽 참조.

8 '민주적 반추' 개념에 대해서는 세일라 벤하비브, 같은 책, 209쪽 이하; 하용삼, 「타자의 권리에 대한 민주적 반추」(《로컬리티 인문학》 4, 2010) 참조.

브는 민주적 국민이라는 정체성을 입헌적 자기창조의 지속적인 과정으로 파악하여, 민주적 반추 과정을 통해 시민과 이방인, 우리와 타자 사이의 구분을 협상 가능한 것으로 유동적으로 만들 수 있을 때에야 비로소 우리는 탈형이상학적, 탈민족국가적, 세계시민적 연대에로 나아갈 수 있을 것이라고 강조한다. 그는 이와 같은 세계시민적 연대 아래에서 모든 인류는 오로지 인간이라고 하는 바로 그 이유만으로 보편적 권리의 보호망 아래 놓일 수 있게 되며, 그때에야 비로소 성원권이라는 배제적 특권도 우리의 시야에서 사라지게 될 것이라고 주장한다.

이와 같이 기본적으로 벤하비브는 성원권의 문제를 보편 인권의 문제로 이해하고 있다. 이러한 벤하비브의 주장은 매우 강한 설득력을 가지고 있다.[9] 그러나 벤하비브가 주장하는 보편 인권으로서의 성원권이 취하고 있는 이론적 기초를 들여다보면 일정한 비판의 지점이 드러난다. 그는 자신의 주장을 정당화하기 위해 하버마스의 담론 이론을 철학적 기초로 삼고 있는데, 그에 따라 하버마스의 철학적 입장에 대한 일반적인 비판이 고스란히 그에게도 적용된다. 벤하비브는 의사소통적 자유에 기초하고 있는 기본적 인권은 보편 인권으로서의 성원권을 정당화할 수 있으며, 성원권과 시민권 박탈에 대한 금지도 또한 정당화할

9 이와 같은 내용들을 논증하기 위해 『타자의 권리』에서 벤하비브는 임마누엘 칸트의 '환대의 권리'와 한나 아렌트의 '권리를 가질 권리', 그리고 존 롤즈의 『만민법』과 세계 정의론자들의 여러 주장을 하나씩 살펴보고 있다. 토마스 포게(Thomas W. Pogge), 찰스 베이츠(Charles Beitz)와 같은 지구 정의론자들도 국경을 넘어서까지 정의의 문제를 주장하는 점에서 롤즈보다는 앞서가고 있지만, 그들도 역시 지구촌 분배정의라는 관점에서만 이주 활동을 바라보는 한계가 있다.

수 있다고 한다.[10] 그러나 벤하비브 자신도 인정하고 있듯이, 이와 같은 방식으로 성원권 문제를 다루는 것은 개인주의를 기초로 삼고 있는 사회계약론의 관점을 취하는 것이다.[11] 따라서 사회계약론의 관점에 대해 기본적으로 비판적인 입장을 취하는 사람들은 이러한 이론적 기초에 대해서 선뜻 동의하기 어려울 것이다. 몇 군데 눈에 띄는 근본적인 입장의 차이를 제외한다면, 벤하비브의 이론적 논의는 전반적으로 충분히 공감할 만한 내용을 담고 있다. 벤하비브는 국경을 허물자는 것이 아니라 수용적으로 만들자고 주장한다. 난민과 망명객에 대해서는 임시 입국권을 허용해야 하지만, 동시에 임시 입국에서부터 정회원이 되는 모든 과정을 규정할 수 있는 민주주의의 권리를 인정해야 하며, 귀화에 관한 법은 인권 규범과 일치해야 하며, 주권을 가진 국민이 그들과 함께 살고 있는 외국인들의 귀화를 허용하지 않거나 시민권 획득을 막아서는 안 된다고 한다.

벤하비브와는 반대로 왈저는 공동체주의적 입장에서 특수에서 보편으로의 변증법적 과정이라는 방법론을 취하고 있다. 물론 왈저의 주장도 그 현실적인 결과에서는 벤하비브의 주장과 실제 큰 차이를 보이지는 않는다. 그러나 정치적 성원권을 다룸에 있어 왈저가 취하고 있는 이론적인 접근방식은 벤하비브와는 매우 상이한 형태를 띠고 있다. 존 롤즈의 『정의론』에 대한 비판을 통해 왈저는 자신만의 독특한 '다원적 정의'를 주장하고 있다.[12] 왈저는 다원적 정의의 관점에서 정치적 성원

10 세일라 벤하비브, 같은 책, 166쪽.

11 세일라 벤하비브, 같은 책, 168쪽.

12 왈저는 정의의 기준이란 각각의 시대와 장소에 따라 어느 정도 달라질 수밖에 없다는

권의 문제를 살펴보고 있다.[13] 그에 따르면, 인간이란 결코 고정된 존재가 아니라 변화하는 유동적인 존재이기 때문에 많은 사람들이 자신의 마음에 들지 않는 환경에서 자신의 마음에 드는 환경으로 이동함으로써 주기적으로 거주지나 시민권을 변경하고자 한다고 한다. 그 경우 국가의 시민들로서 우리는 다음과 같은 문제들을 결정해야 한다. 우리는 과연 누구를 선택할 것인가? 가입을 원하는 누구에게나 우리는 가입을 허용해야만 하는가? 지원자들 중에서 일부를 선별하는 것이 가능한가? 도대체 성원권을 분배하는 적합한 기준은 무엇인가? 왈저는 그의 방법론적 특수주의라는 방식으로 이러한 성원권을 둘러싼 문제들에 접근하고자 한다.

왈저에 의하면, 성원권은 구성원들의 민주적 결정을 존중하는 '내적 원칙'에 기본적으로 의존하기도 하지만, 동시에 상호부조라고 하는 '외적 원칙'의 제약도 무시할 수 없다고 한다. 일반적으로 이방인은 상호부조라는 외적 원칙에 따라 환대를 받을 권리를 가진다. 이러한 상호부조의 원칙은 인간 전체에 대한 의무이기도 한 까닭에, 공동체의 경계를 넘어서 이방인에게까지 확장 적용될 수 있다. 그렇지만 그러한 의무는

사실에 주목하여, 롤즈가 주장하는 보편적 정의론을 비판하면서 다원적 정의론을 제시하고 있다. 마이클 왈저(왈쩌), 정원섭 외 옮김, 『정의와 다원적 평등—정의의 영역들』(철학과현실사, 1999) 참조.

13 왈저는 『정의의 영역들』 제2장에서 성원권의 문제를 기본적으로 '분배적 정의'의 문제로 다루고 있다. 여기에서는 성원권의 문제가 분배적 정의의 문제로 다루어지는 것이 합당한가, 아니면 보다 근원적인 형태의 상호인정의 문제로 다뤄야 하는가 하는 문제는 건너뛰기로 하겠다. 정의의 문제를 넘어서 인정 개념을 토대로 이론적 기초를 전개하고자 하는 시도로는 악셀 호네트, 문성훈 외 옮김, 『정의의 타자』(나남, 2009); 박구용, 『우리 안의 타자—인권과 인정의 철학적 담론』(철학과현실사, 2003) 참조.

공동의 삶을 함께 공유하고 있는 공동체 내부의 구성원에 대한 의무만큼 그렇게 강한 것으로 볼 수는 없다. 따라서 왈저는 이러한 상호부조라는 외적 원칙에 따라 이방인들에게 성원권을 부여할 수도 있지만, 이는 매우 제한적으로 이루어진다고 한다.[14]

이미 합법적인 방식으로 입국하여 상당한 기간 동안 별 문제 없이 거주하고 있는 이방인들의 경우에는 성원권의 문제를 어떻게 봐야 하는가? 이 문제에 대해 왈저는 합법적으로 입국한 모든 거주자들을 기본적으로 시민 또는 적어도 잠재적인 시민으로 바라봐야 한다고 주장한다. 대개 열악한 업종에서는 노동력 부족 문제를 해결하기 위한 목적으로 입국 이민이 허용되는 경우가 많이 있는데, 그들에게 성원권을 전혀 부여하지 않는 것은 마치 종처럼 그들을 취급하는 것과 마찬가지라고 왈저는 비판한다.[15] 자신들의 필요에 의해 입국을 받아들인 이주자들에게 한편으로 법적 의무를 부과하고 법의 지배를 받을 것을 요구하면서도, 다른 한편으로 그들에게 전혀 성원권을 부여하지 않는 것은 정치적 정의에 어긋난다고 왈저는 말하고 있다. 이들에 대한 이러한 인정 무시 또는 비승인의 태도는 결코 '정치적 정의'라고 말하기 어렵다. 외국인 노동자들은 그들이 현재 머물고 있는 나라에서 사회적으로 필요한 노동을 하고 있으며, 또한 그 국가의 법률 체계에 깊이 관여되어 있다. 그렇기 때문에 정치적 정의의 원칙에 따라 그들도 사회의 구성원으로서의 권리를 평등하게 보장받을 수 있어야 한다. 외국인 노동자들의 입국을 인정하면서도 그들에게 시민권을 전혀 부여하지 않는 것은 그들을

14 마이클 왈저, 정원섭 옮김, 『정의와 다원적 평등』(철학과현실사, 1999), 94쪽.

15 마이클 왈저, 같은 책, 106쪽.

이방인의 지위에 묶어두고 억압과 착취를 지속하고자 하는 것일 뿐이고, 이방인들에 대한 지나친 압제에 지나지 않으며, 따라서 결코 정치적 정의와도 부합되지 않는다.[16]

여기에서 기본적으로 요구되고 있는 정치적 정의의 근본 원칙은 무엇인가? 왈저는 다음과 같이 말하고 있다. "민주주의 국가에서는 그 내부의 삶을 이루는 자치의 과정들은 그 영토 안에 함께 살면서 그 지역의 경제에서 실제로 일하고 있을 뿐만 아니라 동시에 그 지역에서 적용되는 법의 지배를 받고 있는 모든 사람들에게 평등하게 개방되어야 한다."[17] 이와 같은 정치적 정의는 특정한 개인들과 특정한 계급을 영원히 국외자로 배제하는 것을 금지하는 중요한 보호 장치라고 할 수 있다. 오늘날 민주주의 국가라고 한다면 어떠한 국가도 시민들과 외국인들에게 각각 서로 상이한 지위를 고정시키는 것은 결코 용납될 수 없다. 민주주의 시민들이라면 새로운 외국인 노동자를 사회 속에 받아들이고자 한다면, 그들의 성원권도 동시에 확장할 마음의 준비를 갖추고 있어야 한다. 만일 외국인 노동자들을 새로운 사회의 구성원으로 받아들이고 싶지 않으면, 그 국가의 노동시장의 한계 안에서 사회적으로 필요한 노동의 문제를 스스로 해결할 수 있는 방도를 찾아야만 한다.

앞에서 먼저 살펴본 바와 같이 벤하비브는 인권과 주권이라는 두 개의 요소에서 보편적인 인권을 중심점으로 삼아 주권의 문제를 고려하여 구체적인 현실성을 확보하고자 하는 이론적 전략을 취하고 있다. 이러한 이론적 전략은 보편적 규범의 차원을 처음부터 확보할 수 있다는

16 마이클 왈저, 같은 책, 117쪽.

17 마이클 왈저, 같은 책, 118쪽.

점에서는 매우 유리하지만, 실제 현실 속에서 구체적 타당성을 확보하기가 쉽지 않다. 이에 반해 왈저는 특수로부터 보편으로 접근하는 방식을 선호한다. 구체적인 현실이라는 조건 속에서 서로 받아들일 수 있고 실제로 구현할 수 있는 구체적 보편성을 확보하는 방식이 더 합리적이기 때문이다. 이와 같이 특수로부터 보편으로 상향의 접근방식을 취할 경우에는 민주적 주권 결정을 내리는 과정에서 실현 가능한 보편성을 실제로 어떻게 확보할 것인지가 관심의 대상이 된다.

벤하비브는 왈저의 특수주의적 방법론에서 나타나는 상대주의적 요소에 주목하여 정치적 성원권의 문제에서 공동체주의자들이 민주적 반추의 힘을 과소평가하고 또 현실 정치에서의 배제와 차별을 쉽게 무시한다고 비판하고 있다. 그렇지만 이러한 벤하비브의 비판은 매우 넓은 이론적 스펙트럼을 갖고 있는 다양한 공동체주의자들의 입장을 세밀하게 포착한 것으로 보기는 어렵다.[18] 또 다른 공동체주의자인 찰스 테일러는 왈저와는 달리 특수주의적 방법론을 취하지 않고 상호인정 이론을 통해 자아의 정체성 형성에는 언제나 타자가 전제되어 있다는 사회적 자아에 관한 논의를 이론적으로 잘 밝히고 있다. 이로부터 이주사회에서의 정치적 성원권 문제에 대해 여기에서 살펴본 왈저나 벤하비브와 같이 단지 정의의 문제로서 성원권을 파악하는 차원을 넘어, 인권과 인정 이론의 차원에서 성원권의 문제를 파악할 수 있는 가능성을 찾을 수 있을 것이다.

18 공동체주의의 입장에 대해서는 스테판 뮬홀 외, 김해성 외 옮김, 『자유주의와 공동체주의』(한울아카데미, 2001), 70쪽 이하 참조.

3 환대의 권리를 둘러싼 문제

환대의 문제는 사회구성원의 자격을 다루는 '성원권'과 밀접하게 관련되어 있다. 상호인정, 성원권, 환대의 문제는 서로 맞물려 있다. 일반적으로 환대란 나의 거주지에 찾아온 타자들을 어떻게 맞이하고 받아들일 것인가 하는 문제와 관련된다. 환대는 타인의 호소에 응답하여 자신의 문을 활짝 열고 타인을 나의 손님으로 맞이하고 선행을 베푸는 것을 의미한다. 김현경은 다음과 같이 환대를 말하고 있다. "환대란 타자에게 자리를 주는 행위 혹은 사회 안에 있는 그의 자리를 인정하는 행위이다. 자리를 인정한다는 것은 그 자리에 딸린 권리들을 인정한다는 뜻이다. 또는 권리들을 주장할 권리를 인정한다는 것이다. 환대받음에 의해 우리는 사회의 구성원이 되고, 권리에 대한 권리를 갖게 된다."[19]

이러한 환대에 대한 일반적인 설명은 그러나 구체적인 세부 각론 부분에 들어가면 사뭇 다른 양상으로 나타난다. 실제 환대의 개념에 대한 기본적인 이해는 각각의 철학적 입장마다 커다란 차이를 보이고 있다. 그 경우 크게 임마누엘 칸트와 자크 데리다로 대표되는 두 입장이 눈에 띈다. 환대의 문제와 관련하여 전통적인 칸트 철학의 입장에서는 계약론적 상호성에 바탕을 둔 조건적 환대를 주장하고, 그에 반해 타자 철학에 기초를 두고 있는 데리다는 무조건적 환대의 개념을 주장한다. 칸트가 18세기 말의 근대적 입장에서 상대적이고 조건적인 환대를 주장하고 있다면, 데리다는 오늘날의 탈근대적 입장에서 칸트를 비판적으

19 김현경, 『사람, 장소, 환대』(문학과지성사, 2015), 207쪽.

로 검토하면서 타자에 대한 절대적이고 무조건적인 환대를 주장하고 있다.[20]

칸트가 말하는 환대의 권리는 1795년 『영구평화론』에 나온다.[21] 『영구평화론』에서 칸트는 세계시민주의에 근거한 세계연방제를 제시함으로써 세계가 어떻게 영구평화에 도달할 수 있는가를 보여주고자 했다. 그는 여기에서 공동체의 경계를 넘나드는 개인들에게 적용되는 도덕적 관계와 법적 관계에 집중하여 세계시민적 권리에 대해 논의하고 있다. 칸트가 파악하는 '세계시민권'이란 모든 사람들이 자유로운 의지를 가지는 인격체이며 동시에 또한 한정된 지구의 표면을 서로 공유하는 공통의 인류임을 전제로 하여, 한 국가의 구성원이 문화, 종교, 인종의 장벽과 제약을 넘어서 자유로이 여행할 수 있고 다른 국가를 방문하여 환대 속에서 임시 체류할 수 있는 권리를 의미한다.

칸트의 주장은 세계시민주의의 철학적 기초를 마련한 것으로 일반적으로 받아들여지고 있다. 그러나 그 이론 구상의 추상성에 대해서는 그때나 지금이나 마찬가지로 비판의 목소리가 높다. 대표적인 비판은 게오르크 빌헬름 프리드리히 헤겔에게서 찾아볼 수 있다. 헤겔은 영구평화에 대한 칸트의 철학적 주장은 당시의 국제적 현실을 제대로 반영하지 못하고, 단순히 자연 상태로부터 시민 상태로 이행하는 사

20 이와 같은 일반적인 이해와는 달리, 한병철은 『타자의 추방』에서 칸트의 환대 개념을 '무조건적인' 환대로 이해하고 있다. 그러나 아쉬운 점은 그가 더 이상의 칸트의 환대 개념에 대한 상세한 논증을 행하지 않고 있다는 것이다. 한병철, 이재영 옮김, 『타자의 추방』(문학과지성사, 2017), 31쪽 이하 참조.

21 임마누엘 칸트, 이한구 옮김, 『영원한 평화를 위하여』(서광사, 1992); 이마누엘 칸트, 강영계 옮김, 『영원한 평화를 위해』(지만지, 2015).

회계약설의 이론적 구상을 그대로 국제관계에 적용하고 있을 뿐이라고 비판하고 있다.[22] 한마디로 칸트의 영구평화론은 국제관계에 적용된 사회계약론에 지나지 않는다는 것이다. 헤겔의 주장은 그 당시의 세계 상황에 비추어 상당한 설득력을 가진다. 그러나 200년이 훨씬 더 지난 오늘날 전 지구적 차원의 세계화가 전개됨에 따라 그때와는 매우 다른 맥락에서 오히려 칸트의 주장은 매우 높은 현실성을 가지게 되었다.

칸트는 '환대의 권리'를 도대체 어떻게 파악하고 있는가? 칸트는 『영구평화론』에서 국가들 사이의 영구평화에 관한 명문조항 세 가지를 제안한다. 첫째, "모든 국가의 시민 헌법은 공화주의적이어야 한다." 둘째, "민족국가들의 법은 자유국가들의 연방 위에서 정초되어야 한다." 셋째, "세계시민권은 보편적 환대의 조건에 한정되어야 한다." 마지막 세 번째 조항에서 칸트는 환대의 권리에 대한 논의를 전개하고 있다. 칸트는 여기에서 환대에 대해 "이것은 인류애의 문제가 아니라 권리의 문제다"라고 강조하고 있다.[23] 환대에 대한 칸트의 이와 같은 주장은 '이주사회에서의 환대의 권리'를 다루고자 하는 우리의 문제에서 매

22 헤겔은 그의 『법철학』 제333절에서 칸트의 영구평화론을 비판하고 있다. 자세한 것은 게오르크 빌헬름 프리드리히 헤겔, 임석진 옮김, 『법철학』(한길사, 2008); 가라타니 고진, 조영일 옮김, 『헌법의 무의식』(도서출판b, 2017), 104쪽 이하 참조. 가라타니 고진은 헤겔의 비판에 대해 『영구평화론』보다 10년 전인 1784년에 칸트가 쓴 『세계시민적 관점에서 바라본 보편사의 이념』을 끌어들여 칸트의 입장을 옹호하고 있다. 자세한 것은 가라타니 고진, 『헌법의 무의식』, 106쪽 이하 참조.

23 Immanuel Kant, *Zum ewigen Frieden. Ein philosophischer Entwurf*, in: Schriften zur Anthropologie 1, Hrsg. von Wilhelm Weischedel, stw 192(Frankfurt am Main: Suhrkamp, 1977), 213-214쪽.

우 중요한 의미를 가지는 부분이다. 또 환대를 '인류애'의 문제가 아니라 '권리'의 문제로 파악하고 있다는 점에서 칸트의 탁월한 통찰력을 충분히 인정할 만하다. 그러나 안타깝게도 칸트는 자신의 입장을 마지막 지점까지 일관되게 관철하고 있지는 못하는 문제를 안고 있다.

칸트가 말하는 권리로서의 환대를 좀 더 자세히 살펴보면 다음과 같다. 그는 환대가 단순히 내국인이 그 나라를 찾아온 이방인이나 자연적, 역사적 환경으로 말미암아 그 내국인의 친절에 몸을 맡길 수밖에 없는 사람들에게 표할 수 있는 사교적 덕목이나 친절, 관용으로 이해되어서는 안 된다고 한다. 우리가 세계공화국의 잠재적 참여자라는 관점을 취한다면, 환대는 모든 인류가 가져야 할 권리인 것이다. 이 환대의 권리는 각각 서로 다른 시민결사체에 속하면서도 경계지어진 서로의 공동체 변경에서 마주치는 개인들 사이의 상호작용을 규정한다. 다시 말해 환대의 권리는 각각의 정치체제의 경계에서 등장하는 것이다. 구성원과 이방인 간의 관계를 규제함으로써 환대의 권리는 시민적 공간을 나눈다. 그러므로 환대권은 인권과 시민권 사이의 공간, 즉 한편으로는 인격에 기초하고 있는 인간의 권리와 다른 한편으로는 우리가 특정한 공화국의 구성원으로서 갖는 권리 사이에 위치하게 된다. 이 점에서 칸트는 철저하게 주권국가와 국가주의적 관점이라는 시대적 한계 속에 갇혀 있다고 말할 수 있다. 분명 칸트는 우리가 처한 '이주의 시대'와는 다른 시간과 공간 속에 있다. 그렇지만 칸트의 주장은 오늘날에도 여전히 우리에게 강력한 영향력을 행사하고 있다.

칸트는 『영구평화론』에서 이렇게 말한다. "환대란 다른 국가의 영토에 도착한 이방인이 적으로 간주되지 않을 권리를 뜻한다. 그를 몰락에 처하게 하지 않는 한에서 받아들이지 않을 수도 있을 것이다. 그러나 그가 평화적으로 머물러 있는 한, 굳이 그를 적대적으로 대할 이유가 없다. 이것은 영영 머물고자 하는 영주권이 아니다. 즉 본국민들과 동일한 권리를 일정한 기간 동안 이방인에게도 부여하기 위해서는 선의에 기초하는 특별한 계약이 필요하겠지만, 이것은 그런 것이 아니다. 그것은 모든 사람들이 가져야 하는 임시 체류권 내지 친교권이다. 지구를 한 사람이 다 가질 수 없기에 우리는 타자의 존재를 결국 받아들이지 않을 수 없으며, 따라서 모든 사람이 지구 표면에 대한 공동 소유권을 갖기 때문에 이런 권리를 갖는다."[24]

칸트의 주장을 조금 단순화해서 말한다면, 우리가 환대의 권리를 갖는 것은 공처럼 둥근 지구 표면을 우리 모두가 함께 공동으로 소유하고 있기 때문이라는 것이다. 그러나 칸트의 환대의 권리는 결정적인 약점을 지니고 있다. 그것은 둥근 지구 표면에 대한 공동의 소유권이라는 물리공간적인 근거를 넘어서 더 적극적으로 환대권의 근거를 밝히고자 하지 않은 점에 그 이유가 있다. 칸트는 그의 철학적 기본 입장이라고 할 수 있는 개인주의와 자유주의에 기초하여 끝없는 경쟁 과정에서 마지막 벼랑 끝에서 서로의 몰락을 피하기 위해 어쩔 수 없이 상대방을 받아들이는 관용의 원리로서 환대의 권리를 바라보고 있기 때문이다. 적극적 상호인정의 결여가 칸트가 주장하는 환대의 권리에서 약한 고

24 Immanuel Kant, *Zum ewigen Frieden. Ein philosophischer Entwurf*, in: Schriften zur Anthropologie 1, Hrsg. von Wilhelm Weischedel, stw 192(Frankfurt am Main: Suhrkamp, 1977), 213쪽.

리를 이룬다.

환대의 권리와 관련하여 칸트는 구체적으로 영주권과 임시 체류권을 나누어 고찰하고 있다. 이는 오늘날 이주자의 정치적 성원권과 관련해서도 여전히 그 영향력을 행사하고 있는 개념 구별이기도 하다. 영주권은 자유롭게 선택된 특별한 동의에 의해 도덕적인 면에서나 법적인 면에서 타자에게 마땅히 부여되어야 하는 것 이상이 주어지는 것이다. 따라서 칸트는 이를 '선의에 기초한 계약'이라 부른다. 그것은 공화적인 주권이 자신의 영토 내에 거주하고 활동하면서 제 각각의 정치적 실체를 반영하며 오랜 기간 상업에 종사하는 그런 특정한 외국인들에게 부여하는 특전이다. 환대권은 만약 이를 거부할 시 타자의 몰락을 초래할 수 있는 경우, 거부당하지 않을 임시 거주권에 대한 요청을 수반한다. 종교 전쟁의 피해자, 해적이나 난파선의 피해자들에게 임시 체류를 거부하고, 또한 그런 거부가 그들의 몰락을 초래할 수 있다면, 이런 거부는 정당할 수 없다는 것이 칸트의 주장이다.

하지만 환대의 권리를 주장하는 이러한 칸트의 논의에는 불확실한 부분도 있다. 즉 사람들과 국가 사이에 발생하는 이와 같은 관계들이 과연 도덕적 의무의 요청 범위를 넘어서는 적선 행위까지도 수반하는 것인지, 아니면 이들 관계들이 '타자의 인격에 기초하고 있는 인간의 권리'를 인정할 것에 대한 일정한 도덕적 요청을 수반하고 있는 것인지 그다지 분명하지 않기 때문이다. 우리는 망명권이나 피난권에 관한 오늘날의 논의들에 영향을 미치는 법률적, 도덕적 모호성을 여기서 찾을 수 있다. 망명권이나 피난권이 우리가 함께 인류라는 데 기초한 상호적인 도덕적 의무라는 의미에서 '권리'인가? 아니면 이들 권리들이 법적 의미에서, 특히 개인이나 집단들이 주권적 민족국가들로 하여금 준수하도록 강제하고자 하는 행위규범적 요청인가? 칸트는 이 점에 관해 명백한 답변을 제시하지 않고 있다.[25]

물론 칸트가 『영구평화론』을 저술했던 시기는 오늘날의 이주사회와는 큰 차이가 있다. 칸트가 살았던 18세기 말은 유럽 열강들의 제국주의적 팽창이 치열하게 전개되었던 시기이다. 칸트는 당시 서구 열강들의 제국주의적 팽창 야욕에 반대하여 세계시민적 환대권을 주장하고, 동시에 영구평화를 위해 세계연방이라는 사고를 이론적으로 제시하였다. 세계시민권에 관한 칸트의 논의는 비록 결함이 없는 것은 아니지만, 환대의 권리에 관한 새로운 영역을 개척한 통찰력만큼은 탁월한 것으로 평가된다. 뿐만 아니라 칸트의 세계시민주의는 오늘날 신자유주의적 정치경제 전략으로 자본주의의 세계화가 강하게 전개되고 있는 상황에서 새로운 지구적 윤리를 찾는 많은 자유주의 진영의 학자들에게 커다란 이론적 관심의 대상이 되고 있다. 그러나 또한 다른 한편으로는 동시에 이러한 칸트의 자유주의적 경향은 반대의 정치적 입장을 가진 학자들에게는 꾸준한 비판의 대상이 되고 있기도 하다. 칸트의 환대의 권리를 보다 적극적으로 구성할 수 있는 가능성을 모색해야 할 과제가 우리에게 주어져 있다.

25 칸트의 환대권에 대한 논의가 어떤 법 이론적 문제를 야기하고 있으며, 그에 대해서 어떠한 비판이 가해질 수 있는지 앞으로도 좀 더 면밀히 분석할 필요가 있다. 또 오늘날 전 세계적으로 문제되고 있는 '난민' 문제의 해결에 있어서도 현재의 난민법이 이와 같은 칸트의 자유주의적 입장에 기초하고 있다는 점에서도 주목하지 않으면 안 된다.

4 환대권의 재구성 가능성

개인들의 상호적인 권리를 전제로 하고 있는 칸트의 환대 개념과는 달리, 데리다의 무조건적 환대의 개념은 아무것도 묻지 않고 타자를 순수하게 맞아들이는 것과 동시에 자신의 주체의 장소, 즉 '자기-집'이라는 경계를 허물고 열어놓을 것을 요구한다.[26] 절대적 환대의 법은 보편적 윤리라는 점에서 특정한 공동체의 권리에 바탕을 두고 있는 조건적 환대의 법 및 권리와 구분된다. 조건적 환대 또는 '초대'의 환대는 타자가 우리의 규칙과 삶의 규범, 나아가 우리의 언어, 문화, 정치 체계 등을 성실하게 준수한다는 조건을 내걸고 타자에게 환대를 제의하는 것이다. 이러한 조건적 환대는 나의 영토에서의 순응을 조건으로 나의 공간으로 이방인을 '초대'하는 것이다.

데리다에 따르면, 그러나 이러한 조건적 환대는 결국 스스로를 배반하게 되는 환대이다. 그 까닭은 첫째, 조건적 환대에서 환대의 주인은 자신의 영역에 대한 강한 집착을 결국에는 버리지 못하기 때문에, 결국에는 자기의 집을 보호하기 위해 명시적으로 또는 잠재적으로 이방인을 거부하는 자가 되거나 심지어 이방인을 혐오하는 자가 될 수가 있다. 둘째, 조건적 환대는 내가 도대체 누구라고 말할 수 없고, 또 상대방의 물음에 답할 수 있는 언어나 표현의 방식을 알지 못하는 약자, 이방인 또는 보이지 않는 타자, 다시 말해 대등한 계약의 권리 주체로 등장할 수 없는 타자를 배제하는 것을 은연중에 전제로 하고 있다. 셋째, 조건적 환대는 공동체 내에 들어온 이방인들에게 결국 주인의 관습과

26 자크 데리다, 남수인 옮김, 『환대에 대하여』(동문선, 2004).

법률 그리고 규약을 강요하고, 이방인의 문화와 정체성 그리고 언어를 포기하도록 요구하게 된다.

결국 이러한 조건적 환대는 기껏해야 공동체 내에서 혹은 공동체들 사이에서 권력의 불평등을 전제로 하는 '관용'에 지나지 않는다. 데리다에 의하면, 관용은 권력자의 양보와 자비, 시혜에 기댈 수밖에 없게 되며, 이러한 관용은 기껏해야 이방인의 권리를 형식적으로 마련해 줄 수 있을지는 몰라도, 그 자체가 이방인과의 평화로운 실질적인 공존을 가능케 하는 원리가 될 수는 없다. 그 까닭은 관용의 정도, 다시 말해 '관용의 한계'에 대한 설정이 결국 권력을 쥐고 있는 자의 일방적인 '자의성'에 의존할 수밖에 없으며, 관용에 기댈 수밖에 없는 소수자 또는 이방인 집단들은 계속해서 불평등한 수혜적 관계를 감수해야만 하기 때문이다. 이러한 점에서 데리다는 무조건적 환대, '방문'의 환대를 주장한다. 즉, 데리다는 진정한 환대를 위해서는 형식적인 관용만으로는 충분하지 않으며 보다 근본적인 윤리적 이념이 필요함을 강조한다. 이러한 보다 근본적인 윤리적 이념이 바로 무조건적 환대로 나타난다.

한마디로 말하면, 데리다가 말하는 무조건적이고 절대적인 환대는 신원을 묻지 않고, 또 보답을 요구하지도 않으며, 상대방의 적대에도 불구하고 지속될 수 있는 환대를 말한다. '신원을 묻지 않는 환대', '보답을 요구하지 않는 환대', '복수하지 않는 환대', 이 세 가지의 요소가 바로 데리다의 무조건적 환대를 특징짓는 핵심이다. 그러나 이러한 무조건적 환대가 현실 사회 속에서 실제로 실현 가능한가 하는 문제에 대해서는 의문이 제기될 수밖에 없다. 만약 보편적 윤리로서 무조건적 환대가 특정한 공동체의 법으로서 제도화될 수 없고 법제화될 수 없다면,

이는 아무런 실효성이 없는 추상적인 논의에 그치는 것이 아닌가 하는 비판이 자연스레 가해질 수밖에 없다. 칸트의 조건적 환대에 대한 반대의 대척점에서 데리다의 무조건적 환대의 개념은 비판에 내맡겨지게 된다. 물론 절대적 환대의 불가능성이 그렇다고 해서 전적으로 무의미하다고 볼 수는 없다. 현실적인 환대는 이러한 불가능한 절대적 환대의 그림자 속에서 일어나며, 이 불가능성과 관계 맺음으로써 스스로를 변형의 가능성 앞에 개방하는 의미를 가질 수 있기 때문이다.[27]

타자 윤리와 타자 철학에 기초한 환대 개념이 오늘날 각광을 받고 있는 것은 아마도 소수자와 약자의 지위에 놓인 타자로서의 이주자에 대한 관심과 배려 때문일 것이다. 그러나 이주사회에서 이주 인권의 문제는 해당 국가의 주권적 시민권과 관련하여 다양한 긴장 관계를 낳는다. 여기에서는 일반적으로 보편적 인권과 특수적 주권의 충돌 관계로 파악되는 문제가 발생하게 된다. 이 문제는 인권과 주권의 문제 이외에도, 주체와 타자의 문제, 포함과 배제의 문제, 권리와 의무의 대칭성과 비대칭성의 문제 등과도 결부되어 있다. 이러한 문제는 '이주사회에서의 환대의 권리'를 다루고 있는 이 고찰에서도 여전히 논의의 배경에 자리를 차지하고 있다.

그렇다면 이주사회에서 이주자들의 구성원 자격 부여를 둘러싼 '성원권' 문제는 어떻게 해결되어야 할까? 이주사회에서의 환대의 권리도 이와 맞물려 있다. 이론적인 접근방식에서는 비록 근본적인 입장의 차이가 있다 하더라도, 벤하비브의 다음과 같은 주장은 우리에게도 많은

27 페넬로페 도이처, 변성찬 옮김, 『How To Read 데리다』(웅진지식하우스, 2005), 133쪽 참조.

시사점을 주고 있다.

> 정의로운 성원권은 이런 것들을 지켜야 한다. 즉, 난민과 망명자들의 임시 입국에 대한 도덕적 요청을 인정하고, 이민자들에 대해 수용적 국경 정책이 마련되어야 하며, 국적 박탈과 시민권의 강제적 몰수를 금해야 하고, 또한 모든 사람들이 '권리를 가질 권리'가 있음을 보장해야 한다. 즉, 어떤 지위의 정치적 성원인가와는 무관하게, 인간으로서 양도할 수 없는 확실한 권리를 소지하는 법적 인격임을 보장하여야 한다. 외국인이라는 신분이 기본권 가운데 하나를 박탈하는 이유가 되어서는 안 된다. 더 나아가서 정의로운 성원권은 또한 일정한 조건을 충족시키는 외국인의 경우 시민권을 인정해 줄 것을 요청한다. 일생 동안 외국인으로 처우하는 것은 인류 공동체에 대한 자유민주주의적 이해와 양립할 수 없을 뿐만 아니라 또한 인간의 기본권을 침해하는 처사다. 정치적 성원권의 관행은, 그 관점에서는 비차별적으로 적용되어야 하고, 구성과 실행 면에서는 투명해야 하며, 국가나 여타 준국가적 기관들에 의해 침해될 경우 정정 가능하여야 한다.[28]

이 문제를 제대로 다루기 위해서는 책임 있는 주권국가를 전제로 하는 국제관계에서의 인정 이론의 철학적 기초가 필요하다. 오늘날의 국제관계에서 개별 국가는 과거와 같이 고립된 주권국가를 고집할 수 없다. 이주자에 대한 성원권과 환대의 문제에 있어서도 근본적으로 상호 인정 관계에 기초한 '타자의 권리'가 적극적으로 고려되지 않으면 안

28 세일라 벤하비브. 같은 책, 25쪽.

된다. 인정 이론의 토대 위에서 성원권, 환대의 권리, 타자의 권리가 새롭게 정초될 것이 요구된다. 이는 칸트의 조건적 환대와 데리다의 무조건적 환대의 중간 지점을 지나는 것이 될 것이다. 칸트와 같이 근대의 개인주의적 주체 철학에 따르면 이방인에 대한 환대는 자유주의적 상호성의 원칙에 기초하여 원주민의 공동체를 기본적으로 위협하지 않는 범위 내에서 일정 부분 허용되는 권리로 이해된다. 그에 반해 데리다와 같이 현대의 절대적인 타자 철학에 따르면 환대란 나를 찾아온 타자의 자격과 신원을 묻지도 따지지도 않고 무조건으로 받아들이고 동시에 호의를 베푸는 의식과 행동을 말하며, 이러한 의미에서 환대는 타자를 그 자체로서 있는 그대로 완전한 인격체로서 받아들이는 타자 지향적 윤리로 이해된다. 전자가 주체와 타자의 관계에서 주체의 입장을 강하게 주장하는 것이라고 한다면, 후자는 타자의 입장을 강하게 주장하는 것이라고 할 수 있다. 전자가 조건적 환대 개념을 주장하는 것이라면, 후자는 무조건적 환대 개념을 주장하는 것이라 할 수 있다. 환대를 둘러싼 현재의 논의는 이 지점에서 멈추고 있다. 주체와 타자의 관계에서 어느 편에 기울어지지 않으면서도 균형 잡힌 상호주관성의 철학적 기초를 제공하는 것이 가능한가? 그러한 철학적 기초 위에서 이주사회에서의 환대권을 재구성할 수 있는 가능성은 없는가? 앞으로의 과제는 그 하나의 가능성으로서 악셀 호네트와 찰스 테일러의 인정 이론 속에서 환대권을 어떻게 재구성할 수 있는가 하는 것이다.[29] 또 그와 같이

29 인정 이론의 기초에 대해서는 김준수, 『승인이론』(용의숲, 2015); 문성훈, 『인정의 시대』(사월의책, 2014); 악셀 호네트, 문성훈 외 옮김, 『인정투쟁』(사월의책, 2011); Charles Taylor, *Multiculturalism: Examining the Politics of Recognition*(Princeton: Princeton Univ. Press, 1994); Ludwig Siep, *Anerkennung als Prinzip der praktischen*

재구성된 환대의 권리가 이주사회에서 이주 인권의 보호에 현실적으로 유용한 도구로서 어떻게 기능할 수 있는지 다듬는 일이다.

Philosophie(Hamburg: Felix Meiner Verlag, 2014) 참조.

이제 '혼혈'은 사회적 배제나 추방의 직접적 원인은 아니다. 그러나 부모의 출신국 및 피부색으로 인해 아이들은 다문화가정의 자녀라는 범주 안으로 포섭된다. 이러한 범주화는 아이들의 개별적인 정체성을 사라지게 하고 집단적 정체성만이 부여되는 방식으로 타자화한다. 다문화가족 당사자로서 결혼 이주여성들은 자신의 아이들이 교실 안이나 미디어에서 '다문화'라는 명칭을 통해 부모 모두의 혈통이 한국인인 아이들과 구별되면서 편견이 커진다고 파악한다. 혈통적 한국인도 부모가 태어난 곳이 대한민국이 아닌 조선족 또는 고려인이라면 한민족으로 인정되지 않는다는 점을 분명하게 인식하고 있다. 이와 마찬가지로 국민이 우선이라고 외치는 사람들 사이에서 자라는 난민 아동이 있고, 추방의 위협 속에서 사는 미등록 이주 아동들이 존재한다. 다문화가족이라는 편협한 범주 안에 배제된 이 아이들은 우리 사회의 사각지대에 놓여 있다. 이 글은 혼혈이었던 과거의 아이들과 다문화, 또는 난민, 미등록으로 살아가는 현재의 아이들 이야기 속에서 순혈주의와 민족주의 그리고 글로벌 시민이라는 구호 속에서 배제와 차별을 공고히 하는 제도적 인종주의 문제를 분석하고자 한다.

우리 안의 인종주의: 혼혈, 잡종, 튀기, 다문화

정혜실

1 들어가며

2019년 6월 25일 뜨거운 태양 아래 익산시청에 이주여성들이 모였다. 나는 규탄 기자회견을 위해 모인 이주여성들의 낯선 광경에 무척이나 놀랐었다. 그날의 이주여성들은 분노에 차 있었고, 울분을 토해내었고, 사과를 요구하고, 사퇴를 촉구했다. 하지만 당시 민주평화당 소속의 정현률 전북 익산시장은 분노하는 이주여성들의 요구를 제대로 받아들이지 않고 발언을 마쳤다. 그러자 이를 부당하게 여긴 이주여성들은 국가인권위원회에 진정서를 접수하였고, 이를 항의하는 집회를 여의도 국회 앞에서 하기 위해 전국적으로 모였다. 이날 이주여성들은 민주평화당 당사 항의 방문과 면담을 통해 당에서 정현률 익산시장을 제명할 것을 요구했다.

이후 국회 토론회와 법무부 간담회 등을 통해 이주여성 당사자들이

■

〈사진〉 2019년 6월 28일 다문화가족 자녀 비하 발언 규탄 행동

직접 목소리를 내게 되었다. 이렇게까지 이주여성들이 해야만 했던 이유는 자신들의 자녀들을 "혼혈, 잡종, 튀기, 다문화"로 호명해온 한국사회의 인종차별적 인식 때문이었다.

이 글은 그날의 현장에 함께 했던 이주여성들을 분노케 한 호명의 방식과 그러한 호명을 동반하는 인식의 프레임이 어떻게 국제결혼 가정들의 자녀들을 규정하고 차별해 왔는지에 대한 이야기이며, 그 호명에조차 들어가지 못한 이주를 배경으로 한 청소년에 관한 이야기이다. 동시에 한때 소위 '양공주'라고 불렀던 기지촌 여성과 1990년대 이후 국제결혼을 한 한국 여성 및 이주여성이 어떻게 젠더와 계급 그리고 인종적으로 만나고 갈라지며, 다시 연결되는가에 관한 이야기이다.

2 순혈주의의 피해자: 기지촌 아이들의 '혼혈'

혼혈이라는 말은 순혈에 반대되는 것으로, 단일민족을 주장해 온 역사적 맥락에서 순수한 한민족 혈통이 아닌 사람들에게 붙여진 호명이다. 그것은 인종적으로 다른 사람들끼리의 관계를 통해 태어난 아이들을 지칭하는 말이었다. 특히 기지촌의 한국 여성들과 백인 혹은 흑인 사이에서 태어나서 그 외모로 인해 그 존재가 확연히 드러나는 아이들을 지칭해 왔다. 혼혈로 태어난 아이는 어머니의 잘못된 행실의 결과물이라는 편견으로 인해 차별을 받으며 살아야 했고, 그 어머니는 '양공주'라는 오명 속에서 비난받으며 살아야 했다. 게다가 아이는 동물적으로 비천하다는 뜻에서 '잡종'과 '튀기'라고까지 불려야 했다. 기지촌에서 자신의 몸을 매개 삼아 미군의 위안부로 살아야 했던 여성들은 달러를 벌어 국가의 이익에 일조한다는 이유로 '애국자'로 불리기도 하였다. 미군의 성적 욕망을 채워줌으로써 다른 한국 여성들의 순결을 지켜주는 방지책으로 역할을 했지만 결과적으로는 '위험한 여성들'로 분리되었다.[1] 그렇게 이승만 시절의 국가는 전쟁과 분단의 역사로 이 세상에 존재하게 된 아이들을 사회에서 지우고자 했다. 이로 인해 해외 입양이 시작되었다. 엄마는 애국자였지만 아이는 순혈주의 국가에서 있어서는 안 될 오염된 존재였기에 생명의 흔적마저 지우기 위해 사회에서 격리되고 추방되었다. 국가는 엄마를 달러벌이로 이용하고, 아이는 달러를 받고 해외로 보냈다. 거기에 기생한 기지촌의 업주들이나 해외입양기관들은 이익을 얻었고, 그 이익을 유지하기 위해 비워진 자리를

1 일레인 김, 최정무, 『위험한 여성』(삼인, 2001), 196쪽 참조.

이제 다른 사람들로 채워 왔다. 기지촌을 떠난 한국 여성들을 대신해서 필리핀에서 러시아에서 태국 등에서 이주여성들이 들어왔고, 더 이상 보낼 혼혈 아이가 없자 가난한 아이들, 미혼모라 불린 이들의 아이들을 보냈다. 여자들은 이주해 왔고, 아이들은 이주해 갔다. 그리고 그 디아스포라 행렬은 끝나지 않고 지속되고 있다.

이렇듯 '혼혈'이라는 단어는 순혈주의에 기반한 단일민족 이데올로기가 여성과 아이들에게 행한 폭력이었다. 사회적인 배제와 고립을 통해 주류로부터 분리하고, 학교와 직장 그 어느 곳에서도 자신의 존재를 드러내지 못하도록 소외시킨 후, 여성과 아이들을 갈취하고, 결국에는 이 여성과 아이들을 추방하고자 했다. 처음 기지촌의 아이들을 혼혈이라 부르며 억압한 국가는 해외 입양으로 강제 추방하거나 군필 사회에서 군입대 금지 대상자로 규정함으로써 주류 사회로 진입하지 못하도록 장벽을 세우고 배제해 왔다. 이러한 억압에 대해 아이리스 매리언 영은 "어떤 집단을 무력화하거나 폄훼하는 구조적 현상을 지칭"하는 것이라고 말한 바 있다. 그리고 "착취는 사회집단 간의 구조적 관계의 실행"을 통해 어떤 집단을 주변인으로 만드는 것이라고 보았다.[2] 인종주의 문제가 사회 표면으로 떠오르지 못했던 시대에 태어난 1세대 기지촌 혼혈들은 텔레비전 화면을 통해서 만나는 소수의 연예인으로만 생존했고, 나머지는 숨죽여 지내다가 끝내 숨을 거두기도 하였다.

내가 파키스탄 이주 남성과 결혼했던 1994년 5월에는 국제혼인법상 한국에서 이주남성과 살아갈 수 없는 법을 존치시키고 있었다. '다문화가족'이라는 말이 생기기 전, 나는 거리에서 남편과 걷다가 "야, 양공

2 아이리스 매리언 영, 『차이의 정치와 정의』(모티브 북, 2017), 59쪽.

주!"라는 말을 들어야 했고, 2009년 인도 출신의 연구교수였던 보노짓 후세인과 버스에 동승했던 한국 여성은 "야! 조선년이 새까만 놈이랑 노니까 좋냐?"라는 말을 들어야 했다. 그리고 2019년에 이르기까지 '다문화 정책'을 펴고 있다고 주장하는 정부 때문에 잠시 잊었던 '혼혈, 잡종, 튀기'라는 호명이 그 뜨거운 여름날 이주여성을 분노하게 하는 말이 되어 전국을 들썩거리게 했다. 이제 여성들은 국가 폭력에 저항하기 위해 말하는 주체가 되었다. 손에 든 마이크는 거제도에서 사는 이주여성의 것이었다가, 서울, 안산, 천안, 광주, 부산 등으로 전달되었다. 이제 시작일 뿐이다.

3 혼혈과 다문화의 인종적 위계화

1994년 당시 김포공항에서 파키스탄 출신 남성이라는 이유로 남편은 입국심사에서 오랜 시간 출입국 면담을 견뎌야 했다. 나는 답답한 나머지 "미국 사람이라도 이렇게 했을까요?"라고 물었더니, 단박에 "아니오!"라는 어이없는 말을 들어야 했다. 그것이 입국장을 통과하면서 경험한 제도적 인종차별의 첫 경험이었다. 이후 한국 여성이기 때문에 법률적 차별을 겪고 있는 것이 호주제라는 제도와 가부장제적인 남성 중심적 국제혼인법 때문이라는 사실을 알게 되었을 때, 나는 페미니스트가 되지 않을 수 없었다.

그리고 대학원 석사 논문을 쓰던 중 나처럼 페미니스트라고 주장하며 "나는 튀기가 좋다"고 주장한 책 한 권이 나왔다.[3] 영문학 박사 타이

3 강신주, 『나는 튀기가 좋다』(금토, 2004), 267쪽 참조.

틀을 달고 벨기에 출신 백인 남성과 결혼해서 아이를 낳고 사는 자신의 경험담을 쓴 책이었다. 읽다 보니 그녀의 당당함이 백인과 결혼한 것 때문인지, 박사라는 타이틀 때문인지, 성격 때문인지 헷갈렸다. 하지만 분명한 것은 그녀와 나 사이에 생긴 위계였다. 이주노동자 출신의 남자를 만나 사는 나의 이야기와, 유학생 신분으로 미국에서 사는 그녀의 이야기는 누가 보아도 달랐다. 그녀는 무척이나 당당해 보였는데, 그것이 2018년 티비조선이 제작했던 프로그램 「사랑은 아무나 하나」와 너무나 닮아 있었다. 한국 여성이 국제결혼을 했지만, 엘리트이자 중산층 이상의 외국인 남성과 살아가며 한국에 살지 않는 삶 말이다. 그곳이 인도네시아이든, 스페인이든, 두바이든 그들의 삶은 동화적이었고, 누가 봐도 상층 계급의 삶이었고, 무엇보다 한국에 살지 않는다는 그 거리감이 중요했다. 1994년 국제혼인법이 원했던 모습이었다. 남편을 따라 한국을 떠나 사는 삶 말이다. 이들은 국제결혼 가족 중 글로벌 가족이라는 그룹으로 편입되었고, 다문화가족이라 불리는 사람들과 다르게 인식되었다. 그러한 인식의 차이는 「다문화 고부열전」이라고 하는 EBS에서 제작한 프로그램과 비교할 때 선명하게 드러난다. 한편에는 중산층 이하의 계급적 위치를 드러내는 이주여성의 고향과 가족 그리고 현재 남편과의 생활에서 가부장적인 시어머니의 개입을 참아내야 하는 여성들이 있다. 그 위치는 또 다른 프로그램인 「사랑은 아무나 하나」에 나오는 장면의 하나인, 아침이면 모닝커피와 빵을 대령하는 프랑스 남자와 한국 여성과의 관계와는 너무나 다른 것이다. 그러니 그 사이에서 태어난 아이들을 대하는 한국 사회의 태도도 극명하게 다르다. 외국에서 살아가는 국제결혼 가정들의 아이들이 어떻게 자라든 굳이 관심을 두려 하지 않지만, 만약 아이들이 김치도 잘 먹고, 한국말도 잘한다면 잘 교육받은 아이들이 된다. 그래서 스페인에서 태어났지만, 한국어를 배우기 위해 한국으로 유학까지 온 아들은 너무나 기특한 아들로서 인정받는다.

그런데, 이주여성들이 모국어로 아이들을 가르치려고 하면 정체성에 문제가 생긴다고 하거나, 언어 발달이 늦어질 수 있다며 걱정을 한다. 그나마도 일관성이 없어서 이중언어 구사를 가능하게 해야 한다고 주장하니, 글로벌 영재 프로그램을 만들어 아이들을 이중언어 대회에 내보낸다. 아이들은 영재가 되고 싶은 게 아닌데, 언어 영재가 되어 인재가 되라고 한다. 그런 부담에도 불구하고 이중언어를 배우지만, KBS에서 제작한 「슈퍼맨이 돌아왔다」라는 프로그램에서 보여준 영어와 독일어와 스페인어가 가능한 백인 여성과 결혼한 유명한 축구 선수 딸 나은을 '언어 천재'라는 칭송하는 것과는 다른 시선으로 보는 것이다. 인종적 위계화는 어느새 언어적 위계화와 문화적 위계화로 작동되어 아이들을 부모의 출신국과 피부색에 따라 다르게 취급하고 있음을 미디어를 통해 대중들은 알게 된다.

이제 '혼혈'은 피부색이나 외모로 인한 사회적 배제나 추방의 원인이 되지 않는다. 하지만 부모의 출신국이나 피부색에 따라 글로벌 가족이 아닌 다문화가정의 자녀라는 범주 안으로 포섭되는 순간 개별적 정체성은 사라진다. 아이들은 집단적 정체성만 부여된 채 평가의 대상으로 타자화된다. 다문화가족 당사자로서 결혼 이주여성들은 어떻게 자신들의 아이들을 교실 안이나 미디어에서 '다문화'로 범주화하여 부모 양쪽 모두 혈통적인 한국인인 아이들과 다르게 구별하는지 안다. 그리고 그런 구별이 편견을 강화할 뿐 아니라, 혈통적 한국인일지라도 부모가 태어난 곳이 대한민국 땅이 아닌 타국에서 온 사람임을 알려주는 조선족 또는 고려인이라고 불릴 때 한민족으로 인정되지 않는다는 점을 분명하게 인식하고 있다. 이렇게 출신국과 피부색이 언어적 위계와 문화적 위계로 이어지면서 '다문화'라고 호명하는 아이들의 정체성을 규정하는 문제에 대하여 아마르티아 센은 『정체성과 폭력』에서 다음과 같이 말한다.

> 같이 타깃이 된 범주에 속하는 사람들을 잘못 기술하는 문제이며, 그런 잘못된 특징이 타깃이 된 사람의 정체성을 나타내는 유일하게 적절한 특성이라고 주장하는 문제를 개인은 외부로부터 정체성이 부과되는 것에 반대해 자신에게 어떤 특정한 특징들을 귀속시키는데 저항할 수 있다. 자신에게는 그 외 다른 정체성들도 있음을 지적할 수 있다.[4]

그래서 결혼 이주여성들은 그것을 지적하였고, 그것에 저항 중이다. 그러한 저항의 현장에 나온 당사자로서 아이들이 있었다. 마이크를 든 초등학생인 아이는 지금의 사태에 대해 큰 목소리로 이야기했다. 나는 당신들이 호명하는 '다문화'라는 말도 싫다고 말이다. 그러한 저항은 전북 익산시장의 발언을 계기로 폭발하였다.

4 '다문화가족지원법' 밖의 미등록 이주아동들

경기도 마석에서 화재가 발생했다. 2층에서 시작된 불은 건물 옥상 위에 지어진 가건물 3개동으로 번졌다. 그곳은 필리핀 이주노동자들이

4 아마티아 센, 『정체성과 폭력』(바이북스, 2009), 40쪽.

머무는 주거지였다. 몇몇은 가족을 꾸리고 살고 있었다. 그래서 아이들도 함께 그 화재 현장에 있었다. 불은 삽시간에 번졌다. 도저히 계단으로 나갈 수 없어 보였다. 연기에 휩싸인 건물에서 한치도 앞을 볼 수 없었다. 살기 위해 아이가 뛰어내렸다. 그리고 뒤이어 엄마가 소리를 질렀다. 너무나 다행스럽게도 추락한 아이는 살았고, 크게 다치지도 않았다. 다른 필리핀 이주민들도 약간의 찰과상 외에는 아무도 크게 다치거나 죽지 않았다. 그래서 아무도 취재를 하러 오지 않았고, 뉴스에 나오지도 않았다. 도움이 절실하다는 샬롬의 집 이정호 신부님의 페이스북 알림만이 세상에 소식을 전했다. 그 소식을 듣고 한참 후에야 이주민 방송 MWTV도 현장에 갈 수 있었다. 죽지 않으면 뉴스가 되지 않는 사람들인 미등록 이주노동자들과 그 아이들이 있다. 부모의 체류 한도 초과로 인해 자신의 선택과 상관없이 미등록 이주아동으로 살아가는 아이들은, 대한민국에 존재하지만 그 존재가 증명되지 않는 아이들로 살아가고 있다. 건물 옥상에서 다행히 목숨을 건진 그 필리핀 이주아동의 존재는 그렇게 법의 사각지대에 있었고 지금도 그러하다.

다 타버린 가건물은 필리핀 이주노동자들과 그 가족이 무사할 수 있었다는 것이 기적이라고 말하고 있었다. 새벽 2시 한 필리핀 이주노동자가 발견하지 못했다면 정말 큰 참사가 될 수 있었던 화재였다. 그리고 다행히 인접한 곳에 위치한 이주민들을 위한 '샬롬의 집'과 빠르게 출동한 소방대원과 미등록 이주민을 환자로 받아준 병원이 긴급하게 움직여주지 않았다면 그들은 더 힘들었을 것이다. 잘 곳을 잃어버린 필리핀 이주민들의 잠자리가 이웃과 센터 덕에 마련되었고, 긴급 구호 물품이 지급되었다. 하지만 국민에게만 지급되는 남양주시의 공식 구호 지원은 거절되었다. 그들은 미등록 이주민이었기 때문이다. 재난을 당한 사람들의 체류 자격을 이유로 인도적 지원을 거절하는 나라가 대한민국의 현실이다. 우리는 텔레비전에서 지진으로 피해를 입은 네팔 사람들을 도우러 간 119대원들을 볼 수 있고, 국제개발협력이라는 이름으로 세계 곳곳에 지원을 해주는 국경을 넘는 시혜의 현장을 볼 수 있지만, 대한민국에 사는 미등록 이주민들에게는 그 어떤 구호지원도 없다.

내가 미등록 이주아동들을 처음 만난 곳은 안산 원곡동에 있는 '안산 외국인 노동자센터'였다. 몽골에서 온 이주노동자인 부모들은 몽골에 남겨두고 온 자신의 자녀들을 한국으로 오게 했다. 이주노동의 목적이 가족을 살리기 위한 것이었지만, 자식과 헤어진 날들을 그리움과 고통으로 보내야 했기 때문이다. 그래서 미등록 신분 상황에도 불구하고 자녀들을 한국으로 불러들여 가족으로 다시 모여 살아내고 있었다. 이주노동자들끼리 살다가 아이들이 하나 둘 태어났다. 미등록 상태인 부모의 신분 때문에 아이들은 한국에 출생등록을 하지 못한 채 미등록 상태가 되었다. 그렇게 방글라데시, 몽골, 베트남, 스리랑카, 인도네시아, 중국, 파키스탄, 필리핀 부모를 둔 아이들이 미등록 이주아동이라는 이름으로 살았다. 부족한 분유나 기저귀 그리고 쌀은 센터를 통해 지원을 받을 수 있었지만, 아이들을 키우기 위해서 필요한 것은 그것만이 아니었다. 돌봄과 교육이 필요했다. 그러기 위해서 아이들을 학교에 보내야 했고, 체류권과 상관없이 의무교육 연령에 있는 아이들은 유엔아동권리협약에 따라 교육을 받을 수 있는 권리를 가지게 되었다.

하지만 이 아이들은 주민번호가 없어 많은 문제를 겪게 된다. 건강을 위한 의료 지원을 받을 수 있는 보건소나 병원을 통한 의료 기록이 남지 않았다. 의료 기록이 없다는 것은 아이의 건강이 관리되지 않음을 뜻했다. 어린이집이나 학교에서 실시하는 건강검진 기록이 없으며, 어린이집부터 고등학교까지 공부를 하고 시험을 보아도 기록을 남길 수 없는 것이다. 아이들은 태어나고 존재했지만 그 아이들의 출생을 증명할 서류는 존재하지 않았고, 공부를 아무리 잘해도 성적을 남길 수가 없었다. 기록을 남길 수 없는 학교생활은 대학 진학을 위한 스펙 한 줄을 만들 수 없었다. 노래를 잘해서 아이돌이 되고 싶어도 이룰 수 없는 꿈이었고, 그 흔한 샐러리맨이 되는 꿈도 꾸지 못했다. 어려서는 자신들의 상황이 무엇인지 인지하지 못하다가 청소년으로 성장하면서 알게 된다. 내가 학교 교장의 배려로 고등학교에서 공부를 해도 대학을 갈 수 없다는 사실과 직장인으로 취업하는 것은 불가능하다는 사실을 말이다. 아이들이 하나 둘 떠났다. 미등록으로 태어난 아이들을 키우기에는 그 미래가 불투명했고, 자신들이 보내준 송금으로 살아가는 본국의 부모들을 생각할 때 아이를 돌봄으로써 일을 하지 못한다는 것은 여기 한국과 저기 본국의 가족 모두가 빈곤의 나락으로 떨어지는 것을 뜻하기 때문이다. 그래서 태어난 지 한 달이 채 안 된 아이들을 필리핀으로 베트남으로 보냈다. 그나마 대사관에서 여권 발급이 가능하여 존재가 증명되면 브로커에게 비싼 비용을 치르고 보냈다. 그 헛헛함과 산후우울증을 동시에 겪으면서 아이를 보낸 필리핀 이주노동자 여성은 다시 공장으로 일을 하기 위해 출근했다.

그래도 가끔 기적 같은 일이 일어났다. 방글라데시에서 누나와 함께 어릴 때 온 한 아이가 미등록으로 청소년기를 보내면서 영화 제작을 배우고, 다큐멘터리를 찍고, 그것으로 상을 받고, 그 경력으로 대학에 들어가는 기적 같은 일이 일어났다. 아버지는 미등록이라는 이유로 강제추방을 당하고, 남은 엄마의 노동으로 성장해 온 아이는, 피부색과 출신국으로 인한 차별에도 불구하고 버티어 낸 그 세월을 보상받았다. 대학 입학 후 체류 신분 변경을 위해 방글라데시로 출국했다가 유학생 비자를 받아 온 그 아이의 도전은 홀로 성취한 것이 아니었다. 이주민 인권운동을 해온 시민사회 단체의 변호사와 활동가들 그리고 영화를 가르쳐 온 감독과 활동가들에 의해 이루어졌다. 법무부는 이러한 사실이 공표되기를 원하지 않는다. 그렇게 되면 다른 미등록 아이들도 희망을 품게 될 것이라는 이유에서다. 그 청소년의 누나가 동생의 도전을 보고 대학에 도전하고 2년의 기다림 끝에 다시 입국하여 대학에 다니듯이 말이다.

대한민국에 존재가 없는 아이들이 자라고 있다. 어느새 10대 청소년이 되면 아이들은 그저 한국의 다른 청소년들과 다를 바 없이 성장한다. 이는 부모의 출신국만 다를 뿐 매일 듣는 가요와 드라마 그리고 학교생활을 통해 한국 청소년들처럼 살아가는 것을 의미한다. 그래서 고등학교를 마치고, 출국명령서를 받아든 아이가 돌아간 본국은 낯선 곳이 되어 아이들을 혼란에 빠뜨린다. 아이들은 한국에 대한 향수병으로 날마다 앓고 초조해하고 힘들어한다. 내가 코시안 집에서 만난 인도네시아 출신의 7살의 아이는 그랬다. 처음 온 날 한국말을 전혀 하지 못하는 아이가 어떻게 지낼지 걱정되었다. 말이 통하지 않으니 그 아이가 얼마나 수학을 좋아하는지 알 수가 없었다. 그렇게 아이는 자신의 선택과 상관없이 부모의 손에 이끌려 한국에 왔고, 부모가 나이 들어 더 이상 노동하기 힘들고 불안한 체류를 끝내고자 할 때 자신의 선택과 상관없이 돌아가야 했다. 한글로 써놓은 카스토리의 이야기들은 작가 못지않은 글 솜씨를 가졌음을 단박에 알아보게 했고, 컴퓨터 동아리에서 실험적으로 만든 게임 프로젝트의 일러스트는 너무나 멋졌다. 하지만 자신의 학습적 성취나 재능과 상관없이 아이는 자카르타로 돌아갔다. 아무것도 해줄 수 없었다. 그렇게 보낼 수밖에 없도록 하는 속인주의가 얼마나 제도적으로 문제가 많은가에 대해 새삼 분노했다.

이 땅에서 태어나서 한국말을 아무리 잘해도 미등록 이주아동은 한국인이 될 수 없다. 그리고 그 아이들은 자신의 존재를 증명할 방법이 없다. 그래서 존재를 증명하도록 만들기 위해 보편적 출생등록에 관한 법률제정을 시도했다. 국적이나 비자를 부여받지 못하고 여전히 체류자격이 없는 아동으로 살아갈 수밖에 없지만 최소한 출생 등록은 시켜서 번호라도 갖게 해서 그 존재를 증명하고 기록을 남겨, 그 아이들이 미래를 꿈꾸게 하자고 시민사회 단체들은 노력하고 있다.

5 영화 「헤나, 라힐맘」: 나처럼 살지 않기를!

이주민방송 MWTV에서는 이주민영화제를 매년 개최해 왔다. 2019년은 13회째였고, 2017년에 지원했던 사전제작지원 영화작품 중 하나가 2년 만에 완성되어 상영되었다. 영화 「헤나, 라힐맘」이다. 방글라데시 출신의 로빈 쉬엑 감독이 만든 단편 다큐멘터리 영화이다. 이 영화는 감독이 자신의 아내의 목소리를 통해 한국 사회의 다문화가정 자녀라고 불려온 아이들이 어떻게 성장했고, 이후 이주노동자 출신의 자신과 만나서 결혼을 한 후 아이를 출산하고 키우면서 자신의 아이가 어떻게 자라기를 바라는지를 담은 영화이다.

방글라데시 출신의 이주노동자였던 아버지가 한국 여성인 엄마를 만나 자신과 두 동생을 낳았다. 엄마는 자신들을 다 키우지 못한 채 이혼을 하면서 떠났고, 헤나 자신은 두 동생의 누나와 엄마 역할을 하며 살아왔다. 방글라데시 출신의 아버지는 공장에서의 노동을 그만두고 고물상을 운영하며 귀화하지 못한 채 여전히 외국인으로 살아왔다. 그런 혜나가 선택한 남자는 아버지와 같은 이주노동자였던 방글라데시 출신의 영화감독이었다. 아버지와 달리 한국 국적을 가진 한국인으로 살아온 그녀는 자신이 한국인임을 선명하게 알려주는 국적보다는 자신의 피부색과 외모로 인해 이방인으로 취급받아 온 어린 시절의 상처를 드러내어 말한다. 자신을 무리에 끼워주지 않는 아이들이 이해되지 않아서, 그녀는 일부러 그 어느 곳에도 들어가고자 애쓰지 않았다고 했다. 스스로를 고립시키고 살아온 그녀는 자신감 없던 그 시절을 이야기하며 답답해하였다. 엄마의 부재는 아버지의 방글라데시 커뮤니티 안으로 더 깊숙이 들어가게 했을 것이다. 그러한 성장기에서 만난 남편이 방글라데시 출신의 이주노동자였던 것을 보면 말이다.

설 명절을 앞두고 우리 집에는 한 무리의 청년들이 놀러 왔다. 근 2년 동안 얼굴을 보지 못했던 아이들은 고등학생에서 대학생 또는 사회인이 되어 있었다. 중국, 파키스탄, 필리핀, 스리랑카, 키르키스탄 출신의 아빠나 엄마를 둔 아이들이다. 엄마 뱃속에서부터 알던 아이부터 서너 살 또는 여덟 살이었던 아이들이다. 왁자지껄 수다가 삼매경이었다. 그 수다를 통해 아이들은 의상 디자이너나 인테리어 디자이너가 되기 위해 공부하거나, 부족한 용돈을 벌기 위해 알바를 몇 개씩 소화하거나, 바리스타가 되기 위해 배우는 중이거나, 배우가 되기 위해 연기과를 준비 중이거나, 마케팅 부서로 이미 취직을 했다는 이야기를 나누었다. 성장기를 내내 지켜보지 못했지만, 2017년에는 아름다운재단 프로젝트를 통해 일본 오사카, 고베 여행을 함께 다녀오기도 했다. 내가 '꿈꾸는 나무'라는 단체의 공동대표로 있었기 때문이다. 아이들과 한 마지막 여행이었다. 이제 아이들은 나의 인솔 없이 자기들끼리 리조트를 빌려 놀러 갈 수 있는 성인이 되었다. 이 아이들의 환경은 제각각 달랐다. 부모가 다 생존해 있어서 그래도 어떻게든 뒷바라지를 해주려고 했다. 그렇지만 경제력이 아이들의 꿈을 실현할 수 있을 만큼 충분하지 않다는 것을 일찍이 깨달은 아이들은 학비가 들지 않는 특성화 고교를 지원해서 다녔다. 아버지와 사별하고 싱글맘으로 살아가는 필리핀 결혼이주여성이 감당할 수 있는 형편이 아니라는 것을 안 남매는 그렇게 자신의 꿈과 현실을 타협했다. 한편, 대학에 진학해 아르바이트를 해야만 했던 아이들은 서로에게 일자리를 소개해주고 함께 일하거나 서로 응원했다. 최대 얼마까지 벌어보았냐는 친구의 질문에 알바의 경력을 다채롭게 이야기했다. 부엌에서 핸드드립으로 커피를 내려준 미래의 바리스타는 잘생긴 얼굴로 모델 일도 병행 중이지만 자기는 커피를 내리는 게 더 좋다고 했다. 그러자 아이들은 카페를 차리면 자신들을 알바로 쓰라고 농담을 했다. 그리고 한때 「리틀 히어로」라는 영화에 출연해서 주목받았던 아이는 연기과에 가기 위해 정시에 준비 중이어서 아주 늦게 아이들과 합류를 하는 바람에 나는 끝내 얼굴을 보지는 못했다. 원곡동의 '코시안의 집'이라고 불리던 그곳에서 함께 성장한 아이들은 이후 '다문화학교' 소속으로 함께했고, 다음엔 '꿈꾸는 나무' 소속으로 함께했다가 이제는 그 어느 소속도 아닌 독립적인 개체들이 되었다. 그 여러 소속을 거쳐 오는 동안 아이들은 학교를 마치고 방과 후 프로그램을 함께했고, 여행을 여러 번 함께 갔고, 악기를 함께 연주했고, 춤을 함께 추었고, 운동을 함께 했고, 노래를 함께 불렀고, 사진을 함께 배웠고, 축제도 함께 했다. 그렇게 아이들은 공부도 놀이도 함께 하면서 성장했다. 마치 때론 형제 같고, 사촌 같았다. 나의 딸은 그 아이들의 친구이자 언니나 누나 노릇을 하고 있다. 자신도 파키스탄 이민자 아빠 밑에서 자랐기 때문이다. 나의 딸은 누구보다 동질감을 느끼고, 아이들의 성장 과정에서 아이들의 이야기를 들어주는 역할을 해왔다.

그런데 영화 속 혜나의 이야기에는 이 아이들처럼 서로에게 의지가 되는 친구들이 없다. 비록 출신이 다른 다양한 부모를 둔 다문화가정의 아이들이지만, 서로에게 동질감을 느끼는 그 무엇을 공유하는 관계가 없다. 단지 그녀의 두 동생만이 있었을 뿐이다. 하지만 혜나는 자신의 아이 라힐이 자신처럼 살지 않기를 바란다. 친구가 많기를 바라고 당당하고 자신감 있게 살기를 바란다. 자신과 달리 라힐에게는 피부색이 아닌 이 아이의 모습 그대로를 인정해 주고 함께 어울려주기를 바란다. 피부색이나 외모가 다름을 이유로 "어느 나라 사람?"이라는 질문을 여전히 받는 상황이 너무 싫었던 경험을 자신의 아이가 되풀이하지 않기를 바란다. 누가 한국인인지에 관해 이제는 외모로 규정할 수 없다는 것을 받아들이는 사회가 되기를 바란다. 그리고 더 이상 부모의 출신국이 자신의 정체성을 위계화하지 않기를 바란다. 이주노동자 출신이라는 계급적 특성이, 또는 결혼이민자라는 사회적 위치가 자신들을 한국인과 다름을 끊임없이 강조하는 차별적인 '다문화'라는 범주에 가두어 놓고 판단하지 않기를 바란다. 자신의 아이 라힐에게는 자신이 살아온 시대와 다른 시대가 오기를 간절히 바란다.

이십 대가 된 아이들이 여자친구 또는 남자친구를 사귄다. 아이들은 자신을 있는 그대로 받아들이는 사람들을 만나 사랑을 하고 결혼을 꿈꾼다. 이 아이들은 라힐 맘처럼 이민자였던 아빠나 엄마의 나라 사람들과 사귀지 않고 있으며, 앞날에 누구랑 결혼할지 우린 아무도 모른다. 그들은 자신들이 살아가는 길에서 만난 그 누군가와 살게 될 것이다. 함께 성장하고 있는 아이들은 서로를 자연스럽게 인정하며 살아가고 있다. 하지만 그 혈통적 한국인 부모들은 여전히 마음의 문을 닫은 채 이주 배경 청소년인 이주노동자 자녀, 난민 자녀, 결혼이민자 자녀, 중국 동포 자녀들과 학교를 함께 보내기 싫다며 위장전입을 해서라도 주거지를 벗어난 학교로 아이들을 보내려 한다. 안산 원곡동에서는 신축 브랜드 아파트에 입주한 사람들이 그랬고, 서울 대림동의 부모들도 그랬다. 이러한 사회적 분리 현상을 '소셜 아파르트헤이트' 또는 '소셜 레이시즘', '소셜 클렌징'이라고 부른다.[5] 강제된 것이 아닌 주류 집단이 비주류 집단을 분리해내는 현상을 두고 한 말이며, 단지 인종이나 민족의 문제가 아니라 계급적인 차별이 동시에 작동해서 일어나는 현상이다. 이러한 현상은 다문화 특구라고 불리는 원곡동이나 다문화 특성화 학교로 불리는 학교들에서 탈출을 감행하는 한국인 부모들의 모습을 잘 설명해 준다. 위장전입은 계급적 특권으로서 오랫동안 유지되어 온 관행이었고, 이제 그것이 '다문화'라고 불리는 아이들과 혈통적 순수 한국인이라고 믿는 자신의 아이를 분리시키는 수단으로 이용되고 있다.

6 아버지의 나라로 간 아이들

과거 기지촌에서 태어난 아이들을 아버지의 나라로 보낸다며 혼혈아동들을 해외 입양시켰던 강제 추방의 역사와 다르게 지금 파키스탄에

5 브래디 미카코, 『아이들의 계급투쟁』(사계절, 2017), 26-27쪽 참조.

서 이주해 온 남성들인 아버지들은 자발적으로 한국 사회의 인종차별적인 환경에서 자신의 자녀가 겪을 고통을 피하고 본국에서의 본래 계급적 위치를 회복함과 동시에 이주로 인해 쌓은 부를 통해 계급상승을 이루고자, 아이들을 파키스탄의 가족들 곁으로 보낸다. 이 과정에서 한국 국적은 포기되지 않는다. 자신은 한국 사회의 일원으로 노동을 하든 사업을 하든 살아남아야 하므로 안정된 체류 자격으로서 자신의 국적을 유지한다. 왜냐하면 파키스탄은 여전히 가부장제적인 질서가 유지되는 사회로서 아버지의 국적은 자동적으로 자녀의 국적에 영향을 미치기 때문이다. 혹시 다시 한국으로 돌아올 수 있는 여지를 열어두고, 자신의 아내와 아이들을 보낸 파키스탄 출신의 이주남성들은 한국에서 돈을 벌어 본국으로 보낸다. 비싼 사립학교 교육비와 운전사가 딸린 차를 유지하고, 좋은 집을 유지하기 위한 생활을 위해서 말이다. 파키스탄으로 간 아이들은 아버지가 벌어들이는 돈이 환율 차이로 인해 풍요를 보증함으로써 계급상승의 사다리를 타게 된다. 2000년 이후 지금까지 파키스탄 커플 모임으로 지속되어 온 파키스탄 남성과 결혼한 한국 여성들은 파키스탄으로 역이주를 떠나는 아내들의 자녀 교육을 위한 사립학교 정보와 학비 그리고 파키스탄 생활의 정보를 공유해 왔다. 아이러니하게도 돈을 벌기 위해 이주를 택했던 남편은 한국에 남고, 한국인인 아내는 파키스탄에서 결혼 이주여성이 된다. 하지만 그곳은 '다문화'라는 특별한 범주화가 없다. 영국 식민지와 오랜 이주의 역사를 가진 나라이며 외국인 며느리를 특별하게 생각하지 않는다. 오로지 계급적인 차이로 차별이 되는 국가이다. 물론 파키스탄도 마찬가지로 백인 선망이 있어 밝은 피부를 선호하는 것은 사실이지만 말이다. 대체로 아이와 함께 떠난 아내들은 일상적인 시댁과의 관계에서 발생하는 갈등만 아니라면 자녀 교육에 대해 만족한다. 무엇보다 자신의 아이들을 다르게 취급하지 않고, 아이들도 적응을 잘하고, 공부도 잘하고, 학교생활도 즐거워하기 때문이다.

하지만 이 상황을 긍정적으로만 해석하기는 어렵다. 한국에서 무슬림으로 살 수 없다는 좌절감과 인종차별로 인한 열등감이 파키스탄 남성들에게 존재하기 때문이다. 그래서 자기 자녀만큼은 인종차별과 상관없이 그리고 계급적으로도 우월한 위치에 도달하도록 키우겠다는 열망이 있고, 아버지의 나라에서 아버지의 말을 쓰고, 아버지의 가족 안에서 파키스탄 사람으로 자라야 한다는 가부장적이며 민족주의적 사고도 내포되어 있다. 그것은 한국인이라는 정체성 일부를 부인하고자 함이며, 가부장적인 가족구조에 편입되도록 자신의 아내를 순응하게 하려는 전략이 때로는 숨어 있기도 하다. 그래서 처음에 아이만을 생각해서 이주를 시도했던 한국인 아내들은 몇 년간의 삶을 통해 알게 된 경험들로 인해 다시 자신이 살기 위해 한국으로 다시 돌아오고야 만다. 순응할 수 없는 종교적 가부장적 질서가 그녀들을 옥죄어 오는 남편의 부재 속 시댁과의 갈등에 종지부를 찍게 하고, 홀로 기러기아빠가 된 남편과 재결합한다. 아이들은 그러는 사이 공부의 흐름에 방해를 받고, 적응과 재적응 사이를 오간다.

남은 한국인 아내들은 한국인 교민사회에 진출하고 아이들을 한국어를 가르치는 학교에 보냄으로써 한국에 돌아올 수 있음에 대비하면서 동시에 한국인으로서의 정체성 일부를 잊지 않도록 만든다. 그중 몇몇은 좋은 대학에 진학하기 위해 캐나다나 미국이나 영국으로 유학을 떠남으로써 성공의 상징이 된다. 이 과정에서 파키스탄 남성과 결혼한 한국인 여성들의 커뮤니티는 중요한 관계망이 되고, 함께 한국인 교민사회에 나가서 모습을 드러내기도 한다. 그러한 드러냄은 한국 교민사회의 인종차별적 시선을 견뎌내야 하는 일이다. 그렇게 스스로 교민사회에 편입되고자 하는 이유는 한국인이기 때문이다. 한국말로 소통하고, 한복을 입고, 김치를 먹고, 잡채를 먹고, 불고기를 먹을 수 있는 자리이고, 좁은 커뮤니티 안에서 때로는 사적인 관계망을 통한 특권에 다가갈 수 있는 기회이기 때문이다. 그리고 한국에서보다 높은 계급적인 위치를 확인할 수 있는 자리이기도 하다. 모두 같은 처지는 절대로 아니지만 말이다.

그렇게 파키스탄에서 살아가는 한국인 아내들은 한국인이라는 우월감을 가지고 있다. 집안의 가사노동자인 '까말리' 여성을 고용하며 살게 되고, 한국보다 넓은 집에 기사가 딸린 차를 가지게 된 한국 여성들은 우월적 위치가 되면서 내면에 숨겨진 인종차별 의식이 표출되어 파키스탄 문화와 한국 문화를 비교하기에 이른다. 그녀들은 단지 한국인이지만 그 국적이 우월한 위치를 점한 것으로 착각하고 국력의 힘을 과시하기에 이른다. 그곳에서 아이들은 인종차별의 문제점을 각성하기보다는 계급적 차이가 주는 편안함과 편견을 먼저 배운다. 너무나 우려스러운 상황이라고 할 수 있는데 파키스탄 이주남성과 결혼했다는 사실이 인종차별의 원인이 되는 것은 너무 싫지만, 계급적 특권을 누리기를 원하는 모순 속에서 파키스탄의 생활은 이어지고 있다. 파키스탄 이주남성과 결혼했지만 인종차별주의자가 될 수 있는 것이다. 이처럼 장소나 공간 그리고 관계에 따라 우리는 피해자가 될 수도 있고 가해자가 될 수도 있다.

7 무국적자 난민 아이들 이야기

2018년 예멘 난민으로 인해 한국 사회는 찬반의 물결로 갈라지고 난민은 사회적으로 고통받았다. 당시 혐오의 대상은 정확히 말하면 난민 인정 신청을 하려던 사람들이거나 난민 신청 중이거나, 난민 심사 중이거나, 인도적 체류 지위자이거나, 난민 인정자인 사람들이고, 난민 신청 자체를 거부당하거나, 미등록 상태로 화성 외국인보호소에 갇힌 사람들이었다. 난민에 대한 혐오와 편견은 급기야 청와대 청원으로 이어졌고, 그 청원의 숫자가 올라갈 때마다 한국인들의 인종차별 의식 수준이 드러났다.

2000년 초반 내가 처음 만난 난민은 콩고에서 온 두 여성이었다. 당시 안산외국인노동자센터로 온 두 여성은 한국어를 배우기 원했고, 자원봉사자로 활동하던 나는 그렇게 그녀들의 한국어 선생님이 되었다. 체계도 없이 가르치던 나는 그녀들이 같은 나라 출신의 남자를 만나 결혼하고 임신을 하자 산부인과 병원에 동행해서 어설픈 영어 실력으로 통역을 했고, 출산 후에는 분유와 기저귀, 쌀 등을 지원하는 일을 했다. 그 아이들은 당시 무국적자였고 부모들은 난민 심사도 받지 못한 상태였다. 당시 출입국은 난민 심사조차 제대로 하지 않았고, 이들을 마냥 방치하는 수준이었다. 그리고 시민사회 단체도 난민을 따로 지원하는 전문 센터조차 없어서, 이주노동자들을 지원하는 단체들로부터 여러 지원을 받았다. 그러면서 안산 시화를 중심으로 콩고 출신의 난민 가정들이 늘어나기 시작했고 어느새 이들은 커뮤니티를 만들 만큼의 숫자가 되었다. 그래서 그들은 서로 함께 삶을 나누고, 이주민의 한 그룹으로 안산에서 정착해 나갔고, 아이들을 함께 키워내었다. 아이들은 빠르게 성장했고, 무국적이라는 체류 신분과 상관없이 학교에 다니고 한국 말을 쓰고, 동네 꼬마가 되고, 태권도를 배웠다.

어느 날 그 아이들 중 하나가 아침을 먹도록 권장하기 위해 "한국인은 밥을 먹어야 힘이 난다"라는 교사의 말을 듣고 엄마에게 쌀밥을 해내라고 졸랐다. 그래서 쌀밥을 지어 내놓았는데 학교 급식처럼 맛있지가 않아서 다시 콩고식 아침밥인 빵과 우유로 바꾸었다고 한다. 아이는 부모의 출신국이나 외모 그리고 체류 자격과 상관없이 자신을 어느새 한국인이라고 생각하고 있었다. 그래서 밥은 쌀밥이어야 한다고 생각했다. 그 학교 학생의 80% 이상이 이주민 가정의 다양한 아이들이었지만 교사는 한국 사람이 되도록 가르치고 있었고, 한국 문화 안에서 아이들과 대화를 주고받으며 한국인의 생활을 기준으로 삼아 교육했다. 비록 한국이 국적을 부여해 주지 않았지만, 아이들은 어린이집에 다니고 초등학교에 들어가고 중학교에 가는 과정에서 자연스럽게 한국 아이로 자랐다.

무국적이라는 것은 무엇일까? 어떤 나라에도 소속되지 못한 아이로 살아간다는 것이 의미하는 바가 무엇일까? 그때 만난 콩고 여성 두 명 중 한 명은 가족들과 함께 프랑스로 재이주해 갔다. 한국에서 살고 싶지 않아서였다. 두 아이의 엄마가 된 그녀는 프랑스어 사용자였고, 한국에서 나아지지 않는 삶이 불만스러웠다. 콩고 내전으로 인해 한국으로 이주해 왔을 때 한국이라는 나라에 대해서 아무것도 몰랐다. 그녀들이 보여준 사진에서 한 사람은 외교관의 자식으로서 누리는 삶을 살았고, 또 다른 콩고 여성도 중산층 이상의 전문직 여성으로 살았었다. 그런데 내전으로 인해 난민이 된 그녀는 이곳 한국 원곡동 반지하에서 신혼살림을 시작해야 했고, 거기에서 크게 벗어나지 못한 채 다가구 주택에서 살다가 그렇게 떠났다.

무국적 아동은 앞서 언급한 미등록 이주아동과 크게 다르지 않다. 다만 인도적 체류 지위자이거나 난민으로 인정된 부모라면 그나마 체류 불안은 없다. 하지만 인도적 체류 지위자와 난민 인정자 사이에는 커다란 차이가 있다. 인도적 체류 지위자는 집도, 일도, 생활도 알아서 해야 하는 임시 체류자일 뿐이지만, 난민 인정자는 국민에 준하는 대우를 통해 거주 지원과 취업 지원 그리고 생활 지원을 받는다. 하지만 이러한 숫자에 해당하는 난민 인정자는 전체 난민의 3% 정도만이 해당된다.

이주민방송 MWTV에는 두 명의 이집트 출신 난민 인정자가 인턴십으로 2020년 함께 일한다. 둘 중의 한 명은 미혼이지만 이집트 출신의 여자 친구가 있고, 다른 한 명은 딸과 아내가 있는 사람이다. 난민 인정자로 살아가는 이들에게는 자신의 전문성을 살려 저널리스트로 살아갈 수 있는 기회가 주어졌다. 비록 아이는 무국적이지만, 난민 아동으로서 어린이집 지원을 받고 있고 잘 적응하고 있다. 2000년에 만난 콩고 출신의 난민 여성과 2020년에 함께 일한 이십 대의 청년 난민들 사이에는 엄청난 차이가 있다. 난민 제도의 변화 때문이다. 난민법으로 인한 제도적 변화가 난민 심사를 빠르게 진행시켰지만, 난민에 대한 차별은 더욱 심해졌다. 난민 심사를 너무 느리게 진행해서 문제이던 시절에서 난민 심사를 제대로 하지 않는 시절이 되었다. 그리고 아예 공항에서부터 들어오지 못하도록 막으려고 해서, 앙골라에서 온 루렌도 가족은 공항 면세점이 있는 입국장과 출국장 사이에서 오도 가도 못하는 신세로 9개월을 지내야 했다. 거기에 아이들 넷이 있었다. 5살 쌍둥이와, 7살, 9살인 아이들이었다. 바깥 공기를 들이마실 수 없는 폐쇄된 인천공항의 화려한 면세점들 사이에서 아이들은 노숙 아닌 노숙을 해야 했고, 학교 교육도 적절한 영양도 섭취하지 못한 채 지내야 했다. 다행스럽게도 지금은 인권단체들과 변호사들의 도움으로 입국하였다. 그 기간 동안 아이들은 부모와 함께 강제 송환의 두려움 속에서 24시간 꺼지지 않는 불빛 아래 훤히 드러난 채로 인천공항 안의 한 귀퉁이에서 지냈다.

난민은 무사히 공항을 빠져나와 난민 신청자가 되거나 인도적 체류 지위자가 되어도, 여기서 아이를 낳으면 아이는 그 어디에도 출생 신고를 할 수가 없다. 난민은 자신의 국적을 포기한 사람이고 아직 한국 국적은 없는 사람들이기 때문이다. 한국에서 출생한 아이들은 부모의 동반 자녀는 될 수 있지만 그 어디에도 소속되지 못한다. 이런 이유로 난민 네트워크의 여러 단체들은 보편적 출생등록의 필요성을 주장하고 있다. 미등록 이주아동과 무국적 난민 아동이 유엔아동권리협약에 나와 있듯이 아동의 최우선적인 인권을 지키기 위해서 말이다. 국민이 우선이라고 외치는 혐오 세력들 틈에서 자라는 아이가 맞닥뜨려야 할 현실은 대한민국 국민도, 콩고 국민도, 앙골라 국민도, 시리아 국민도, 이집트 국민도, 예멘 국민도 아닐 수가 있다. 아이들은 존재하는데, 그 존재가 증명되지 않는 투명인간과 같은 상태로 살아가야 한다. 아이들이 자라고 있다. 어린이집에 가고, 초등학교에 가고, 중학교에 가고 있다. 난민의 아이들이 살아가는 이 땅에서 아이들이 우연적으로 주어진 부모의 출신 국적이나 배경과 상관없이 건강하게 자라게 할 수는 없는 것인가? 다문화가족이라는 편협한 범주 안에 혈통적 한국인들과의 관계가 있는 다문화가정의 자녀들만을 포함시키는 제도적 인종주의를 끝내야 한다.

8 이주노동자로 사는 이주 배경 청소년 이야기

안산의 원곡동에서 만났던 몽골 출신의 미등록 이주아동들이 있었다. 어려서는 한국에서 무엇을 하든 자신이 원하는 직업을 가질 수 있을 거라고 생각했다. 그 아이들의 부모들은 한국에 살아남아 어떻게든 버티어 내면 아이들이 체류 자격을 얻는 날이 있을 거라고 생각했다. 하지만 그날은 그렇게 쉽게 오지 않았다. 학교에서 공부를 한들 미래가 없다고 생각한 아이들은 가정 형편이나 자신의 용돈을 위해 일자리를 찾아 나섰고, 그래서 부모와 마찬가지로 이주노동자의 삶으로 들어갔다. 미등록 체류자에게 열려 있는 일자리란 부모가 했던 단순노동 일들을 찾아 반월공단이나 시화공단으로 들어갔다. 다만 한국말을 더 잘하고, 더 젊다는 이유로 좋아하는 공장들 속으로 말이다. 그러다가 일찍 같은 몽골 출신의 여자친구와 동거에 들어갔고 아이들을 낳아 그 아이도 미등록 이주아동이 되었다. 그렇게 몇 년을 견뎌내었던 그들은 끝내 한국에 남지 못하고 몽골로 돌아갔다.

간혹 몽골에서 왔던 아이들 중 몇몇은 일찌감치 몽골로 돌아갔다가 유학 비자를 받아서 한국의 명문대에 들어가기도 하였다. 다시 만난 아이들이 이젠 성인이 되어 결혼식을 올렸다. 그중 하나는 대학에서 만난 여자친구와 서른 살이 다 되어서 횡성의 한 마을회관에서 전통식과 몽골식이 혼합된 예식을 거창하게 올렸다. 청년 농민으로 정착해서 살기 위해 그 마을에 갔는데, 마을 주민들은 이 젊은 부부를 위해 예식을 올려줄 공간을 빌려주고 마을잔치를 벌였다. 대학동창들은 축하하기 위해 전통악기들을 연주했고, 몽골 청년의 고모는 몽골에서 가수여서 노래를 멋지게 부르셨다. 그리고 잔치에 참여한 하객들을 위해 원곡동에서 같이 자란 몽골 친구가 한국어와 몽골어로 사회를 봤다. 그 친구는 박사과정을 밟고 있다고 했다. 결혼한 몽골 청년은 부모에게 쓰는 편지에서 엄마에게 말했다. 어린 시절 자신을 한국에 데려온 엄마가 너무 미웠다고 했다. 하지만 그것이 엄마의 사랑이었음을 이제 알게 되었다고 고백했다. 엄마는 아들의 체류 안정을 위해 한국 남자와 재혼했고, 아들은 입양이라는 절차를 통해 한국에서 체류 안정을 획득했다. 이후 국적을 취득하고 대학에서 만난 지금의 신부와 결혼식을 올리게 된 것이다. 이러한 해피엔딩 같은 동화는 몇몇의 아이들만이 누리는 특별한 일이다. 대부분의 아이들은 대한민국에서 추방당하기 전에 미리 하나 둘 떠났고, 떠나지 못한 아이들은 이주노동자로 지내다가 끝내 결국에는 돌아갔다.

이렇게 부모의 출신 국적으로 인해 이주 배경 청소년이라고 불리는 아이들 중 미등록 이주아동들만이 청년이 되었을 때 이주노동자가 되는 것은 아니다. 다문화가족이라는 범주 안에서 살았던 한 필리핀 결혼이민자 여성의 아이는 부모의 이혼으로 인해 엄마의 나라에서 성장해야만 했다. 엄마는 공장에서 일을 해야만 먹고 살 수 있었기 때문에 아이를 키울 수가 없었다. 그래서 아이를 친정이 있는 필리핀에 보내었다. 그리고 그 아이가 이십 대가 되자 다시 한국으로 불렀다. 청년이 된 그 아이는 필리핀에서 한국어를 배우지 못했고, 돌아온 한국에서 자신이 할 수 있는 공장 노동밖에 없어서 이주노동자가 되었다. 국적만 한국인이었던 아이는 돌아온 한국이 낯설었고, 한국어가 서툴러 일을 할 때 고생이 많았고, 외모로 인해 이주노동자로 여긴 동료나 고용주로부터 무시당했다. 그래도 살아야 했기에 일을 했던 그 청년은 어느 날 병에 걸렸고 제대로 치료를 받지 못한 채 세상을 떠나야 했다. 이 이야기는 경기도의 아시아문화연구원이 주최한 2019년 8월 22일 2차 민주시민 포럼에서 경기다문화뉴스 송하성 대표가 한 발제의 일부 내용이었다. 한국 사회는 이혼율이 높은 나라이고 다문화가정도 예외가 아니다. 이혼 후 아이 양육권이나 친권을 통해 체류 자격을 얻은 결혼이주여성들도 있지만 아이를 혼자 키우는 일은 너무나 힘들다. 이런 연유로 베트남으로 귀환을 선택하는 여성들이 늘어났다. 그렇게 아이와 함께 돌아간 결혼이주여성들이 늘어날수록 그 아이가 청년이 되면 한국으로 돌아올 예정인 아이들도 늘어나게 되는 것이다. 그런데 이 아이들이 제대로 된 정규교육과정을 마치지 못하거나, 한국어 교육을 받을 기회가 없다면 다시 돌아왔을 때 이 아이들이 살아가야 할 방편은 무엇이 될까?

한국인 남자들이 해외로 나간다. 필리핀에서 현지처를 만들거나 유학생 신분으로 동거를 한다. 그리고 그 사이에서 아이들은 태어나고 남자들은 무책임하게 혼자 한국으로 돌아온다. 누구나 아는 코피노 이야기이다. 이와 같은 현실은 베트남에서도 일어났고 이 아이들을 라이따이한으로 부른다. 도망간 아버지를 찾아 소송하고 친자 확인되면 국적을 취득하여 한국에 살 수가 있게 된다. 최소한의 양심을 가진 아버지가 한국에서 살 수 있는 경제적인 도움을 주지 않는다면 이 아이들은 한국 국적이 있는 이주노동자로 살아가게 될 것이다. 그나마 국적을 취득했으니 언젠가 다시 공부를 시작하고 대학에 갈 수 있을지도 모른다. 그래서 이야기는 원점으로 돌아간다. 혈통적 한국인과 관계를 맺고, 절반의 피라도 이어받고 있다면 이주 배경 청소년이라 할지라도 다른 미래를 꿈꿀 수가 있지만, 그렇지 못한 아이들에게 남은 신분은 이주노동자일 뿐이다.

9 맺음말: 2018년 유엔 인종차별철폐위원회의 권고를 통해 한국 사회 돌아보기

2018년 유엔 인종차별철폐위원회는 대한민국 정부에게 인종차별과 관련한 여러 가지 권고를 하였다. 그 중에는 다음과 같은 내용이 있다.

> "위원회는 다문화가족지원법상 '다문화가족'의 정의가 한국 국민과 외국인 배우자 간의 혼인에 국한되고, 외국인 부부 또는 동포 간의 혼인을 배제하는 것에 우려를 표한다. 위원회는 또한 이러한 배제 때문에 '다문화가족'에게 보장되는 다양한 혜택과 지원으로부터 비호신청자 및 난민을 포함한 이주민 가족들이 제외되는 것을 우려한다."

> "위원회는 한국이 '다문화가족'의 정의를 재검토하고 그 의미를 가족 구성원 중 최소 한 명이 외국인(외국인 부부, 동포 가족 등)인 경우로 확대하여 차별 없이 모든 가족에게 동등한 혜택이 제공될 수 있도록 할 것을 권고한다."

과거 기지촌의 여성들은 백인과의 사이에서 또는 흑인과의 사이에서 아이를 낳았다. 이 아이들은 혼혈이라는 이유로 인종적으로 배제되었고, 순혈주의 국가에서 추방되어 해외로 입양되었다. 그러한 추방의 시대는 가고 한국의 노동력이 부족해지고, 농촌에 장가가지 못한 남자들이 많아지자 결혼이민자들을 받아들이고 그 사이에 태어난 아이들을 한국 아이로 만들기 위해 2007년에 '다문화가족지원법'을 제정하였다. 그리고 아이들은 그 과정에서 '혼혈'로 불리다가 '코시안'으로 불리다가 '온누리'로 불리기도 하였고 현재 '다문화'가 되었다. 명칭은 변했지만 아이들을 바라보는 차별적인 시선은 변하지 않았다. 결혼이민자들은 사회 통합의 대상이 되었고 아이들을 한국말을 잘하는 아이로 키워내 온전한 한국인의 정체성을 갖도록 해야 할 의무가 생겼다. 이것은 한국인을 기준으로 삼아 한국어와 한국 문화에 동화되어야 함을 의미했다. 하지만 이주민 모두가 동화의 대상으로 포섭되지 않는다는 것은 분명했다. 설사 혈통적으로 한국인이고 자신들을 한민족의 후손이라고 여긴 조선족과 고려인 그리고 재일조선인은 타국에서조차 지키고자 했던 한민족의 전통과 사상에 대한 믿음을 한국에 와서 배반당했다.

혼혈이라고 아이들을 추방하던 대한민국 정부는 이제 혈통적 한국인일지라도 이 땅에서 태어나지 않았고, 다문화가족이 아니라면 언제든 추방할 수 있는 대상이며, 지원의 대상이 아니라고 한다. 그리고 내전을 피해 온 부모를 두거나, 정치적 망명을 택한 부모를 둔 아이들, 뜻하지 않은 침공으로 나라가 초토화된 나라의 국민이었던 부모를 둔 아이들은 부모의 체류 자격에 따라 미등록이 되거나, 무국적이 되어 한국에서 어떤 기록도 남기지 못하는 존재가 되었고, 그렇게 미등록 이주노동자들의 자녀들도 마찬가지였다. 유엔은 이러한 이주민들과 그 가족들의 상황이 인종차별이라고 보았다. 그래서 이러한 제도적인 인종차별을 개선하라고 권고하고 있다. 한국 사회의 이주민은 이제 4%를 넘어서고 있다. 국제결혼이 지속되는 동안 다문화가정의 자녀라고 불리는 아이들은 계속 늘어날 것이다. 아이들은 태어나고 자라고 성장하고 어른이 된다. 그 과정에서 아이들이라면 당연히 누려야 할 권리들이 있고 그 권리를 보장해 줄 필요가 있다. 교육권, 사회권, 건강권, 자유권 등 아이들은 아이들이기 때문에 아동의 인권을 최우선적으로 고려해야 할 것이다. 대한민국은 유엔 아동권리협약에 가입함으로써 이를 국제사회에 약속했다. 또한, 유엔 인종차별철폐협약 가입 국가이기도 하다. 국제협약은 국내법에 반영해야 하며, 이를 준수하고 따를 의무가 있다.

마지막으로 유엔 인종차별철폐위원회가 내린 권고 중 포괄적 인신매매 방지법에 관해 언급하고자 한다.

> 위원회는 다음과 같이 권고한다. (a) 포괄적 인신매매 방지법(인신매매, 특히 여성 및 아동의 인신매매 예방, 억제, 처벌을 위한 의정서에 부합하는)을 채택하고, 대중을 대상으로 입법을 알리기 위한 인식 제고 캠페인을 실시할 것,(b) 인신매매 피해자들이 당국에 피해 진정을 용이하게 할 수 있도록 하고, 피해자에게 보호를 제공하며, 최소한 구제 절차가 완료될 때까지 그들에게 안정적 체류 자격과 기초생활 보장을 허가할 것,(c) 인신매매 사건을 전문가적인 태도로 조사하고, 책임자 처벌을 보장할 것.

앞서 해외입양인들은 자신들을 다른 나라로 보낸 대한민국 정부가 해외 입양기관과 결탁하여 아동 인신매매를 방조하거나 조력했다고 보고 있다. 그래서 국가적인 공식 사과와 당시 해외 입양기관들에 대한 진실이 밝혀지기를 바란다. 하지만 기지촌의 여성들을 미군 위안부로 인정하지 않고 있고 이에 대한 공식 사과는 없으며 혼혈이라는 이유로, 빈곤하다는 이유로, 거리의 부랑아라는 이유로 아이들을 해외로 보낸 입양기관들에 대한 실태조사가 없었다. 이들은 이제 줄어든 해외입양 대신 다문화가족 지원사업을 한다. 과거의 과오를 은폐하고 이들은 새로운 사업에 뛰어들었다. 이제 혼혈들은 해외입양의 대상이 아니라 다문화가족 지원의 대상이기 때문이다. 과거의 인신매매 피해자 중에는 이처럼 아이였던 사람들이 있고, 오늘의 인신매매 피해자에는 한국 여성이 비운 그 자리에서 이주여성에게 일어나고 있다. 그 과정에서 또 아이들이 태어나고 있다. 숨겨지고 부끄러운 인종차별의 역사를 반성하지 않고 있기 때문에 현재의 아이들이 고통받고 있다. 유엔의 권고는 대한민국 정부를 향해 현재형이다. 그리고 한국 시민사회는 이러한 권고들을 이행하도록 정부에 촉구해야 할 시민적 책무가 있다.

바야흐로 해외여행 열풍의 시대이다. 이와 함께 여행 관련 TV 프로그램도 다큐멘터리에서 예능 형식의 쇼로 변모하고 있다. 여기에는 국가의 경계를 넘어 다른 세계를 보고, 배우고, 느끼면서 전 세계와 동시대인으로 호흡하려는 세계시민 되기의 열망이 담겨 있다. 최근 여행 프로그램은 다른 나라 여행객들이 한국을 방문하는 경험을 보여주면서 세계화된 한국과 한국인의 모습을 보여준다. 이 새로운 만남을 통해 소통과 환대라는 세계시민의 열망이 실현되는가, 아니면 그 과정에서 새로운 균열이 발생하는가? 이 글은 특히 멕시코 친구들이 방문하는 에피소드를 주목하면서, 멕시코라는 다른 주변부 국가와의 관계 속에서 민족의 서사가 과잉되는 모습을 포착한다. 이는 세계시민의 이상 속에 민족이 여전히 강력한 힘으로 자리하고 있으며, 이로 인해 보이지 않는 위계가 발생하고 있다는 사실을 드러낸다. 우리 시대의 해외여행은 세계 각지에서 민족이라는 현실과 세계시민의 이상이 충돌하고 갈등하며, 교섭하는 새로운 경험을 제공해 주며, 지구화 시대를 살아가는 연대와 윤리에 대한 질문을 던지고 있다.

해외여행의 시대, 세계시민 되기의 딜레마

—「어서 와, 한국은 처음이지?」를 중심으로

박정원

1 해외여행 서사의 붐

정치철학자 에티엔 발리바르(Étienne Balibar)는 21세기 들어 세계화가 가속화되면서 유럽의 국경이 고정되기보다는 유동적인 교차 지점으로 변모하였다고 분석한다. 국경은 이제 더 이상 영토와 경계를 구분하고 확정해 주는 지리적 개념이 아니다. 오히려 상품과 정보, 사람들의 초국적 이동으로 인해 기존의 영토 안과 밖으로 움직이면서 과거의 경계를 지우는 동시에 새로운 경계를 만들어내는 가변적인 정치적, 문화적 상징물이 되었다는 것이다.[1] 이렇게 국경에 대한 인식의 변화는 과거 근대 민족국가에 기반하였던 '주권'과 '시민권'의 개념에 균열을 가

1 에티엔 발리바르, 『우리, 유럽의 시민들?—세계화와 민주주의의 재발명』(후마니타스, 2010), 222쪽.

져오게 되었으며, 이에 대한 재논의가 필요한 시점에 직면하게 되었다. 이런 맥락에서 세계화와 초국가적 흐름에 맞물려 칸트 이래 서구에서 논의의 명맥을 이어가던 범세계주의(cosmopolitanism)가 새롭게 주목받기 시작하였다. 칸트의 범세계주의는 세계연방제라는 이상 속에서 모든 인간이 국적에 상관없이 자유로운 의지를 지닌 인격체이며, 동시에 지구라는 영토를 공유하는 공통의 존재라는 사고에 기초하고 있다. 이에 따르면 이제 시민권의 개념도 기존의 협소한 '국민' 대신에 민족국가의 틀을 넘어 보다 개방적이고 포용적인 '초국가적 시민(transnational citizen)' 혹은 '세계시민(global citizen)'으로 확장되어야 한다. 자신의 출신 국적을 넘어 인종과 피부색, 언어가 다른 타자(他者)에 대한 관용과 환대의 범위를 전 지구적으로 포함하려는 의도가 담긴 이 용어는 지나치게 이상주의적이라는 비판을 받았지만, 세계화와 초연결 시대를 살아가는 지구촌 모두에게 새로운 윤리적 가치와 지향점을 함의해 주고 있음은 틀림없다.

한국도 범세계주의의 흐름 속에 등장한 세계시민 되기의 물결에서 예외는 아니었다. 세계화에 대한 이러한 열망은 1990년대 이래 과거 분단과 독재라는 폐쇄적 상황을 극복하고 전 사회의 민주화와 맞물려 분출되면서 본격적으로 전개되었다. 이를 상징적으로 보여주는 징표 중 하나가 해외여행의 폭발적 확산 현상이다. 1989년 해외여행의 자유화로 촉발된 이 흐름은 21세기 들어 전 국민적으로 확대되었으며, 2018년에는 해외여행 지출 규모가 미국, 중국, 독일, 영국, 프랑스에 이어 전 세계에서 여섯 번째로 큰 규모에 이를 정도로 성장하였다. 해외여행의 보편화는 여행 관련 산업의 성장뿐 아니라, 방송 및 미디어 콘텐츠, 특히 TV 프로그램의 영향과도 무관하지 않다. 과거 미국 등 서구에서 제작된 여행 다큐멘터리를 수입하여 방송하던 관행에서 벗어나, 2000년대에 들어 KBS와 EBS 방송국은 해외여행 프로그램을 직접 제작하기 시작하였다. 여기에서는 한국인을 주인공이자 화자로 등장시켜 이웃 나라에서 먼 나라까지. 아시아와 유럽을 비롯하여 아프리카, 라틴아메리카, 오세아니아에까지 직접 여행하는 모습을 담아낸다. 이러한 변화는 지구화의 물결 속에서 세계로 뻗어 나가는 한국의 현실을 반영하는 동시에, 미국이나 유럽이라는 서구의 필터를 거치지 않고 우리 자신의 눈으로 세계를 직접 보고 스스로의 목소리로 해석하려는 욕망이 투영된 것이다.

이후 해외여행 프로그램은 다큐멘터리 장르를 넘어 예능을 표방하는 리얼리티 쇼의 형식과 결합하면서 본격적으로 해외여행에 관한 전 국민적 관심을 불러일으키게 되었다. 2012년 케이블 채널 TVN에서 제작된 「꽃보다 할배」를 필두로 「꽃보다 누나」, 「꽃보다 청춘」으로 이어지는 「꽃보다 시리즈」의 높은 시청률과 엄청난 대중적 성공은 일종의 문화적 현상이 되어 남녀노소를 불문하고 해외여행에 대한 열풍을 몰고 왔다. 이후 이와 유사한 방식의 여행 프로그램이 다수 제작되었고 해외여행과 관련한 다양한 서적이 출간되어 대형 서점의 도서진열대를 차지하게 되었다. 또한, 자신의 여행 경험을 유튜브와 페이스북 등 SNS를 통해 공유하는 방식을 통해 해외여행은 우리에게 또 하나의 일상이 되어가고 있다.

최근의 여행 관련 리얼리티 쇼는 또 다른 방식으로 진화하고 있다. 이전까지는 해외로 나간 한국인들이 다른 나라와 그곳의 문화를 보고, 듣고, 느끼는 형식의 주를 이루었다. 이러한 국제적 경험으로 얻은 자신감을 바탕으로 한국의 국가적 경제 성장 및 한류를 통한 국제적 인지도 상승이 더해져 이제는 외국인들을 우리나라로 초청하여 한국을 그들에게 보여주는 상황에 이른다. 외국인의 한국 방문을 관찰하는 「어서 와, 한국은 처음이지?」를 필두로 이와 유사한 「나의 외사친」, 「서울메이트」 등이 연속적으로 제작, 방송되면서 여행 프로그램의 새로운 트렌드를 형성하였다. 《연합뉴스》에서는 이를 해외를 방문하는 기존 프로그램들의 '역발상'적 기획이라고 평가한다. 그중에서도 대표적인 「어서와, 한국은 처음이지?」 시리즈는 2017년에 이탈리아 편을 파일럿으로 선보인 이래로 케이블이라는 제약을 극복하고 MBC 에브리원 채널 사상 최고의 시청률을 기록하는 상업적 성공을 거두게 된다. 이는 시즌 2의 제작으로 이어져 현재까지 20여 나라의 방문기를 방영하였으며 현재 넷플릭스에서도 스트리밍되고 있다. 이 프로그램의 홈페이지에는 그 기획 의도가 세계 각지의 '이웃'을 이해하면서 범세계적인 감성을 획득하는 동시에, 외국인들이 한국을 바라보는 시각을 통해 우리 자신을 되돌아보는 기회를 마련하는 것이라고 적고 있다. 이를 위해 한국에 사는 외국인의 자국 친구들을 초대하여 한국의 곳곳을 방문하고 사람들을 만나는 모습을 관찰하는 형식을 취한다.

이 글은 「어서 와, 한국은 처음이지?」를 중심으로 최근의 트렌드인 한국 방문 TV 프로그램을 문화 연구(cultural studies)의 관점에서 다룬다. 이 리얼리티 쇼는 기존의 해외여행 프로그램이 보여준 범세계주의적 열망을 넘어서 세계시민의 이상과 국민 서사가 경합, 충돌, 교섭하는 다층적인 과정을 보여준다. 발리바르가 지적하듯 세계화 과정에서 국경은 해체되기보다는 기존 국민국가 내부와 외부로 경계가 이동하고 증식되면서 새로운 구분과 위계가 발생하는데, 이를 드러내기 위해 첫 번째 시즌에 방영되었던 멕시코 편에 주목한다. 「어서 와, 한국은 처음이지?」는 사실 방문자들의 구성이 지나치게 유럽 국가에 편중되어 있다는 비판을 받아왔다. 그러나 멕시코의 경우 비서구 국가로 시즌 1에 초청된 '이웃' 중에 가장 먼 나라로 묘사된다. 이런 측면에서 비서구에서 방문한 새로운 '이웃'과 만나는 멕시코 편은 상대적으로 익숙한 서구와의 만남과는 다른 양상을 보여주며 세계시민에 관련된 복합적 상황을 드러내 준다.

과거 서구를 위시한 소위 중심부 국가가 아닌 나라를 통칭하여 저개발국 혹은 제3세계로 명명해 왔는데 이 용어들이 국가 간 불평등의 원인과 관계를 부각하지 못한다는 비판을 받아왔다. 이러한 이유로 최근에는 중심부 국가들이 주로 위치한 북반구와 달리 이들의 식민지였던 과거를 공유하며, 그로 인해 현재에도 정치적 경제적으로 주변적 위치에 있는 국가들을 남반구 혹은 남(南)이라고 부르고 있다. 이와 같은 맥락에서 멕시코인들의 방문은 주변부와 주변부, 즉 남과 남의 만남과 소통을 가능하게 한다. 따라서 다음과 같은 질문이 제기될 수 있다. 한국이 기존의 중심부 국가와의 관계에서 벗어나 세계의 다른 지역, 즉 소위 주변부 나라들과 만나는 경험을 통해 세계시민과 민족 개념은 어떻게 재구성되는가? 주변부와 주변부가 만나는 이 여행 서사는 과거 서구에 의해 주도되었던 미디어와 지역 연구에 내재화된 서열화와 차별적 시선을 극복하고 타자의 인식에 관한 대안적 가능성을 보여주는가? 그렇지 않다면 중심부가 아닌 '남-남(south-south)'의 만남 역시 여전히 중심부를 기준으로 만들어진 기울어진 틀 안에서 작동되는가?

이 글은 우선 세계화 과정에서 한국의 문화적 위치를 확인하기 위해 미국에서 제작된 한국 방문 프로그램인 「국경 없는 코난 투어(Conan without Borders)」를 소개할 것이다. 이를 통해 세계화 시대에 공존하는 세계시민과 국민 간의 복합적 관계를 제시하고자 한다. 그리고 이 프로그램과 비교하여 「어서 와, 한국은 처음이지?」의 멕시코 편을 분석한다. 즉, 중심과 주변부를 다룬 작품을 기반으로 주변부와 주변부의 만남을 그리는 방식을 인종정치(racial politics)적 측면에서 비교하고자 한다. 이러한 방식으로 한국과 멕시코의 이 직접적 만남에서 실현되는 상호이해 및 환대가 갖는 가치와 한계를 검토할 것이다.

2 문화적 시민권: 세계시민과 국민 사이에서

문화 연구자인 스튜어트 홀(Stuart Hall)은 문화가 가진 역동적인 측면을 강조해 왔다. 그는 문화가 예술작품이나 고정된 대상이 아닌 사회적 행위와 행위들 사이의 중재가 일어나는 장소로서, 그 안에서는 다양한 행위자가 헤게모니를 획득하기 위한 쟁투가 벌어진다고 보았다. 이런 이유로 홀에게 있어 권력 관계는 문화를 이해하는 데 있어 핵심적인 요소라 할 수 있다. 이와 관련하여 『근대성의 형성(*Formations of Modernity*)』에서 홀은 중심부-주변부라는 이항대립으로 구성되는 권력 관계가 세계화의 지배적인 핵심이라고 지적한 바 있다.[2] 홀의 주장을 받아들일 때, 세계 체제의 지정학적 구도에서 한국은 지난 반세기 동안 소위 '제3세계' 혹은 '주변부'로 범주화되어 왔다. 하지만 그간 급속도로 진행된 경제 성장과 더불어 '한류'로 일컬어지는 대중문화가 국경을 넘어 확산되면서 그 위상에서 변화가 일어나고 있다. 특히, 전 세계 10대를 중심으로 한 K-pop, K-drama, K-beauty 등의 전 세계적 인기로 인해 한국은 경제와 문화적 측면에서 영향력과 인지도를 지닌 '소프트 파워'로 인식

2 Stuart Hall, *Formation of Modernity*(Cambridge, Polity Press, 1992), 276쪽.

되고 있다.

문화적 위상의 변화는 중국과 동남아시아 지역뿐 아니라, 미국과 유럽에서도 확인할 수 있다. 과거 우리에게 여행 프로그램을 수출했던 미국에서는 오히려 우리나라에서 제작된 리얼리티 쇼 형식의 해외여행 프로그램을 제작하는 상황에 이르렀다. 「꽃보다 시리즈」의 영향을 받아 제작된 「국경 없는 코난 투어」(2016-2019)도 그중 하나이다. 미국의 유명 코미디언이자 토크쇼 진행자인 코난 오브라이언(Conan O'Brien)이 진행하는 이 프로그램은 코난이 각국을 여행하면서 미국의 시청자들에게 그 나라에 대해 소개하는 형식을 취한다. 한국은 쿠바에 이은 그의 두 번째 방문 국가이다. 한국 편은 어느 한국인 팬으로부터 자신의 나라를 방문해 달라는 요청을 받았다는 것으로 시작된다. 그는 사찰, 판문점, 노량진 수산시장, PC방 등 미국인에게는 낯선 한국의 '대표적' 장소를 방문하는 한편, 태권도 시범 공연을 관람하고, K-pop의 대표적 프로듀서 중 한 명인 박진영과 함께 곡을 만드는 과정에 참여하며, 한류 드라마 촬영장을 방문하는 등 한류의 역동적 모습을 카메라에 담아낸다.

이러한 전개는 여행 서사의 전형적인 전개 방식에서 크게 벗어나지 않으며, 태평양 너머 한국에 대해 가지고 있던 상상적 이미지를 재생산하기도 하며 그것을 일부 무너뜨리기도 한다. 이 과정에서 코난이 한국에 첫발을 들이는 장면은 상징적이다. 그는 인천공항에서 한국 방문을 요청한 팬과 조우한다. 카메라는 출국장을 빠져나오는 코난을 맞이하기 위해 몰려든 엄청난 한국인들의 인파를 조명한다. 그리고 이들의 열광적인 환호 속에서 마치 팝스타와도 같이 함께 셀카를 찍으며 즐거워하는 코난의 모습을 담아내고 있다.

코난의 유명세를 보여주는 이 공항 시퀀스는 '다이나믹 코리아'로서

21세기 한국의 이미지를 미국 시청자에게 투영해 준다. 한국인들은 외부를 향해 열려 있으며, 글로벌 언어인 영어로 의사소통이 가능할 만큼 세계주의적이다. 수줍지만 열정적으로 자신을 표현하는 이들은 공간적 거리감에도 불구하고 미국인들과 동시대에 살고 있는 것으로 묘사되는데, 이런 '동시대성'은 세계시민의 주요한 가치이자 덕목으로 간주되고 있다. 한편, 이 장면에서 드러나는 또 다른 특징은 세계시민으로 인정받고자 하는 한국인들의 국민적 열망이다. 공항에 모인 인파는 코난을 환영하는 동시에, 세계 대중문화의 중심인 미국 미디어에 '한국인'이라는 자신들의 존재를 알리고 동시대성을 인정받으며 '한국인'으로서 세계시민에 편입되려는 욕망을 드러낸다.

이 공항 시퀀스는 세계시민의 이상을 실현하는 과정에서 국민 혹은 민족의 서사가 개입되고 있음을 확인해 준다. 실제로 세계화 현상은 그 이상과는 달리 시민권이 가진 역사적 모순을 증폭시켜 왔다. 고대 그리스에서 도시-국가의 구성원이라는 것에서 출발한 이 개념은 유럽의 근대, 특히 프랑스혁명을 거치면서 기존의 법에 복종하는 의무뿐만 아니라 자기 통치의 권리, 즉 국가의 법을 결정하는 권리를 가진 공동체의 성원으로 인식되어 왔다. 이후 역사적으로 소수자에 속한 집단에게도 시민권의 범위가 비약적으로 확대되어 왔지만, 여전히 민족국가 내부의 토대 위에 만들어진 체계를 유지하고 있다. 하지만 앞서 발리바르가 언급한 대로 세계화는 시민권에 새로운 국면을 유발하였으며 이 둘 사이에는 복잡한 함수 관계가 형성되고 있다. 이전까지 시민의 모든 권리와 의무가 국민국가와 연결되어 있었으며, 국가는 국제사회 내의 다른 국가 파트너들에 의해 인정을 받았다. 반면에, 세계화는 그 자체로 영토에 대한 국가 통제의 약화를 의미한다. 이렇게 국가의 경계가 헐거워지면 국가 공동체의 구성원에 속함으로 인해 획득할 수 있었던 각종 권리의 양태가 변하기 시작한다. 세계화 속에서 국가는 시민권에 대한 독점성이 사라짐에도 불구하고 제도적 장치를 통해 여전히 강력한 영향력을 발휘하며, 그 결과 "세계시민이 국민 혹은 민족을 완전히 대체하지 못하고 이 대립적인 두 시민의 상(想)은 공존"하게 된다.[3] 이렇게 현재의 초국적 혹은 다국적 세계질서는 국가 기구가 존재하는 상태에서 갈등적인 양상이 강화되는 방향으로 전개되고 있다.

「국경 없는 코난 투어」은 세계화 시대의 문화적 시민권에 관한 현실을 잘 보여준다. 국경을 넘는 여행을 통해 서로 만나게 되는 코난과 한국인들 모두는 세계시민이 되는 행위에 참여한다. 그러나 이들에게 국적은 사라지거나 희석되지 않는다. 오히려 이 초국가적인 만남에서 '한국'이 반복적으로 호명(appellation)되며, 이 세계화 과정에서 '한국인' 그리고 '한국적'이라는 성격이 규명된다. 즉, 세계시민 서사에서 민족이라는 '상상의 공동체'가 재구성되는 것이다. 따라서 공항에서 한국인 팬들이 보여주는 환호는 국적을 넘어 환대를 실천하는 범세계성과 함께, 세계적인 스타에게 인정받는 '한국인'이 되고 싶은 민족적 열망이 엿보인다. 이처럼 이 프로그램에는 모순적이고 양립 불가능한 것으로 보이는 세계시민과 국민의 모습이 동시에 재현되고 있다. 세계시민과 민족의 서사가 경합하고 교섭하면서 한국인이 중심부에 의해 세계시민으로 인정받는 모습이 그려진다. 따라서 세계화 시대의 문화적 시민권(cultural citizendship)은 이 둘을 이분법적으로 파악하기보다는 세계시민

3 Hassan Bashir and Phillip W. Gray, *Deconsructing Global Citizenship: Political, Cultural, and Ethical Perspectives*(Lexington, Lexington Books, 2016), 9쪽.

논의에서 국민, 혹은 그 반대로 국민 속에서 세계시민의 함의가 드러나는 양상을 탐구해야 할 필요성을 제기해 준다.

3 '남-남'의 만남과 지구촌 이웃 되기

「어서 와, 한국은 처음이지?」 시리즈는 세계시민으로 성장하는 한국과 한국인을 서구의 시각이 아닌 우리의 관점으로 바라본다. 기존 해외여행 리얼리티 쇼는 다양한 나라를 방문하면서 타지역과 타문화를 알아가는 것에 주안을 두었다. 반대로 외국인들을 초청하여 이들의 시선으로 한국을 바라보도록 만드는 이 기획은 한국이 이들의 주요한 관찰 대상이 되는 방식을 통해 타문화와 만나면서 한국인이라는 국민이 재구성되는 방식을 보여준다. 첫 번째 시즌은 8개 국가에서 초청된 친구들의 방문을 담는 에피소드로 구성되는데, 멕시코와 인도를 제외하고는 모두 서구 국가들로 구성된다. 이탈리아와 독일에 이어 방영된 멕시코 편의 경우 시즌 초반에 배치되어 주로 서구인에 제한되어 있던 외국인의 한국 방문이라는 테마의 지평을 확장한다는 것과, 이를 통해 다른 주변부와 만나는 문화적 교섭을 보여준다는 점에서 주목할 필요가 있다.

이 프로그램은 도입부에 멕시코를 "지구의 반대편에 있는 먼 나라"로 소개한다. 실제 이 나라는 태평양을 사이에 두고 미국과 국경을 맞대고 있다. 하지만 지도를 사용한 그래픽에서는 태평양이 아닌 유라시아 대륙과 대서양을 통과하는 경로를 시각화하여 보여줌으로써 한국과 멕시코(혹은 라틴아메리카) 사이의 지리적, 문화적, 심리적 거리감을 강조하고 있다. 이를 통해 아직은 우리에게 잘 알려지지 않는 미지(味知)의 나라이자 대척점에 위치한 대륙과 만난다는 효과를 만들어 낸다.

총 4개의 에피소드로 구성된 멕시코 편은 한국에 2년 전에 정착한 크리스티안 부르고스(Cristián Burgos)의 친구들이 멕시코시티에 모여 한국 여행을 계획하는 장면으로부터 시작한다. 장시간의 여행을 거쳐 한국에 도착한 이들은 한국인 가이드의 도움 없이 스스로 서울 곳곳을 방문한다. 카메라는 이 과정에서 지하철을 잘못 갈아타고, 산낙지를 시식해 보는 등 낯선 문화를 체험하면서 겪는 해프닝을 담아낸다. 또한, 2002년 한국에서 열렸던 월드컵을 기억하며 경기장을 찾아 응원도 하고, 한류 아이돌 스타를 만나기 위해 연예기획사를 방문한다.

멕시코 편에서 벌어지는 다양한 해프닝들은 지리적 거리와 문화적 차이에도 불구하고 서로가 완전히 낯선 존재가 아니라는 것을 보여준다. 멕시코인들의 한국 방문을 통해 두 나라는 좀 더 가까운 '이웃'이 되어간다. 세계화가 가져온 탈영토화(deterritorialization) 현상으로 인해 과거에는 주로 중심부와 중심부 혹은 중심부와 주변 간에 이루어졌던 국제적 이동과 정보의 공유가 확장된다. 그 결과로서 특히 주목할 점은 기존의 중심부에 속하지 않은 지역 간의 교류와 소통이다. 즉, 서구라는 중심부를 경유하지 않고 주변부와 주변부가 만나게 된 것이다. 이렇게 중심부 위주의 세계화 논의를 넘어 '남(south)-남(south)'의 만남과 대화의 시공간이 마련된 것이다.

이런 경향은 라틴아메리카 연구에서도 나타난다. 기존 지역 연구가 유럽 혹은 미국과의 관계의 역학을 중심으로 연구가 이루어졌다면 최근 다른 주변부와의 교류에 관심을 두게 되었다. 특히, 아시아-라틴아메리카 연구의 성장도 빼놓을 수 없다. 초기 정치, 경제와 산업 영역에서 출발하여 인문, 사회, 문화적 영역으로 연구가 확대되어 가고 있다. 특히, 문화연구 영역에서 준영 베로니카 김(Junyoung Verónica Kim)은 기존 아시아 연구(Asian studies)와 라틴아메리카 연구(Latin American studies)라는 개별 학문의 고립성과 폐쇄성을 넘어 '남-남' 연결을 탐구하는 것이 세계화를 이해하기 위해 매우 중요하다는 점을 지적하며 '방법으로서의 아시아-라틴아메리카(Asia-Latin America as method)' 연구를 제시한다.[4] 여기서 이 용어가 제시하는 바는 단지 교류와 소통의 활성화를 넘어 이러한 초국가적 연구 '방법'을 통해 만남과 소통에서 나타나는 현상을 비판적으로 탐구할 필요성을 제기하는 것이다.

한국 학계에서도 이와 같은 흐름이 형성되고 있다. 박윤주는 우리 사회에서 라틴아메리카에 대한 인식이 서구라는 중심부 미디어에 상당 부분 의존하고 있어 단선적인 시각에 머물고 있음을 지적한다.[5] 구경모의 경우 한국 기업의 라틴아메리카 진출 과정에서 형성된 라틴아메리카에 대한 인식에 주목하면서 '게으름', '느긋함'으로 이들을 정의하는 부정적인 시각이 시간관의 차이에서 비롯한다고 분석한다. 산업화를 겪으면서 한국은 서구의 모노크로닉(monochronic)한 시간적 관점을 체화하게 되면서 이 잣대로 관계와 유연성을 중시하는 폴리크로닉(polychronic)한 유형을 가진 라틴아메리카 사람들을 판단한다는 것이다.[6] 이러한 시간관의 차이를 인식하지 않은 채 이들이 근대적 시간에

4 Junyoung Verónica Kim, "Asia-Latin America as Method: The Global South Project and the Dislocation of the West", *Verge: Studies of Global Asias* 3(2), 2017, 97쪽.

5 박윤주, 「미디어 모노컬쳐와 오리엔탈리즘: 한국 언론의 라틴아메리카 보도 형태 연구」(《중남미연구》 32(2), 2013), 149쪽.

6 구경모, 「중남미인에 대한 한국인의 '왜곡된 시선'—시간관을 중심으로」(《중남미연구》 37(4), 2018), 34쪽.

서 뒤처졌다고 인식하는 것은 세계시민의 요건인 '동시대성'이 라틴아메리카 사람들에게는 결여된 것으로 판단하게 만든다.

대중문화 영역에서 한국과 라틴아메리카의 만남을 보여주는 「어서와, 한국은 처음이지?」의 멕시코 편은 '멕시코적 특징'을 적극적으로 활용한다. 다른 편에 등장하는 유럽 방문자들과 달리 세 명의 멕시코 일행은 여행 기간 중 내내 자신들이 멕시코인임을 알린다. 이들은 경기장이나 길거리를 걸을 때 멕시코 국기를 들거나 두르고, 심지어 숙소에도 국기를 걸어 놓는다. 또한, 국민적 스포츠라고 할 수 있는 프로레슬링(Lucha libre)에서 선수들의 캐릭터 가면(máscara)을 착용하고 서울 거리를 활보한다.

이뿐만이 아니다. 챙이 긴 전통 모자인 솜브레로(sombrero)를 쓰고 강남 거리에서 춤추는 모습을 보여주기도 한다. 이렇게 이들은 멕시코를 대표하는 아이콘을 통해 자신들의 민족적 정체성을 보여주고자 한다. 이런 측면에서 이 프로그램은 멕시코에 대한 기존의 전형적인 재현 방식을 그대로 가져온다. 한국의 시청자에게 멕시코 일행은 "지구 반대편의 나라"에서 새로운 이웃으로 재정립되지만, 과거 주로 서구인을 위해 생산된 이미지와 미디어를 통해 소비되던 스테레오타입을 넘어서기보다는 그것을 강화하고 재생산한다. 이렇게 멕시코의 전형적 국가적 이미지를 드러내는 것은 기존 여행 서사의 한계에서 벗어나지 못한 것으로 보인다. 또한, 서구 등 중심부에서 생산된 재현 방식과도 차이가 없는 듯하다.

그럼에도 불구하고 이 프로그램의 흥미로운 지점은 멕시코 일행의 자국 알리기를 통해 세계화 시대의 민족 담론이 가지는 기능과 역할을 논의할 수 있다는 점이다. 일행 중 한 명인 크리스토퍼는 인터뷰 장면에서 "멕시코를 알리고 그 기운을 전해 주는 것"이 이번 한국 방문의 목적 중 하나라고 강조한다. 이를 두고 멕시코인들에게 강하게 드러나는 민족주의 성향의 또 다른 표현으로 해석할 수 있을 것이다. 그러나 다른 한편으로 이러한 태도는 세계화 시대에 민족 간의 위계가 작동하는 현실을 고스란히 드러내 준다. 사실 첫 번째 시즌에 등장하는 이탈리아, 영국, 독일. 핀란드, 러시아 방문객들의 경우에는 멕시코 편과는 달리 자신들의 국적과 민족적 상징들을 의도적으로 드러내지 않는다. 마찬가지로 이들과 만나는 한국 사람들도 멕시코 일행과는 달리 이들에게 어디에서 왔냐고, 어느 나라 사람이냐고 묻지 않는다. 양쪽 모두에게 이들은 백인이자 서구인으로 인식되면서 세계시민의 기준이자 모델이라는 무의식이 인식의 배경으로 자리잡고 있기 때문이다.

비교문화 연구자인 레이 초(Rey Chow)는 『기독교 인종화와 자본주의의 정신(*The Protestant Ethnic and the Spirit of Capitalism*)』에서 인종 문제에 관련하여 전 세계적으로 위계가 체계화된 인식의 틀을 분석한다. 그는 서로 다른 문화의 만남을 묘사하거나 두 문화의 비교가 진행될 때마다 유럽이 보편적인 준거로 기능하는 현실을 지적한다.

> 비교에 있어서 '유럽과 그 외의 타자들'이라 명명할 수 있는 위계적 공식화는 오늘날 북미 비교문학 연구의 상식적 규범이다. 이 공식에서 비교의 비율의 문제는 접속사 그리고와 관련되어 있다. 실제로 이 그리고는 유럽에 첫 번째 눈금자로서의 권위를 부여하는 보충적 형태를 의미하며, 유럽에 대한 부가적인 그리고 종속적인 방식으로 타자들이 덧붙여진다. (…) 따라서 그리고는 비교의 행위 자체만이 아니라. 비교의 정치학을 유발한다. (…) 다른 역사, 문화, 그리고 언어는 표면적으로 비교학적인 틀 내부에서는 시작부터 구별되지 않는 것으로 남아 있으며, 유럽과

동등한 방식으로 비교의 대상이 되지 않는다. (…) 그러므로 비교를 시행할 때 있어 '유럽과 그 외의 타자들'은 방법론적으로 비교가 가져올 결과를 미리 결정지어 왔다.[7]

인용에서 유럽은 미국과 유럽을 포함한 서구를 의미한다. 레이 초에 의하면 세계화가 가져온 탈중심화, 탈영토화 현상에도 불구하고, 유럽중심성은 사라지지 않으며 오히려 강화되고 있다. 이런 맥락에서 의식적, 무의식적으로 유럽을 보편적 기준으로 받아들이게 되는데, 그 과정에서 이탈리아, 독일, 핀란드의 차이는 크게 중요하지 않다. 유럽인으로서의 위치가 이미 세계시민의 기준이자 척도임을 보증하기 때문이다. 이런 이유로 이들은 한국인들에게 자신들의 국적을 스스로 설명할 필요를 느끼지 않는다. 반면, 한국을 방문하는 비유럽인들의 경우 상황이 달라진다. 이들은 비서구 출신인 자신의 정체성을 스스로 설명해 주어야 할 위치에 놓인다. 이런 맥락에서 멕시코 일행은 국기, 레슬링 가면 등 이미 전형화된, 그리고 접근하기 쉬운 자신들의 민족적 상징물을 활용하여 인정을 획득하고자 한다.

여기에 '인정'의 테마가 논의 속으로 들어오게 된다. 「어서 와, 한국은 처음이지?」는 한국 방문을 통해 지구촌 곳곳 이웃들의 존재를 인정하고 환대의 가치를 실현하는 모습을 보여준다. 환대는 "타자에게 자리를 주는 행위, 혹은 사회 안에 있는 그의 자리를 인정하는 행위"로 파악

7 Rey Chow, *The Protestant Ethnic and the Spirit of Capitalism*(New York, Columbia University Press, 2002), 77-78쪽.

한다.[8] 자리를 준다는 것은 그 자리의 권리를 인정한다는 것을 의미한다. 그리고 환대받음에 의해 이웃은 사회와 공동체의 구성원이 될 권리를 갖게 된다. 『사람, 장소, 환대』에서 김현경은 이를 다음과 같이 구체적으로 설명한다.

> 환대에 해당하는 영어 단어 hospitality는 '우호'로도 번역되는데, 이러한 번역을 통해 이 단어가 우정이나 적대와 맺는 관계를 좀 더 분명하게 표시할 수 있다. 사회가 잠재적인 친교의 공간을 가리킨다고 할 때, 누군가를 환대한다는 것은 그를 이 공간 안으로 들어오게 한다는 것, 그를 향한 적대를 거두어들이고 그에게 접근을 허락한다는 것을 의미한다. 그는 아직 나의 벗이 아니지만, 언젠가 그렇게 될지도 모른다.[9]

이 환대의 원리 속에서 비서구 출신의 멕시코 일행은 한국의 다양한 면모를 알아가는 동시에 잠재적으로 새로운 이웃이 된다. 그러나 앞서 지적한 것과 같이 방문객으로서 인정의 기준은 서구인들, 다시 말해 백인과의 비교를 통해서 그 정도가 가능해진다. 이들은 서구인과는 다른 자신이 세계시민으로 인정받기 위해 멕시코 국가대표 축구 유니폼, 솜브레로 등의 민족적이고 민속적인(folkloric) 상징을 이용한다. 여기에서 멕시코 여행자들은 인종화(racialization) 과정에 놓인다. 즉, 서구인들과는 다른 '차이'로 인해 이들은 비서구인으로 분류되며, 비서구적인 민족성과 민속적 성격을 강조하는 방식을 통해 한국 시청자들의 인정을

8 김현경, 『사람, 장소, 환대』(문학과지성사, 2015), 200쪽.

9 김현경, 같은 책, 207쪽.

받는 것이다.

『오리엔탈리즘』을 통해 에드워드 사이드(Edward Said)는 일찍이 세계화 현상에 담긴 문화적 제국주의를 간파하였다. 전 지구적 차원에서 문화와 정체성이 섞이고 혼합되는 과정은 이상적으로 상정한 문화적 다양성을 창출하는 대신 문화가 이분법적으로, 즉 '백(白)'과 '흑(黑)', 혹은 '서양'과 '동양'으로 구성된다고 믿도록 하는 역설적인 결과를 낳는다는 것이다.[10] 다시 말해 국경을 넘나들고 지역을 가로지르는 만남과 교류는 문화적 다양성보다는 오히려 이분법적 경향을 강화한다. 비판적 측면에서 바라볼 때 「어서 와, 한국은 처음이지?」 역시 이와 같은 아이러니를 보여준다. 시리즈에 등장하는 다양한 국가 출신의 한국 방문자들은 타국가, 타문화와의 만남과 소통을 통해 세계시민의 이상을 표현하고 있다. 하지만 그 안에는 여전히 인종정치학이 작동하는 것이다. 멕시코 편에 등장하는 이 새로운 이웃은 한국의 시청자들에게 비서구인으로 재현되고 인종화되는 과정을 거친다. 이는 세계시민을 구성하는 다양한 국적 사이에도 여전히 서구와 비서구, 중심과 주변으로 구분되고 분화되는 현실을 반영해 준다.

4 "한국-멕시코 Win Win"? ——세계시민의 위계화와 균열

「꽃보다 청춘」 등 기존의 여행 서사는 외국을 경험하고 타자를 배우

10 에드워드 사이드, 『오리엔탈리즘』(교보문고, 2015), 154쪽.

는 과정에서 잃어버렸던 자신을 재발견하고 치유하는 자아성찰적 성격 또한 지닌다. 「어서 와, 한국은 처음이지?」의 경우는 기존의 여행 서사에 최근 한국에서 유행하는 관찰 예능의 형식을 추가하고 있다. 기존 해외여행 프로그램과는 달리 스튜디오 세트에서 외국 여행자들의 한국 경험을 관찰하고 이에 대해 함께 이야기하는 패널이 등장한다. 이들은 외국인들의 대화와 행동, 한국에서 겪는 에피소드를 보면서 한국에 대한 인상을 해석하고, 이를 통해 한국 사회를 되짚는다. 이런 맥락에서 이 시리즈는 타지역, 타문화를 배우는 작업인 동시에 역시 '나'와 '우리'를 돌아보는 행위이기도 하다.

'외국인의 눈에 비친 진짜 한국의 모습은 무엇일까?'라는 질문으로 시작하는 프로그램의 기획 의도에서 알 수 있듯이 「어서 와, 한국은 처음이지?」에는 외국인 방문자의 한국에 대한 감회에 주목하며 이들의 반응을 관찰한다. 시리즈 전반을 통해 가장 잘 드러나는 것은 한국에 대한 감탄이다. 특히, 이들의 탄성을 자아내는 부분은 발전된 한국의 테크놀로지이며, 이 점에 대해서는 멕시코 여행자들도 예외가 아니다. 일행 중 한 명은 멕시코시티보다 월등하게 잘 조직된 서울의 지하철을 칭찬하고, 도시의 곳곳에서 사용할 수 있는 무선 인터넷 환경에 감탄한다. 그에게 서울은 IT와 기술 진보를 상징하는 미래 도시로 묘사된다. 또한, 일행이 삼겹살을 비롯한 한국 음식을 시식한 후의 반응들을 반복적으로 편집하여 보여주며 한국만의 독특한 음식과 문화를 드러낸다. 무엇보다도 멕시코 편이 강조하는 것은 K-pop의 세계화이다. 이미 '강남 스타일'에 익숙한 이들은 강남 한복판에서 솜브레로를 쓰고 싸이의 말춤을 함께 추며 즐거워한다. 이와 관련하여 멕시코 편의 마지막 에피소드에서는 K-pop 팬인 파블로의 일정에 초점을 맞춘다. 카메라는 멕시코에서부터 좋아했던 여성 아이돌 그룹의 기획사를 찾아와 손수 마련한 선물을 전하고 한류스타를 만나기 위해 한나절 동안을 밖에서 기다리는 파블로를 따라간다. 진행자와 패널들은 한류가 아시아와 유럽뿐 아니라 '지구의 반대편'인 멕시코에까지 퍼져 있음을 실감하고 즐거워한다.

문화평론가 하재근은《시사저널》의 지면을 통해 「어서 와, 한국은 처음이지?」 시리즈가 "한국인을 만족시키는 외국인의 칭찬"을 강조한다고 설명한다.[11] 멕시코 편에서 한국인들은 멕시코 방문객들을 새로운 이웃으로 받아들이는 한편, 이들이 한국에 경탄하는 모습을 보려는 욕망 또한 드러낸다. 멕시코의 이웃을 통해 과거와 달라진 한국의 국제적 위상과 민족적 긍지를 확인하게 된다. 이렇게 한국과 한국 문화에 대한 자부심을 고취하는 서사적 전개는 민족에 대한 의식과 감정을 강화하는 방향으로 나아간다. 그리고 그 결과 국적에 상관없이 동등한 권리를 지닌다고 믿는 세계시민의 이면에는 위계가 존재하며, 마찬가지로 불균형적인 권력 관계(power relation)가 작동하고 있다.

이렇게 세계시민의 이상과 달리 실제로는 여전히 서구 유럽이 보편적인 모델이자 준거로 그 역할을 담당해 왔다. 또한, 서구라는 중심을 거치지 않는 아시아-라틴아메리카의 만남에서도 여전히 '서구와 그 타자들'이라는 이름으로 서구의 헤게모니가 재생산되고 있음을 확인할 수 있다. 여기에 더해 나오키 사카이(Naoki Sakai)는 '서구'라는 단어가 내포하는 유연성과 탈영토성을 지적한다. 일반적으로 서구는 장소를 지칭하는 용어이지만, 대칭되는 '비서구'를 이분법적으로 상정한다는 측면에서 그 의미가 확장되어 식민주의자와 식민지 주민, 대도시 지식

11 "「어서 와, 한국은 처음이지?」, 우리를 돌아보게 하다",《시사저널》, 2018. 10. 26.

인과 농민 사이의 특정한 사회적 관계와 위계를 표시하는 기능을 갖는다고 설명한다.

> 서구라는 용어는 실제로는 한 주체 위치와 다른 주체의 관계를 공간적으로 형성하는 서구와 비서구, 이렇게 이중으로 이루어진 구조를 의미한다. 따라서 경계가 지어진 영토를 지칭하기보다는 지향점이나 특정한 장소로의 지향을 표현한다. (…) 더욱이 같은 장소에서도 서구라는 용어는 복합적 요인과 결합하면서 각각 다른 지향점을 내포하고 있다.[12]

따라서 서구는 고정적 장소이기보다는 권력의 소유 여부에 의해서 상대적이고 유동적으로 변하게 된다. 예를 들어, 라틴아메리카 엘리트는 다른 라틴아메리카 사람들보다는 서구에 가깝다고 인식되지만, 미국의 군인들에 비해서는 그렇지 못하다. 이런 측면에서 서구의 개념은 서구를 벗어나서도 작동할 수 있으며, 전 세계의 다양한 지역과 국가에서 서로 다른 유형의 사람들에게 적용되는 방식으로 복제, 증식, 확장된다. 사카이는 "서구라는 단어는 가장 효과적이고 영향력 있는 문화적 상상물(imaginaries) 중 하나"로 기능한다고 파악한다.[13] 지구상의 서로 다른 지역을 연결하는 행위에서도 서구라는 개념은 사라지지 않고 우리의 사유와 판단에 개입한다. 그 결과 서구를 중심으로 한 세계질서는 유지되며, 이에 근거한 위계화가 작동한다는 것이다.

12 Naoki Sakai, "The Dislocation of the West and the Status of the Humanities", *Traces: A Multilingual Journal of Cultural Theory and Translation* 1, 1997, 83-84쪽.

13 Naoki Sakai, 같은 책, 201쪽.

「어서 와, 한국은 처음이지?」의 멕시코 편 역시 새로운 이웃이 되는 과정에서 구분과 위계가 서구를 중심으로 재형성된다. 이런 맥락에서 멕시코 방문객들의 한국에 대한 감탄과 칭찬을 통해 형성되는 민족적 자부심은 주요한 역할을 한다. 테크놀로지와 사회적 인프라의 발전을 언급하고 보여줌으로써 상대적으로 한국이 서구에 더 가까이 도달한 것, 혹은 어깨를 나란히 하는 것으로 인식된다. 반면, 여행 계획을 세밀하게 구성한 독일 친구들과 달리 계획 없이 즉흥적으로 여행에 임하며, 그 결과 비행기 시간을 놓치는 등 여유가 넘치는 멕시코 친구들의 모습을 부각하면서 서구적, 근대적인 것에서 떨어져 있는 것으로 그려지고 있다. 배경음악도 이러한 효과를 배가시킨다. 멕시코 일행이 카메라에 등장할 때 멕시코의 전통적 란체로(ranchero)나 열대(tropical) 리듬의 라틴 살사 음악이 빈번하게 사용하는 등 민속적, 혹은 관능적 측면을 강조한다. 이를 통해 멕시코를 전통과 가깝게 재현하는 반면에, 한국의 경우 현대적 이미지를 강조하게 되면서 이 둘 사이에는 단순한 문화적 차이를 넘어 서구를 기준으로 한 위계가 형성되고 있다.

사실 「어서 와, 한국은 처음이지?」 시리즈에서 멕시코 편만큼 방문객과 현지인 사이에 정서적 교감과 친밀감을 드러낸 국가는 드물다. 한국식 존대법을 알지 못하는 멕시코 일행은 지나치는 한국인들에게 스스럼없이 "안녕"이라고 먼저 안부를 건네는데 이는 오히려 친근감을 자아낸다. 또한, 식당에서 일하는 한국인에게 감사의 의미로 게임에서 얻은 인형을 즉석에서 선물하며 함께 셀카를 찍고, 공원에서 만난 한 노인과는 한국에도 알려진 노래인 라틴아메리카 민요인 관타나메라(Guantamera)를 함께 부르기도 한다. 짧았던 한국 여행을 돌아보는 장면에서 이들은 한국을 보고 배우며 삶의 태도에 변화가 생겼다고 고백한다. 스튜디오의 한국 진행자들 역시 이에 반응하며 멕시코 친구들의 여유와 긍정적이고 낙천적인 삶의 태도를 배우게 되었다고 화답한다. 언어, 인종, 문화가 다름에도 불구하고 이 새로운 이웃에 대한 친근감과 상호 유대감이 형성되는 것이다. 이 시퀀스가 진행되는 동안 화면에는 "한국-멕시코 Win Win"이라는 자막이 나온다. 이는 해외여행에서 얻을 수 있는 교육적 효과를 압축적으로 보여준다. 이 프로그램은 물리적 거리로 인해 과거에는 간접적으로만 알던 타문화를 이해함으로써 자기중심적 시각을 넘어 진정한 세계화에 참여하며 민족을 넘어서는 지구촌 공동체의 구성원으로 성장하는 과정을 담아낸다. 이런 맥락에서 「어서 와, 한국은 처음이지?」는 이전의 해외여행 프로그램과 비교해 진일보한 상호이해와 우정의 가능성을 보여주고 있다.

그럼에도 불구하고 이 프로그램이 제시하는 '해피엔딩'의 이면에는 균열과 틈새가 존재한다. 우선 세계시민이라는 이상 속에 여전히 민족의 서사가 상당한 정도로 작동하고 있다. 외국인 방문객들에게 한국을 보여주는 과정은 타자에 대한 이해와 우리 자신에 대한 성찰을 넘어 민족적 자신감으로 연결되곤 한다. 새로운 이웃을 만나는 과정에서 기존의 국가 간, 민족 간의 구획과 장벽을 넘어서려 하기보다는, '한국'을 중심으로 타자를 위치시키고 위계를 재구성한다. 그 결과 세계시민에 대한 논의 속에서도 민족은 사라지지 않는다. 그리고 이 민족적 현실을 기반으로 다른 언어, 문화, 세계관을 가진 민족들과 만나고 교섭(negotiate)하는 역동적 과정을 통해 세계시민이라는 이상에 이르고자 한다. 「어서 와, 한국은 처음이지?」에서 멕시코 일행의 방문과 만남은 유쾌하고 친밀하며 성찰적이다. 하지만 한국에 대한 자부심을 부각함으로써 타자와의 교섭 과정에서 수직적 위계가 발생한다. 그 위계는 의

도적이기보다는 서구 중심성과 무의식적으로 결합하는 방식으로 나타나는데, 이런 이유로 인해 수평적인 연대와 우애를 통해 기존의 틀을 넘어서는 것에는 이르지 못한다.

지수 테레사 고(Chisu Teresa Ko)는 아시아 라틴아메리카에서 나타나는 '남-남'의 만남에 대한 지나친 낙관적 전망을 경계한다. 최근 학계에서는 라틴아메리카와 아시아에서 각각 생산되는 오리엔탈리즘의 경우 자신들의 주변적 위치로 인해 제국주의적 의도를 반복하기보다는 '남-남' 협력에 대한 열망을 표현하는 것으로 파악하려는 경향이 우세하지만, 여전히 기존의 편견에서 벗어나지 못하고 있다고 주장한다.[14] 이런 맥락에서 중심부를 통하지 않는 아시아와 라틴아메리카의 만남에서 그 교류 자체에 가치를 부여하는 것만으로는 불충분하다. 마찬가지로 주변부와 주변부의 만남을 낭만화하거나 이상적으로 바라보는 것 역시 한계를 지닌다. 오히려 이 만남을 의미와 가치를 파악하기 위해서는 이 과정에 침윤된 혹은 표면으로 드러나는 불협화음과 균열 및 모순을 비판적으로 분석해야 한다.[15] 이를 통해 아시아-라틴아메리카 혹은 한국-라틴아메리카 사이에 존재하는 위계와 그것이 만들어내는 갈등의 양상을 비판적으로 검토할 필요가 있다.

「어서 와, 한국은 처음이지?」의 멕시코 편에서는 이러한 갈등이 예상치 못한 장면에서 극적으로 드러난다. 멕시코에서 온 친구들을 찾아 숙

14 Chisu Teresa Ko, "Orientalism and De-Orientalism in Contemporary Latin America: Reading César Aira", *Transmodernity: Journal of Peripheral Cultural Production of the Luso-Hispanic World* 8(3), 2018, 149쪽.

15 Junyoung Verónica Kim, 같은 책, 100쪽.

소를 방문한 크리스티안에게 일행은 멕시코에 계신 부모님의 안부가 담긴 영상을 보여준다. 어머니와 아버지가 차례로 타지에서 정착하려고 하는 아들에게 응원을 보내자 크리스티안은 감정을 주체하지 못하고 눈물을 터뜨린다. 이 장면은 제작진들에 의해 '최고의 1분'으로 기록된다.

갑작스러운 그의 눈물에 곁에 있던 친구들의 눈시울이 붉어지며, 이 정서는 장면을 지켜보는 스튜디오의 진행자와 패널에게도 전달된다. 그가 눈물을 흘리는 동안 카메라는 "지난 이 년간 한국에서 정말 힘들었다"고 고백하는 크리스티안을 클로즈 업한다. 자막에서는 이 갑작스러운 오열을 부모님에 대한 그리움과 먼 나라에서 느끼는 외로움으로 설명한다. 이는 가족을 중시하고 감정의 표현에 솔직한 멕시코 인들의 특징이 드러나는 것으로 해석할 수 있다. 다른 한편으로, 그의 눈물은 고향을 떠나 타지에서 겪는 모든 이주자의 보편적인 감정이라는 점에서 세계화 시대의 디아스포라와 그 정서를 보여준다.

주목할 점은 멕시코 편에서처럼 눈물을 통해 감정을 표현하는 멜로드라마적 장면이 첫 시즌에 등장하는 다른 나라들의 에피소드에서는 보이지 않는다는 점이다. 이런 측면에서 멕시코 편은 타지에 사는 외국인이 겪는 공통적 정서를 표현하는 것에 더하여, 주변부 출신의 위치에서 겪는 슬픔과 우울을 암시적으로 드러내며 이를 강조하고 있다. 비서구인으로서 한국 사회에서 인정받는 어려움은 '세계시민'이라는 사고에 담긴 위계와 구분이라는 역설적 현실을 보여주는 듯하다. 즉, 이 눈물의 시퀀스는 세계화 시대의 이동과 만남이 이 프로그램의 의도와는 달리 상호이해와 공동체적 우애로 귀결되는 것만은 아님을 드러낸다. 서로 다른 인종, 민족의 충돌로 인한 불협화음이 여전히 존재하는 것이다. 가시적인 측면에서의 편견과 차별은 사라져가는 한편, 지정학적 차이와 권력 관계가 재구성되면서 비가시적 형태의 위계가 고착된다. 그러나 다른 한편으로, 이 시퀀스에서 한국의 진행자와 패널들은 위계를 인지하고 크리스티안의 상황을 이해하고자 한다. 그리고 공감의 감정과 눈물을 공유하면서 정서의 공동체(affective community)가 형성된다. 이런 측면에서 이 프로그램은 현재 세계시민의 기획이 갖는 한계를 보여주는 동시에, 이를 극복하기 위한 가능성의 공간을 열어놓고 있다.

5 맺으며

『방법으로서의 경계(*Border As Method*)』에서 산드로 메사드라(Sandro Mezzadra)와 브렛 넬슨(Brett Nelson)은 서론에서 언급한 발리바르의 국경 논의를 더욱 확장, 심화시킨다. 이들은 전 지구화 현상이 심화된 결과, 기존의 국경과 경계가 불안정해지는 대신 초국적 노동의 이동과 다양한 형태의 이주로 인해 새로운 경계가 복합적으로 형성되는 현실을 지적한다. 이에 따라 과거 국민국가로만 한정되던 경계가 인종, 젠더, 계급 등의 경계와 맞물리며 훨씬 더 복잡한 양상을 보이는 현실을 언급한다. 따라서 이 경계'들'은 구획과 차별, 위계와 편견을 재생산하고 구조화하게 되었다.[16]

세계시민을 지향하며 제작된 한국 방문 TV 프로그램에도 기존의 경계가 허물어지는 동시에, 보이지 않는 새로운 구획이 형성되는 양상이

16 Sandro Mezzadra and Brett Neilson, *Border as Method, or the Multiplication of Labor*(Durhan and London, Duke University Press, 2013), 13쪽.

드러난다. 미국 출신의 유명 연예인을 환영하는 인파의 개방적, 세계주의적 태도는 한국이 이제 서구에 못지않은, 혹은 동등한 일부로 인정받으려는 열망을 표현한다. 다른 한편으로 멕시코 방문객들의 경우 비서구인으로 위치가 결정되는 인종화 과정을 겪는데 이 과정에서 한국은 서구의 역할로 전이된다. 이렇게 세계시민에 대한 관념에는 여전히 서구중심적 가치가 유지되는 방식을 통해 비가시적인 위계가 재구성된다.

멕시코의 경우 지리적으로는 멀리 떨어져 있지만, 우리에게는 결핍된 여유 있는 삶의 태도로 영감을 주는 친근한 이웃으로 재현된다. 또한, 무관심과 무지를 넘어 상호 이해와 노력을 바탕으로 우애와 연대의 가능성을 타진한다. 이런 맥락에서 「어서 와, 한국은 처음이지?」는 오락적인 측면을 강조하는 예능 프로그램이라는 제한된 틀 안에서 환대의 원리를 실현하고 있다. 특히, 지금까지 주로 서구 혹은 동아시아에 편중되었던 문화적 교류를 한국과 라틴아메리카, '남-남'으로 확대하며 인식과 경험의 폭을 넓히고 있다. 하지만 앞서 언급했듯이 주변부와 주변부의 만남 자체에 의미를 부여하거나 연대와 상생(相生)의 측면을 강조하고 일반화하는 태도를 경계할 필요성 역시 제기된다. 이 프로그램은 한국과 멕시코가 서로에 대해 갖고 있었던 선입견을 깨기도 하지만 편견을 재생산하고 강화하기도 한다. 따라서 이 과정에서 나타나는 혹은 감춰져 있는 선입관과 편견, 균열 지점을 드러내고 분석하는 작업을 필요로 한다.

마찬가지로, 이 '남-남'이라는 문제 설정 자체에 대한 이해를 심화시켜야 한다. 과거 1980년대를 거쳐 경제위기를 겪게 된 1990년대 말까지 한국은 주변부 혹은 제3세계로 범주화되면서 라틴아메리카와 유사한 위치에서 정치적, 경제적 영역에서 비교 연구가 이루어져 왔다. 그러나

21세기 들어 위기를 극복하고 다시 경제적인 도약을 이루었고 대중문화가 전 세계적으로 확산되었다. 그 결과 국제정치적 측면에서의 주변적 위치에도 불구하고 한국은 강대국이 아니지만, 국제 사회에서 소프트 파워의 지위로 도약하는 과정 속에 있다. 이런 맥락에서 과거와 마찬가지로 한국과 라틴아메리카를 같은 주변부로 인식하는 전략은 유효하지 않을 수 있다. 이는 '남-남 프로젝트'에 대한 인식에서도 적용되어야 하며, '남반구' 개념과 내부적 차이에 대해서도 보다 섬세한 논의가 요구되는 시점이다.

「어서 와, 한국은 처음이지?」의 경우 이러한 우리의 국제적 지위의 변화가 만들어내는 새로운 현실을 드러낸다. 경제적 차이가 근대화, 서구화의 척도가 되는 상황에서 한국과 멕시코 양자 사이에서 진행되는 만남과 교류는 세계화의 역사를 다른 방식으로 작성한다. 기존의 주변부 국가로서 공통으로 겪는 경험과 유대감뿐 아니라, 현재의 경제적, 사회적, 지정학적 차이로 인해 발생하는 균열의 양상이 드러난다. 이를 통해 기존에 진행되었던 추상적 세계시민의 논의에 비판적 시각의 제공을 가능하도록 한다. 전 지구화는 그것이 기대했던 경계 없는 평등한 시민 주체를 현실화하지 못하였다. 오히려 차이를 가진 민족에 기반을 둔 만남과 교류가 가속화되면서 세계 각 지역에서 새로운 균열의 양상을 만들어 내었다. 따라서 혼종과 조화라는 기존 세계시민의 담론을 그대로 받아들이는 대신에, 갈등과 모순의 지점에 개입하여 이를 드러내고 보다 민주적이고 위계를 넘어서는 관계로 나아가야 할 것이다.

참고문헌

1장 우리 사회에 '사회'가 있는가

논문

김석근, 「19세기 말 'Individual(개인)' 개념의 수용과정에 대하여」, 《국제문제연구》 제24호 ; 하영선 외, 2009, 『근대한국의 사회과학 개념 형성사』, 창비, 2002에 「근대한국의 '개인' 개념 수용」으로 재수록.

김석근, 「한국 민주주의의 이념적 기초에 대한 재음미—개인-시민-시민사회를 중심으로」, 《사회과학총집》 36, 2005.

김소영, 「윤치호의 '소사이어티(society)' 개념 수용과 활동」, 한국사학보(72), 2018.

김옥균 · 박영효 · 서재필, 『갑신정변 회고록』, 조일문, 신복룡 편역, 건국대학교출판부, 2006.

김주성, 「번역어로 살펴본 동북아문명」, 정치사상연구, 24(1), 2018.

김태진, 「근대 일본과 중국의 'society' 번역—전통적 개념 속에서의 '사회적인 것'의 상상」, 《개념과소통》 제19호, 2017.

박명규, 「한말 '사회' 개념의 수용과 그 의미 체계」, 《사회와역사》 59, 2001 ; 이경규

외, 『개념의 번역과 창조—개념사로 본 동아시아 근대』, 2012에 「근대 한국의 '사회' 개념 수용과 문명론적 함의」로 재수록.

박영효, 「박영효의 건백서—내정개혁에 대한 1888년의 상소문」, 김갑천 옮김, 《한국정치연구》 2권, 1990.

박주원, 「「독립신문」과 근대적 '개인', '사회' 개념의 탄생」, 2004, 이화여대 한국문화연구원, 『근대계몽기 지식 개념의 수용과 그 변용』, 소명, 2004에 수록.

_____, 「근대적 '개인', '사회' 개념의 형성과 변화—한국 자유주의의 특성에 대하여」, 《역사비평》 2005년 5월호.

박지영, 「복수의 '민주주의'들—해방기 인민(시민), 군중(대중) 개념 번역을 중심으로」, 《대동문화연구》 제85집, 2014.

양세욱, 「동아시아의 번역된 근대—'개인'과 '사회'의 번역과 수용」, 인간환경미래 9, 2012.

이예안, 「개화기의 루소 사회계약론 수용과 번역—J.J. Rousseau Du Contrat Social에서 中江兆民 『民約譯解』로, 그리고 『황성신문』 「로사민약」으로」, 《일본문화연구》 제40집, 2011.

이인화, 「1876년 이후 근대 한국의 민권 민주사상의 발전과정—동아시아 3국(한중일)과의 비교를 중심으로」, 성균관대학교 박사학위논문, 2016.

전상숙, 「근대 전환기 한국 사회과학 수용의 특징과 유산: 근대 국가 지향과 일본을 통한 간접수용」, 《아시아연구》 16(2), 2013.

_____, 「한말 '민권' 인식을 통해 본 한국 사회의 '개인'과 '사회' 인식에 대한 원형적 고찰: 한말 사회과학적 언설에 나타난 '인민'관과 '민권' 인식을 중심으로」, 《한국정치외교사논총》 33(2), 2012.

최경옥, 「번역의 일본어」, 東京: 中央文庫, 2000년 간행, 《한양일본학》 제9집, 2001.

_____, 「언어의 보석상자, 번역어—야나부 아키라 『번역어의 논리』」, 《한양일본학》 제10집, 2002.

_____, 「한국 개화기 외래 한자어의 수용 연구」, 한양대학교 박사학위논문, 2002.

_____, 「메이지기의 번역어 성립과 한국 수용에 대하여: [個人]을 중심으로」, 《일어

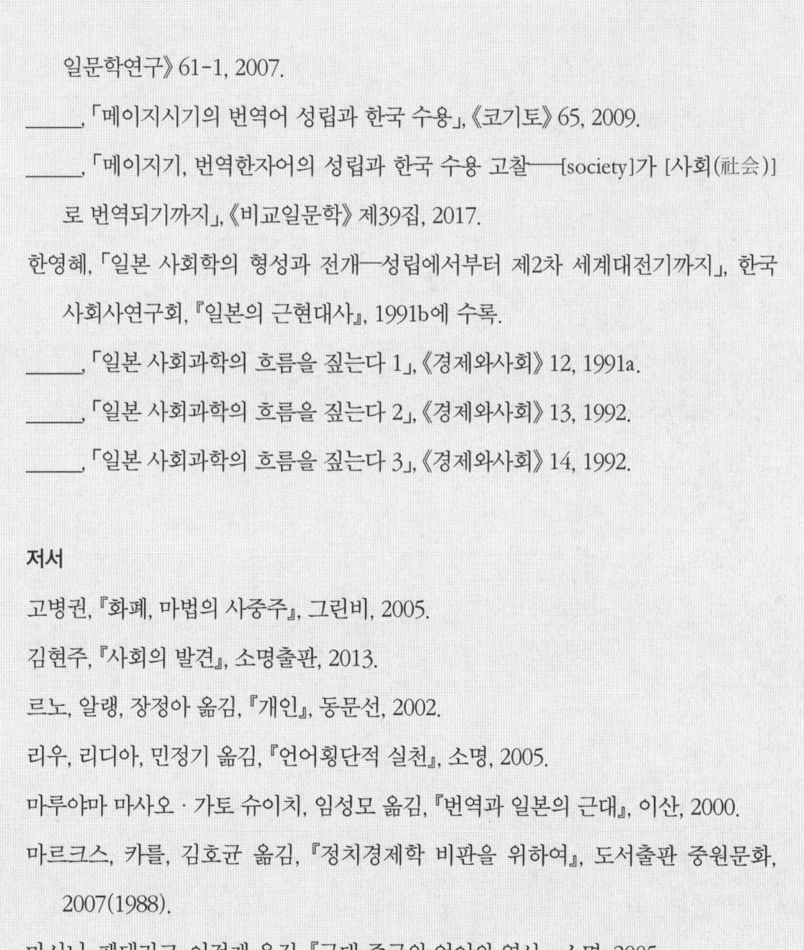

일문학연구》 61-1, 2007.

_____, 「메이지시기의 번역어 성립과 한국 수용」, 《코기토》 65, 2009.

_____, 「메이지기, 번역한자어의 성립과 한국 수용 고찰—[society]가 [사회(社会)]로 번역되기까지」, 《비교일문학》 제39집, 2017.

한영혜, 「일본 사회학의 형성과 전개—성립에서부터 제2차 세계대전기까지」, 한국사회사연구회, 『일본의 근현대사』, 1991b에 수록.

_____, 「일본 사회과학의 흐름을 짚는다 1」, 《경제와사회》 12, 1991a.

_____, 「일본 사회과학의 흐름을 짚는다 2」, 《경제와사회》 13, 1992.

_____, 「일본 사회과학의 흐름을 짚는다 3」, 《경제와사회》 14, 1992.

저서

고병권, 『화폐, 마법의 사중주』, 그린비, 2005.

김현주, 『사회의 발견』, 소명출판, 2013.

르노, 알랭, 장정아 옮김, 『개인』, 동문선, 2002.

리우, 리디아, 민정기 옮김, 『언어횡단적 실천』, 소명, 2005.

마루야마 마사오 · 가토 슈이치, 임성모 옮김, 『번역과 일본의 근대』, 이산, 2000.

마르크스, 카를, 김호균 옮김, 『정치경제학 비판을 위하여』, 도서출판 중원문화, 2007(1988).

마시니, 페데리코, 이정재 옮김, 『근대 중국의 언어와 역사』, 소명, 2005.

박명규, 『국민, 인민, 시민—개념사로 본 한국의 정치주체』, 소화, 2009.

반 뒬멘, 리하르트, 최윤영 옮김, 『개인의 발견』, 현실문화연구, 2005.

사쿠타 케이이치, 김석근 옮김, 『한 단어 사전, 개인』, 푸른역사, 2013.

야나부 아키라, 이용덕 옮김, 『번역어의 논리』, 불이문화, 2000.

_____, 서혜영 옮김, 『번역어 성립 사정』, 일빛, 2003; 김옥희 옮김, 『번역어의 성립』, 마음산책, 2011.

이경구 외, 『개념의 번역과 창조』, 돌베개, 2012.

이시다 다케시, 한영혜 옮김, 『일본의 사회과학』, 소화, 2003.

이연숙, 고영진 · 임경화 옮김, 『국어라는 사상—근대 일본의 언어 인식』, 소명출판, 2006.
이화여대 한국문화연구원, 『근대계몽기 지식 개념의 수용과 그 변용』, 소명출판, 2004.
_____, 『근대계몽기 지식의 발견과 사유 지평의 확대』, 소명출판, 2006.
_____, 『근대계몽기 지식의 굴절과 현실적 심화』, 소명출판, 2007.
정하미, 『일본의 서양문화 수용사』, 살림출판사, 2005.
최경옥, 『한국개화기 외래한자어 수용 연구』, J&C, 2003.
_____, 『번역과 일본의 근대』, 살림, 2005.
코모리 요이치, 정선태 옮김, 『일본어의 근대—근대 국민국가와 '국어'의 발견』, 소명출판, 2003.
하영선 외, 『근대한국의 사회과학 개념 형성사』, 창비, 2009.
_____ 외, 『근대한국의 사회과학 개념 형성사 2』, 창비, 2012.
하인리히, 미하엘, 김강기명 옮김, 『새로운 자본 읽기』, 꾸리에, 2015.
히구치 요이치, 송석원 옮김, 『한 단어 사전, 인권』, 푸른역사, 2013.

외국 논문

Deleuze, Gilles & Guattari, Félix, Milles Plateaus—*Capitalisme et Schizoprènie* 2, Miniut, 1980.

2장 동아시아 전통에서의 공동체론

논문

문석윤, 「중국 사상의 생명관에 대한 기독교적 이해」, 김영환 외, 『21세기의 생명문화와 기독교』, 쿰란출판사, 2000.
_____, 「『맹자』의 성(性), 심(心), 성인(聖人)의 도덕론」, 《인간 환경 미래》 5, 2010.
_____, 「고대 중국에서 '학(學)'의 의미에 대해」, 최화 외, 『동서양 문명과 과학적 사유』, 도서출판 문사철, 2015.

宋榮培, 「楊朱학파의 개인주의와 생명존중론」, 《외국문학》 13, 1987.

_____, 「장자의 상대주의와 자유 의식의 문제」, 《철학연구》 29, 1991.

이동희, 「헤겔과 부정적 중국세계론」, 《哲學》 48, 1996.

이봉규, 「인륜: 쟁탈성 해소를 위한 유교적 구성」, 《泰東古典研究》 31, 2013.

정대현, 「담론: 차이 요구와 연대 확장의 양면적 문법—공동선으로서의 성기성물(成己成物) 방법론」, 《범한철학》 50, 2008.

저서

『周易』, 『論語』, 『孟子』, 『中庸』, 『大學』, 『禮記』, 『管子』, 『韓非子』 등은 통행본 참조.

『漢語大詞典』, 上海: 漢語大詞典出版社, 1994.

郭齊家, 이경자 옮김, 『중국의 고대학교』, 도서출판 원미사, 2004.

김언종, 『한자의 뿌리』 2, 문학동네, 2001.

金容沃, 『東洋學 어떻게 할 것인가』, 통나무, 1989.

누스바움, 마사, 한상연 옮김, 『역량의 창조』, 돌베개, 2015.

니담, 죠셉, 이석호 외 옮김, 『中國의 科學과 文明』 II, III, 을유문화사, 1986(II), 1988(III).

루빈, V. A., 임철규 옮김, 『중국에서의 개인과 국가: 공자, 묵자, 상앙, 장자의 사상 연구』, 율하, 2007.

모오트, 후레드릭 W., 권미숙 옮김, 『중국문명의 철학적 기초』, 인간사랑, 1991.

미조구치 유조, 정태섭 · 김용천 옮김, 『중국의 공과 사』, 도서출판 신서원, 2004.

사이드, 에드워드 W., 박홍규 옮김, 『오리엔탈리즘』, 교보문고, 2015.

小野澤精一 외, 全敬進 옮김, 『氣의 思想』, 圓光大學校 出版局, 1993.

李成珪, 『中國古代帝國成立史研究』, 일조각, 1984.

이승환, 『유가사상의 사회철학적 재조명』, 고려대학교 출판부, 1998.

정우진, 『感應의 哲學』, 소나무, 2016.

쥴리앙, 프랑수아, 허경 옮김, 『맹자와 계몽철학자의 대화』, 한울, 2004.

핑가레트, 허버트, 송영배 옮김, 『공자의 철학』, 서광사, 1991.

외국 논문 및 저서

Gernet, Jacques, trans. by Janet Lloyd, *China and the Christian Impact*, Cambridge: Cambridge University Press, 1985.

Hall, David L. and Ames, Roger T., *Thinking from the Han*, New York: State University of New York Press, 1998.

Shun, Kwong-loi and Wong, David B. ed., *Confucian Ethics: A Comparative Study of Self, Autonomy, and Community*, Cambridge: Cambridge University Press, 2004.

3장 젠더 갈등과 반페미니즘의 문법

논문

김경희, 「성(불)평등의 측정가능성과 한계」, 《한국여성학》 34권 4호, 2018.

김성윤, 「"우리는 차별을 하지 않아요"」, 《문화과학》 93호, 2018.

김수아 · 이예슬, 「온라인 커뮤니티와 남성—약자 서사의 구축」, 《한국여성학》 33권 3호, 2017.

김정혜, 「경찰공무원 성별구분모집의 정당성에 대한 고찰」, 《법학논집》 22권 2호, 2017.

배은경, 「젠더관점과 여성정책 패러다임」, 《한국여성학》 32권 1호, 2016.

신경아, 「젠더갈등의 사회학」, 《황해문화》 97호, 2017.

엄기호, 「신자유주의 이후, 새로운 남성성의 가능성/불가능성」, 권김현영 외, 『남성성과 젠더』, 자음과모음, 2011.

유정미, 「반격의 양성평등에서 (양)성평등의 재정립으로」, 《한국여성학》 35권 2호, 2019.

이재경, 「한국사회의 젠더갈등과 '사회통합'」, 《저스티스》 134권 2호, 2013.

전지혜, 『경찰채용시 성별구분모집관행에 관한 연구』, 서울대학교 여성학협동과정 석사학위 청구 논문, 2007.

정태석 외, 「공정성의 역설」, 《시민과 세계》 32호, 2018.

정희진, 「양성평등에 반대한다」, 정희진 외, 『양성평등에 반대한다』, 교양인, 2016.

정사강 · 홍지아, 「국가 페미니즘, 여성가족부, 여성혐오」, 《미디어, 젠더, 문화》 34권 1호, 2019.
한국여성정책연구원, 『2019 변화하는 남성성을 분석한다』 토론회 자료집, 2019. 4. 14.
황영주, 「강건한 "국가," "페미니즘"의 약화」, 《21세기 정치학회보》 19집 1호, 2009.

외국 논문 및 저서

Connell, R.W. and James W. Messerschmidt, "Hegemonic Masculinity: Rethinking the Concept", *Gender and Society* 19(6), 2005.
Jordan, Ana, "Conceptualizing Backlash: (UK) Men's Rights Groups, Anti-Feminism, and Postfeminism", *Canadian Journal of Women and the Law* 28.1, 2016.
McDowell, Linda, "Father and Ford Revisited", *Transactions of the Institute of British Geographers* 26(4), 2001.
McDowell, Linda, "Life without Father and Ford", *Transactions of the Institute of British Geographers* 16(4), 1991.
McRobbie, Angela, "Reflections on Feminism, Immaterial Labor and the Post-Fordist Regime", *New Formations* 70(1), 2011.
Radhakrishnan, Smitha and Cinzia Solari, "Empowered Women, Failed Patriarchs: Neoliberalism and Global Gender Anxieties", *Sociology Compass* 9(9), 2015.
Vida, Bianka, "New Waves of Anti-Sexual and Reproductive Health and Rights Strategies in the European Union", *Sexual and Reproductive Health Matters* 27(2), 2019.

신문기사 및 인터넷 자료

「'대림동 여경' 논란이 뜻하는 것」, 《경향신문》, 2019. 5. 19.
「"20대 여성은 페미니즘 등 집단이기주의로 무장하고 남성혐오 확산" 대통령 정책위 분석보고서 보니」, 《경향신문》, 2019. 2. 27.
「"교통사고 났는데 여경들은 '어떡해'라고만 하더라"… 진실은?」, 《중앙일보》,

2018. 9. 29.
「"여경 비하 멈춰달라" 경찰젠더연구회는 어떤 곳」, 《중앙일보》, 2019. 5. 21.
「20대 남자 현상, '반 페미니즘' 전사들의 탄생」, 《시사인》, 2019. 4. 22.
「20대 남자, 그들은 누구인가」, 《시사인》, 2019. 4. 15.
「20대 남자현상은 왜 생겼나」, 《시사인》, 2019. 4. 29.
「경찰청장 "대림동 여경, 침착 · 지적인 대응… 경찰 대표해 감사"」, 《연합뉴스》, 2019. 5. 21.
「공무원 양성평등채용, 남성이 여성보다 혜택 더 본다」, 《아시아경제》, 2016. 8. 12.
「대림동 여경 논란… 경찰 원본 영상 공개에도 비난 더욱 거세져」, 《매일경제》, 2019. 5. 19.
「민갑룡 "여경 확대 긍정적… 치안 수요 맞춰 경찰 내 인력 변화해야」, 《국민일보》, 2018. 7. 30.
「젠더갈등 푼다더니… 표창원 의원, 이게 최선입니까」, 《오마이뉴스》, 2019. 4. 15.
「페미니즘 비판하던 '이퀄리즘'은 누리꾼이 만들어낸 '창작품'」, 《경향신문》, 2017. 1. 31.
「하태경 이준석은 왜 '워마드'와 전면전에 나섰나」, 《중앙일보》, 2019. 1. 08.
BBC코리아, 「대림동 여경: 영상 논란이 남긴 질문 3가지」, 2019. 5. 20.
경찰청 보도자료, 「전국 경찰이 통일적으로 사용할 수 있는 물리력 기준 만들어」, 2019. 5. 22.
나무위키 엔트리, 「나무위키 성평등주의 날조 사건」, https://namu.wiki/w/%EB%82%98%EB%AC%B4%EC%9C%84%ED%82%A4%20%EC%84%B1%20%ED%8F%89%EB%93%B1%EC%A3%BC%EC%9D%98%20%EB%82%A0%EC%A1%B0%20%EC%82%AC%EA%B1%B4(검색일: 2019. 8. 2.)
페미위키 엔트리 '젠더 이퀄리즘', https://fmwk.page.link/FGMohttps://fmwk.page.link/FGMo(검색일: 2020. 5. 4.)
한국여성정책연구원 보도자료, 「20대 여성 10중 5명, 남성 10명중 1명은 자신을 페미니스트라 인식…」, 2019. 1. 15.

4장 세대 갈등에서 세대 게임으로

논문

노대명, 「미완의 민주주의와 사회권의 위기」, 《기억과 전망》 22, 2010.

박길성, 「한국 사회의 세대 갈등: 연금과 일자리를 중심으로」, 《한국사회》 12권 1호, 2011.

방희경 · 유수미, 「한국언론과 세대론 전쟁」, 《한국언론학보》 59권 2호, 2015.

이우창, 「헬조선담론의 기원: 발전론적 서사와 역사의 주체 연구 1987-2016」, 《사회와 철학》 32집, 2016.

저서

박재흥, 『세대차이와 갈등: 이론과 현실』, 경상대학교출판부, 2017.

임홍택, 『90년생이 온다』, 웨일북스, 2018.

전상진, 『세대 게임: '세대 프레임'을 넘어서』, 문학과지성사, 2018.

최샛별, 『문화사회학으로 바라본 한국의 세대 연대기』, 이화여자대학교출판문화원, 2018.

최유석, 『세대 간 연대와 갈등의 풍경』, 한울, 2016.

우석훈 · 박권일, 『88만원 세대』, 레디앙, 2007.

신문기사

박보희, "한번은 무조건 다친다—목숨걸고 달리는 배달청소년들", 《머니투데이》, 2018. 12. 7.

이용권, "노인빈곤율 49.6%로 OECD 1위", 《문화일보》, 2016. 3. 25.

이진욱, "계엄령이 뭐냐… 맞불집회 참가자들에게 물었다", 《노컷뉴스》, 2017. 2. 12.

5장 도시쇠퇴 이데올로기와 도시재생

논문

강동우, 「청년층 지역이동의 특징」, 《월간 노동리뷰》 2018년 5월호, 한국노동연구원, 2018.

김기두, 「도시사회의 병리현상」, 《도시문제》 2(10), 1967.

김동완, 「1960년대 광주 지방의 지역개발담론과 아래로부터 지역주의」, 《정신문화연구》, 32(4), 2009.

김동완 · 김민호, 「울산공업단지의 서막, 정유공장 건설의 정치지리」, 《대한지리학회지》, 49(2), 2014.

김윤환, 「'69년도 도정방향」, 《지방행정》 18(183), 1969.

김은혜, 「도시문제 현황과 대응 방향: 일본」, 〈여시재〉 2018-003(최종접속일: 2019년 5월 28일. https://www.yeosijae.org/posts/380), 2018.

김혜천, 「한국적 도시재생의 개념과 유형, 정책방향에 관한 연구」, 《도시행정학보》 26(3), 2013.

김환배 · 이명훈, 「우리나라 도시재생 분야 연구동향 및 지식구조 분석」, 《국토계획》 51(7), 2016.

박배균 · 최영진, 「마산수출자유지역의 형성을 둘러싼 국가—지방 관계에 대한 연구」, 《대한지리학회지》 49(2), 2014.

박종문 · 김지혜 · 윤순진, 「도시재생에 대한 국제 연구 동향과 국내 정책결정자 담화 분석」, 《도시행정학보》 31(2), 2018.

이상호, 「한국의 지방소멸 2018」, 《고용동향브리프》 2018년 7월호, 2018.

이영은, 「도시재생의 목적, '성장'인가 '지속'인가?」, 《공간과 사회》 65, 2018.

이용숙, 「세계화 시대의 지역경제 발전: 클러스터론과 세계생산네트워크론의 비교」, 《공간과 사회》 69, 2006.

이유진, 「석유 이후를 준비하는 전환마을 토트네스: 석유가 없어도 모두 행복하게」, 《도시문제》 45(504), 2010.

장세훈, 「구로 수출산업공단 조성의 재해석」, 《대한지리학회지》 49(2), 2014.
조명래, 「문화적 도시재생과 공공성의 회복: 한국적 도시재생에 관한 비판적 성찰」, 《공간과사회》 37, 2011.
채원식, 「도시와 범죄」, 《도시문제》 2(10), 1967.
최영진, 「지리정치경제학적 관점에서 본 창원공단 설립 전사(前史)」, 《대한지리학회지》 49(2), 2014.
황진태 · 박배균, 「구미공단 형성의 다중스케일적 과정에 대한 연구: 1969-73년 구미공단 제1단지 조성과정을 사례로」, 《한국경제지리학회지》 17(1), 2014.

저서

경실련 도시개혁센터, 『시민의 도시』, 한울, 1997.
국토연구원, 『경제기반 강화를 위한 도시재생방안』, 2013.
김광중 외, 『주택개량재개발 연혁연구』, 서울연구원, 1996.
도시재생사업단, 『도시재생사업단 상세기획연구: 최종보고서』, 2007.
데이비스, 마이크, 김정아 옮김, 『슬럼, 지구를 뒤덮다: 신자유주의 이후 세계 도시의 빈곤화』, 돌베개, 2007.
랜드리, 찰스, 임상오 옮김, 『창조도시』, 해남, 2005.
르페브르, 앙리, 양영란 옮김, 『공간의 생산』, 에코리브르, 2011.
마스다 히로야, 김정환 옮김, 『지방소멸』, 와이즈베리, 2015.
박배균 · 장세훈 · 김동완, 『산업경관의 탄생: 다중스케일적 관점에서 본 발전주의 공업단지』, 알트, 2014.
새비지 · 와드, 김왕배 · 박세훈 옮김, 『자본주의 도시와 근대성』, 한울, 1996.
서울대학교산학협력단, 『도시쇠퇴 실태자료 구축 및 종합정보 시스템 구축1』, 2010.
손정목, 『한국 도시 60년의 이야기 1』, 한울, 2005.
양승훈, 『중공업 가족의 유토피아』, 오월의봄, 2019.
전국청년정책네트워크, 『청년인구 이동 문제 진단을 위한 청년 현실에 기초한 지역 격차 분석 연구』, 서울시 청년허브, 2018.

제솝, 봅, 유범상 · 김문귀 옮김, 『전략관계적 국가이론』, 한울, 2000.
제이콥스, 제인, 유강은 옮김, 『미국 대도시의 죽음과 삶』, 그린비, 2010.
푸코, 미셸, 이규현 옮김, 『광기의 역사』, 나남, 2004.
플로리다, 리처드, 이길태 옮김, 『창조적 변화를 주도하는 사람들』, 전자신문사, 2002.

외국 논문 및 저서

Agnew, John, "The territorial trap: the geographical assumptions of international relations theory", *Review of International Political Economy*, 1(1), 1994.

Amin, Ash, "Local community on trial." *Economy and Society*, 34(4), 2005.

Bianchini, Franco, "Culture, conflict and cities: issues and prospects for the 1990s." F. Bianchini & M. Parkinson(Eds), *Cultural Policy and Urban Regeneration: the West European experience*, Manchester: Manchester University Press, 1993.

Brenner, Neil, "The limits to scale? Methodological reflections on scalar structuration", *Progress in human geography*, 25(4), 2001.

________, *New state spaces: urban governance and the rescaling of statehood*, Oxford University Press, 2004.

Brenner, Neil & Schmid, Christian, "Planetary urbanization" in X. Ren & R. Keil(eds.), *The Globalizing Cities Reader*, Routledge, 2017.

Choi, Young Jin & Glassman, Jim, "A Geopolitical Economy of Heavy Industrialization and Second Tier City Growth in South Korea: Evidence from the Four Core Plants Plan", *Critical Sociology*, 44(3), 2017.

Cox, Kevin. "Territoriality, politics and the 'urban'", *Political Geography* 20, 2001.

Cox, Kevin & Mair, Andrew, "From Localised Social Structures to Localities as Agents", *Environment and Planning A: Economy and Space*, 23(2), 2006.

Farías, Ignacio, "Introduction: decentring the object of urban studies", Ignacio Farías & Thomas Bender(eds.), *Urban assemblages: How actor-network theory changes urban studies*, 2012.

Friedmann, John & Weaver, Clyde, *Territory and function: the evolution of regional planning*, Univ of California Press, 1979.

Gans, Herbert, "The Human Implications of Current Redevelopment and Relocation Planning", *Journal of the American Planning Association*, 25(1), 1959.

Hall, Stephen, "The 'third way' revisited: New labour, spatial policy and the national strategy for neighbourhood renewal", *Planning Practice and Research*, 18(4), 2003.

Harvey, David, "The place of urban politics in the geography of uneven capitalist development", in *The urbanization of capital*, Baltimore, MD: The Johns Hopkins University Press, 1985.

_______, *The urban experience*, Baltimore: Johns Hopkins University Press, 1989.

Howitt, Richard, "A world in a grain of sand: towards a reconceptualisation of geographical scale", *The Australian Geographer*, 24(1), 1993.

Hsu, Jinn-Yuh, Gimm, Dong-Wan & Glassman, Jim, "A tale of two industrial zones: A geopolitical economy of differential development in Ulsan, South Korea, and Kaohsiung, Taiwan", *Environment and Planning A*, 50(2), 2018.

Jones, Martin, "Spatial selectivity of the state? The regulationist enigma and local struggles over economic governance", *Environment and Planning A*, 29(5), 1997.

Lefebvre, Henri, *The urban revolution*, Minneapolis: University of Minnesota Press, 2003.

Merrifield, Andy, "The urban question under planetary urbanization", *International Journal of Urban and Regional Research*, 37(3), 2013.

Pinnegar, Simon, "The question of scale in housing-led regeneration: Tied to the neighbourhood?", *Environment and Planning A*, 41(12), 2009.

Smith, Neil, "Geography, difference and the politics of scale" in Doherty, Joe, Graham, Elspeth & Mo Malek(eds.), *Postmodernism and the social sciences*, Springer, 1992.

_______, *The new urban frontier: Gentrification and the revanchist city*, Routledge, 2005.

Taylor, Peter, "A materialist framework for political geography", *Transactions of the*

Institute of British Geographers, 7(1), 1982.

Wachsmuth, David, "City as ideology: Reconciling the explosion of the city form with the tenacity of the city concept", *Environment and Planning D: Society and Space*, 32(1), 2014.

Wirth, Louis, "Urbanism as a Way of Life", *American journal of sociology*, 44(1), 1938.

6장 이주사회에서의 환대의 권리

논문

서윤호,「분배적 정의와 정치적 성원권: 왈저의 논의를 중심으로」,《강원법학》42, 2014.

______,「이주사회에서의 정치적 성원권: 벤하비브의 논의를 중심으로」,《통일인문학》58, 2014.

이철우,「주권의 탈영토와와 재영토화」,《한국사회학》42-1, 2008.

하용삼,「타자의 권리에 대한 민주적 반추」,《로컬리티 인문학》4, 2010.

저서

고진, 가라타니, 조영일 옮김,『헌법의 무의식』, 도서출판b, 2017.

김준수,『승인이론』, 용의숲, 2015.

김현경,『사람, 장소, 환대』, 문학과지성사, 2015.

데리다, 자크, 남수인 옮김,『환대에 대하여』, 동문선, 2004.

도이처, 페넬로페, 변성찬 옮김,『How To Read 데리다』, 웅진지식하우스, 2005.

롤즈, 존, 황경식 옮김,『정의론』, 이학사, 2003.

문성훈,『인정의 시대』, 사월의책, 2014.

뮬홀, 스테판, 김해성 외 옮김,『자유주의와 공동체주의』, 한울아카데미, 2001.

박구용,『우리 안의 타자』, 철학과현실사, 2003.

벤하비브, 세일라, 이상훈 옮김,『타자의 권리』, 철학과현실사, 2008.

왈저(왈쩌), 마이클, 정원섭 옮김, 『정의와 다원적 평등』, 철학과현실사, 1999.

카슬, 스티븐, 한국이민학회 옮김, 『이주의 시대』, 일조각, 2013.

칸트, 임마누엘, 이한구 옮김, 『영원한 평화를 위하여』, 서광사, 1992.

칸트, 임마누엘, 강영계 옮김, 『영원한 평화를 위해』, 지만지, 2015.

프레이저, 낸시/악셀 호네트, 김원식 외 옮김, 『분배냐, 인정이냐?』, 사월의책, 2014.

한병철, 이재영 옮김, 『타자의 추방』, 문학과지성사, 2017.

헤겔, 게오르크 빌헬름 프리드리히, 임석진 옮김, 『법철학』, 한길사, 2008.

호네트, 악셀, 문성훈 외 옮김, 『인정투쟁』, 사월의책, 2011.

__________, 문성훈 외 옮김, 『정의의 타자』, 나남, 2009.

외국 논문 및 저서

Kant, Immanuel, *Zum ewigen Frieden. Ein philosophischer Entwurf*, in: Schriften zur Anthropologie 1, Hrsg. von Wilhelm Weischedel, stw 192, Frankfurt am Main: Suhrkamp, 1977.

Siep, Ludwig, *Anerkennung als Prinzip der praktischen Philosophie. Untersuchungen zu Hegels Jenaer Philosophie des Geistes*, Hamburg: Felix Meiner Verlag, 2014.

Taylor, Charles, *Multiculturalism: Examining the Politics of Recognition*, Princeton: Princeton Univ. Press, 1994.

7장 우리 안의 인종주의: 혼혈, 잡종, 튀기, 다문화

논문

정혜실, 『파키스탄 이주노동자와 결혼한 한국 여성의 주체성에 관한 연구』, 성신여대 일반대학원 석사학위 논문, 2006.

저서

강신주, 『나는 튀기가 좋다』, 금토, 2004.

김 일레인 H 외, 박은미 옮김, 『위험한 여성』, 삼인, 2001.
김희경, 『이상한 정상 가족』, 동아시아, 2017.
미카코, 브래디, 노수경 옮김, 『아이들의 계급투쟁』, 사계절, 2017.
센, 아마르티아, 김지현 외 1인 옮김, 『정체성과 폭력』, 바이북스, 2009.
아리사 H. 오, 이은진 옮김, 『왜 그 아이들은 한국을 떠나지 않을 수 없었나—해외 입양의 숨겨진 역사』, 다산북스, 2019.
아이리스 매리언 영, 김도균, 조국 옮김, 『차이의 정치와 정의』, 모티브 북, 2017.
염운옥, 『낙인 찍힌 몸』, 돌베개, 2019.
캐서린 H. S. 문, 이정주 옮김, 『동맹 속의 섹스』, 삼인, 2002.
휘비네트, 토마스, 『해외 입양과 한국 민족주의—한국 대중문화에 나타난 해외 입양과 입양 한국인의 모습』, 소나무, 2008.

기타

「헤나와 라힐맘」, 로빈 쉬엑 감독, 2019.

8장 해외여행의 시대, 세계시민 되기의 딜레마

국내 논문

구경모, 「중남미인에 대한 한국인의 '왜곡된 시선'—시간관을 중심으로」, 《중남미연구》 37(4), 2018.
박윤주, 「미디어 모노컬쳐와 오리엔탈리즘: 한국 언론의 라틴아메리카 보도 형태 연구」, 《중남미연구》 32(2), 2013.

저서

김현경, 『사람, 장소, 환대』, 문학과지성사, 2015.
발리바르, 에티엔, 진태원 옮김, 『우리, 유럽의 시민들?—세계화와 민주주의의 재발명』, 후마니타스, 2010.

사이드, 에드워드, 박홍근 옮김, 『오리엔탈리즘』, 교보문고, 2015.

앤더슨, 베네딕트, 서지원 옮김, 『상상된 공동체—민족주의의 기원과 보급에 대한 고찰』, 2018.

Chow, Rey, *The Protestant Ethnic and the Spirit of Capitalism*, New York: Columbia University Press, 2002.

Hall, Stuart, *Formation of Modernity*, Cambridge: Polity Press, 1992.

Bashir, Hassan and Phillip W. Gray, *Deconsructing Global Citizenship: Political, Cultural, and Ethical Perspectives*, Lexington: Lexington Books. 2016.

Mezzadra, Sandro and Brett Neilson, *Border as Method, or the Multiplication of Labor*, Durhan and London: Duke University Press, 2013.

외국 논문

Junyoung Verónica Kim, "Asia-Latin America as Method: The Global South Project and the Dislocation of the West", *Verge: Studies of Global Asias*, 3(2), 2017.

Chisu Teresa Ko, "Orientalism and De-Orientalism in Contemporary Latin America: Reading César Aira", *Transmodernity: Journal of Peripheral Cultural Production of the Luso-Hispanic World*, 8(3), 2018.

Naoki Sakai, "The Dislocation of the West and the Status of the Humanities", *Traces: A Multilingual Journal of Cultural Theory and Translation*, 1, 1997.

기타 및 인터넷

「「어서 와, 한국은 처음이지?」, 우리를 돌아보게 하다」, 《시사저널》, 2018. 10. 26

「어서 와, 한국은 처음이지?—멕시코 편」, MBC 에브리원, 2017.

Conan Without Borders —Korea, Dir. Jeff Ross, TBS, 2017.

필자 소개(글 게재순)

김재인

서울대학교 미학과를 졸업하고 같은 대학 철학과에서 박사학위를 받았다(논문:「들뢰즈의 비인간주의 존재론」). 고등과학원 초학제연구단 연구원과 서울대학교 철학사상연구소 연구원을 거쳐, 현재 경희대학교 비교문화연구소 학술연구교수로 재직 중이다. 저서로 『인공지능시대의 예술』(공저), 『생각의 싸움 : 인류의 진보를 이끈 15가지 철학의 멋진 장면들』, 『철학, 혁명을 말하다: 68혁명 50주년』(공저), 『인공지능의 시대, 인간을 다시 묻다』, 『혁명의 거리에서 들뢰즈를 읽자』 등이, 역서로 『안티 오이디푸스』(질 들뢰즈, 펠릭스 과타리), 『천 개의 고원』(질 들뢰즈, 펠릭스 과타리), 『베르그송주의』(질 들뢰즈), 『들뢰즈 커넥션』(존 라이크만), 『현대 사상가들과의 대화』(리처드 커니) 등이 있다.

문석윤

서울대학교 철학과를 졸업하고 같은 대학원에서 조선 후기의 성리학 논쟁인 '호락논쟁(湖洛論爭)'을 주제로 박사 학위를 받았다. 명지대학교 철학과를 거쳐 현재 경희대학교 문과대학 철학과 교수로 재직 중이다. 관심 분야는 성리학, 실학, 동서 비교철학 등이다.

저서로는 『湖洛論爭 형성과 전개』, 『동양적 마음의 탄생』, 『마음과 철학(유학편)』(공저), 『동서양 문명과 과학적 사유』(공저), 『담헌 홍대용 연구』(공저), 『반계 유형원 연구』(공저), 『풍석 서유구 연구(하)』(공저) 등이 있다.

김보명

서울대학교 여성학협동과정에서 대학 반성폭력 운동에 관한 논문으로 석사 학위를 받았으며 University of Arizona에서 미국 제2물결 페미니즘의 역사-서사에 관한 논문으로 박사학위를 받았다. 현재 부산대학교 사회학과에 재직하면서 젠더사회학, 페미니즘의 이해, 여성운동사 등을 가르치고 있다. 관심 연구 분야는 페미니즘 이론과 역사, 여성운동, 소수자 정치학 등을 포함한다.

대표 논문으로는 「페미니즘 정치학, 역사적 시간, 그리고 인종적 차이」(2016), 「혐오의 정동경제학과 페미니스트 저항」(2018), 「페미니즘의 재부상, 그 경로와 특징들」(2018) 등이 있으며 저서로는 『교차성x페미니즘』(2018, 공저)과 『경계없는 페미니즘』(2019, 공저)이 있다.

김종수

고려대학교 국어국문학과를 졸업하고 같은 대학원에서 「1930년대 장편소설의 서술관점 연구」로 박사학위를 받았다. 현재 경희대학교 한국어학과 교수로 재직 중이다. 관심 분야는 근대 출판문화와 대중문화, 세대 연구이다.

저서로는 『한국 현대소설의 경계』, 『대중서사장르의 모든 것1: 멜로드라마』(공저), 『한국 근대문학과 신문』(공저) 등이 있다.

김동완

서울대학교 물리학과를 졸업하고 같은 학교 환경대학원에서 도시계획을 전공했다. 국가계획과 지역주의의 관계에 관한 연구로 박사 학위를 받았다. 현재 경남대학교 사회학과 교수로 재직 중이다. 한국의 도시사, 도시계획사를 토대로 한 도시 이론 연구를 주로 하며 도시 공공 공간에 대한 정치적 실천에 관심이 있다.

저서로는 『공공공간을 위하여』(편저), 『산업경관의 탄생』(편저), 『도시의 새로운 프런티어』(공역) 등이 있다. 2019년에는 공간 연구 분야의 우수 학술지 'Environment and Planning : A'의 '2019 Ashby Prize'를 수상했다.

서윤호

고려대학교 법학과를 졸업하고, 독일 함부르크대학교에서 헤겔 법철학 연구로 박사 학위를 받았다. 현재 건국대학교 학술연구교수로 재직 중이며, 몸문화연구소 부소장을 맡고 있다. 관심 분야는 몸의 사회성, 상호인정이론, 비인간존재들의 권리, 포스트휴먼 사회의 법이론이다.

저서로는 『사물의 본성과 법사유』, 『다문화사회와 이주법제』(공저), 『포스트바디-레고인간이 온다』(공저), 『인류세와 에코바디』(공저), 『감정 있습니까?』(공저) 등이 있다.

정혜실

성신여대에서 여성학 석사학위를 마치고, 한양대에서 문화인류학 박사과정을 수료하였다. 이주민의 인권을 위해 일하는 현장에서 이십 년 이상을 활동해왔으며, 현재는 이주민방송 MWTV 대표로 활동하고 있다. 그리고 한국 사회 모든 사람이 차별 없는 세상에서 살아갈 수 있는 법을 제정하고, 평등의 기치로 인권이 보장되는 사회를 만들고자 하는 차별금지법제정연대에서 공동 대표로 활동하는 중이다.

저서로는 『한국에서의 다문화주의: 현실과 쟁점』(공저), 『다문화 행정론』(공저), 『지구촌 다섯 가족의 좌충우돌 사랑 이야기(일상의 다문화 이야기』(공저), 『Multiculturalism in East Asia: A Transnational Exploration of Japan, South Korea and Taiwan』(공저) 등이 있다.

박정원

경희대학교 비교문화연구소 소장으로 서울대학교 서어서문학과를 졸업하고 미국 University of Pittsburgh에서 라틴아메리카 문화연구로 박사학위를 받았다. University of Northern Colorado에서 교수를 역임하였으며 현재 경희대학교 스페인어학과에 재직하고 있다. 주요 연구는 미국-멕시코 국경, 라틴아메리카 영화, 라틴아메리카 생태 및 대안사회 운동을 포함한다.

대표 논문으로는 「서발턴, '인민'의 재구성 그리고 라틴아메리카 포스트신자유주의」(2017)가 있으며 저서로는 『라틴아메리카 명저 산책』(2018, 공저) 등이 있다.

논문 출처

김재인의 글은 《비교문화연구》 제56호에 실린 「우리 사회에 '사회'가 있는가?—서구 '사회' 관념의 국내 수용 과정 분석」을 토대로 작성되었다.

김보명의 글은 《비교문화연구》 제56호에 실린 「젠더 갈등과 반페미니즘의 문법」을 토대로 작성되었다.

김종수의 글은 《비교문화연구》 제56호에 실린 「21세기 한국 사회의 세대 논쟁: 세대 갈등에서 세대 게임으로!」를 토대로 작성되었다.

김동완의 글은 《경제와사회》 제122호에 실린 「도시재생 다시 읽기: 이데올로기로서 쇠퇴도시와 도시재생」을 토대로 작성되었다.

서윤호의 글은 《비교문화연구》 제56호에 실린 「이주사회에서의 환대의 권리」를 토대로 작성되었다.

박정원의 글은 《스페인어문학》 제92호에 실린 「새로운 '이웃'과 세계시민의 딜레마: 「어서 와, 한국은 처음이지?—멕시코 편」과 인종정치학」을 토대로 작성되었다.

공동체 없는 공동체

1판 1쇄 발행 2020년 6월 5일

엮음 | 경희대학교 비교문화연구소
지음 | 박정원 외 7인
디자인 | 디자인호야
펴낸이 | 조영남
펴낸곳 | 알렙

출판등록 | 2009년 11월 19일 제313-2010-132호
주소 | 경기도 고양시 일산서구 중앙로 1455 대우시티프라자 715호

전자우편 | alephbook@naver.com
전화 | 031-913-2018, 팩스 | 02-913-2019

ISBN 979-11-89333-23-2 93300

* 이 저서는 2018년 대한민국 교육부와 한국연구재단의 지원을 받아 수행된 연구임(NRF-2018S1A5B8068919).
This work was supported by the Ministry of Education of the Republic of Korea and the National Research Foundation of Korea(NRF-2018S1A5B8068919)